시노드 정신을 살아가는 교회
희망의 순례자

IMPRIMATUR

Suvonen, Die 3 mensis Setembris, 2024
+ Matthias I. H. RI
Episcopus Suvonensis

희망의 순례자
시노드 정신을 살아가는 교회

2024년 9월 3일 교회 인가(수원교구)
2025년 3월 10일 초판 1쇄 펴냄

지은이 · 한민택
펴낸이 · 박찬호
펴낸곳 · 수원가톨릭대학교 출판부
제　작 · 장락

등록 · 1990년 1월 13일 제90-1호
주소 · 경기도 화성시 봉담읍 왕림1길 67
전화 · 031-290-8814

ISBN 978-89-7396-082-8 93230

값 20,000원

성경 · 교회 문헌 ⓒ 한국천주교중앙협의회, 2025
《발터 카스퍼 추기경의 자비》 ⓒ 최용호 옮김, 가톨릭출판사, 2015
《성녀 소화 데레사 자서전》 ⓒ 안응렬 옮김, 가톨릭출판사, 1960, 2021

ⓒ 한민택, 2025

이 책은 저작권법에 의해 보호를 받는 저작물이므로 무단 전재와 복제를 금합니다.

시노드 정신을
　　살아가는 교회

희망의 순례자

한민택 지음

수원가톨릭대학교 출판부

추천사

천주교 수원교구장 이용훈 마티아 주교

수원가톨릭대학교 교수이신 한민택 바오로 신부님의 신간 『희망의 순례자』의 출간을 진심으로 축하드립니다. 신부님은 수원교구 소속 사제로 신학생 양성과 신학 연구에 매진하면서도, 신자들의 신앙에 도움이 되는 신심 서적을 여러 권 출간하신 바 있습니다. 이번에 출간하신 책은 시노드 이후 보편 교회가 심혈을 다해 실천해야 할 '시노달리타스'의 길에 관한 내용을 담고 있는 책으로, 순전히 신학적인 전문 서적이 아닌 사목적인 성격을 지니고 있습니다.

    가톨릭 교회는 "시노드 정신을 살아가는 교회를 위하여: 친교, 참여, 사명"이라는 주제로 제16차 세계주교시노드를 개최하였습니다. 3년의 여정을 마무리하고 이제 각 지역 교회와 개별 교회는 시노달리타스를 구체화하기 위한 노력에 매진하고 있습니다. 시노드 문헌이 수려한 문헌에 그쳐 죽은 글씨로 남거나 실천하지 않는 박제로 남지 않기 위해서는 각 계층의 신앙 공동체가 보편 교회의 일원으로서 시대적 사명감을 갖고 시노드 과제들을 일상화하고 구체화하는 데 최선의 노력을 경주해야 하기 때문입니다.

이러한 시점에 시노달리타스를 주제로 한 이 책이 출간된 것은 매우 기쁨 충만한 일이라고 생각합니다. 이 책은 단순히 시노달리타스에 대한 소개와 실천 방안만을 담고 있지 않습니다. 그동안 신부님께서 신학 분야와 사목 현장에서 접한 다양한 주제를 시노달리타스를 중심으로 재구성한 것입니다.

이 책은 신학을 연구하는 신학도와 신학생뿐 아니라 일선 사목 현장에서 활동하는 사목자와 수도자 그리고 평신도 봉사자를 위해 매우 유용하며 큰 울림을 줄 것입니다. 책의 내용을 보면 사목적으로 매우 시급하면서도 다양한 주제가 다뤄지고 있습니다. 신흥-유사 종교, 교회 내 소통, 청소년 신앙, 유아세례, 소공동체, 코로나19 감염병, 복음 선교 등은 오늘날 사목 현장에서 모든 이가 함께 고민하고 있는 현실적이며 매우 시급하고 절박한 문제들입니다. 이런 문제들은 시노드 과정에서도 여러 지역 교회와 대륙 교회 차원에서도 심도 있게 논의된 바 있습니다. 신부님은 기초신학자로서 이 모든 주제를 교회의 정통 가르침과 시의적절한 언어로 설명을 하고 있기에 오늘의 사목자와 봉사자들에게 한국 교회가 나가야 할 길을 명확히 제시해 주고 있습니다.

마지막으로, 이 책은 프란치스코 교황님의 선교적 쇄신 의지를 잘 반영하고 있습니다. 교회는 선교적 본성을 지니며, 선교를 통해 자신을 실현하는 존재입니다. 이 책이 한국 교회에 새로운 선교 열정이 불타오르는 데 기여하기를 바랍니다. 또한 많은 교우들, 특히 교회의 다양한 곳에서 봉사하시는 봉사자들이 교회 정신을 바르게 이어받아 더욱 적극적으로 기쁘게 복음 선포에 투신하는 데 도움이 되기를 바랍니다.

현대를 살아가는 우리와 미래 교회를 위해 훌륭한 저서를 출간해 주신 한민택 바오로 신부님께 다시 한번 감사드리며, 이 책을 읽는 모든 분께 주님의 평화와 사랑이 가득하기를 기원합니다.

평화의 모후님, 저희를 위하여 빌어 주소서!

머리말

이 책의 제목인 '희망의 순례자'에는 교회가 이 시대를 살아가기 위해 잊지 말아야 할 두 단어가 담겨 있다.

먼저 '희망'이다. 프란치스코 교황은 2025년 희년을 "희망의 순례자들"로 정하며 다음과 같이 취지를 밝혔다.

"다가오는 희년은, 우리가 너무도 간절히 바라는 쇄신과 새로 태어남을 미리 맛보게 하는 희망과 신뢰의 분위기를 되살리는 데에 크게 이바지할 수 있습니다. 이것이 바로 제가 희년의 표어를 '희망의 순례자들'로 선정한 이유입니다."

교황은 2014년 시복식을 기해 한국 교회를 방문했을 때에도 한국 주교들에게 다음과 같이 당부하였다.

"기억의 지킴이, 희망의 지킴이가 되어 주십시오."

교황이 희망이라는 주제를 계속 강조하는 이유는, 이 시대가 어느 때보다 희망을 간절히 고대하고 있기 때문일 것이다. 전 세계 곳곳에서 전쟁과 폭력이 사라질 기미를 보이지 않는다. 기아와 감염병, 자연재해 등으로 수많은 희생자가 생겨나고 있으며, 지금도 고통을 받고 있다. 경제와 정치의 위기로 우리나라뿐 아니라 여러 나라가 혼란을 겪고 있다. 암울하고 불확실한 미래 앞에서 좌절과 절망에 빠진 이들이 늘고 있다.

한국 최초로 노벨 문학상을 수상한 한강 작가의 작품에 대해 스웨덴 한림원은 "역사적 트라우마에 맞서고 인간 삶의 연약함을 드러내는 강렬하고 시적인 산문"이라고 평가하였다. 한강 작가가 전 세계적으로 주목받은 이유는, 인간 삶에 나타나는 폭력성과 그로 인한 트라우마와 상처 그리고 인간 삶의 연약함을 세밀하게 그려내어 공감을 촉구하기 때문이며, 그것을 넘어서는 인간의 인간다움을 추구했기 때문일 것이다. 한 마디로 그의 글이 오늘의 사람들에게 위로가 되어 준 것은 희망을 포기하지 않았기 때문이 아닐까 한다.

희망이 위협받고 있는 이 시대가 위기에 처했음은 분명하지만, 이는 교회에 더없이 큰 기회가 될 수도 있다. 교회는 인류가 염원하는 더 큰 희망을 간직하고 있기 때문이다. 사실 교회는 희망으로 구원받은 존재다.

"사실 우리는 희망으로 구원을 받았습니다."(로마 8,24)

또한 교회는 언제나 희망을 찾았고, 자기가 찾은 희망을 증언하는 존재였다.

"여러분이 지닌 희망에 관하여 누가 물어도 대답할 수 있도록 언제나 준비해 두십시오."(1베드 3,15)

오늘날 다시금 그 희망을 증언하도록 요청받고 있다.

희망을 찾지 않는 교회, 함께 꿈을 꾸지 못하는 교회, 희망을 증언할 수 없는 교회는 세상에 아무것도 줄 수 없는 교회다. 그러나 다행히도 성령의 활동과 신앙인들의 노력으로 교회는 계속해서 활기를 간직하고 있고, 희망의 증인이 되어 세상 곳곳에서 희망의 불꽃을 피워내고 있다.

그러나 희망은 저절로 주어지지 않는다. 그렇기에 '순례'여야 한다. 희망은 찾는 사람, 궁리하고 모색하는 사람에게만 밝아오는 여명이다. 동방의 박사들이 잃었던 별을 찾아 다시 길을 재촉했을 때 별이 다시 떠오른 것처럼(마태 2,1-12 참조) 그리스도인은 희망을 찾아 길을 재촉하는 순례자들이다.

희망이라는 단어에는 어떤 그림자 같은 무언가가 깃들어 있다. 인간 삶에서 부정할 수 없는 어두움, 부정적인 것들이 반영되어 있다. 우리가 겪어야만 하는 삶의 위기와 시련 그리고 인간 스스로는 찾을 수 없는 해결책 ⋯ 그러나 바로 거기서 희망이 빛을 발한다. 희망은 우리 현실에서 출발하지만 우리를 뛰어넘는 무언가를 향하게 한다. 성경에 등장하는 인물들은 시련을 딛고 희망을 찾아 나선 사람들이며, 교회의 모든 구성원도 그들의 뒤를 따라 희망을 찾아 떠났던 순례자들이었다. 그렇기에 '희망의 순례자'는 바로 우리 각자의 이름이다. 그리고 그처럼 희망을 찾아 순례를 떠나는 우리가 바로 세상에는 희망인 것이다.

이 책에는 교회의 희망을 찾아 나선 순례자들의 이야기가 담겨 있다. 필자 혼자만이 아닌 함께 걷고 함께 모색하며 식별하는 신앙인들이 세상 사람들과 함께 궁리하고 꿈꾸며 찾은 희망의 족적들이다.

2011년 9월 유학을 마치고 귀국한 후 다양한 계기로 교회 잡지에 실었던 글과 미발표 글을 다듬어 단행본으로 묶어 출간하게 되었다. 다양한 상황에서 쓰인 글들을 모아 엮었으나 필자는 여기서 하나의 흐름을 발견한다. 그것은 교회의 쇄신을 위한 희망이며, 더 기쁘고 열정적인 신앙을 찾기 위한 몸부림이다.

최근 회자되는 시노달리타스는 필자가 교회와 함께 찾아온 발걸음을 하나의 축으로 묶어 주었다. 이 책은 시노달리타스를 위한 '마중물'이고, 코로나라는 위기를 겪으며 다시 떠나는 순례의 발걸음이며, 시노달리타스 여정을 함께 걸으며 갈무리한 교회의 꿈이 있고, 시노달리타스를 구체적으로 살아야 할 교회의 삶과 각자의 일상이 담겨 있다.

시노달리타스! 최근 들어 이 단어만큼 한국 가톨릭신자들의 관심을 끈 단어가 있을까. 그렇지만 매우 대조적인 반응도 목격된다. 관심과 열정이 시들고 있는 현실에 대해 안타까워하는 사람도 있고, 이제 그만 이야기하자고 거부하는 사람도 있다. 그런데 이 모든 반응이 궁극적으로는 시노달리타스 수용에서 자연스럽게 나타나는 우리 교회의 현실은 아닐는지. 이런 현실에 대해 어떤 판단을 내리기보다, 바로 그 현실에서 출발하여 성령께서 이끄시는 손길을 찾고 계속해서 앞으로 나아가는 것이 우리에게 주어진 길이 아닐까.

시노달리타스는 단순히 한때의 유행이 아니다. 오래 전부터 준비된 교회 쇄신의 핵심축이다. 교회의 본질을 회복하려는 노력이며, 구성원들의 선교 사명 인식을 새롭게 하고 실천하도록 촉구하는 초대다.

 필자는 시노달리타스에서 교회의 새로운 희망을 발견하였다. 어두운 밤하늘을 밝히는 여명과도 같이 느껴졌다. 물론 있는 그대로 무비판적으로 수용하자는 것이 아니다. 한국인과 한국 교회의 고유한 풍토와 토양이 있다. 이를 고려하면서 시노달리타스가 연착륙할 수 있도록 일하는 장인(匠人)들이 있다면, 꿈은 현실이 될 것이다.

 3년여에 걸쳐 개최된 제16차 세계주교시노드가 막을 내렸다. 특이한 점은 이번 시노드 후속 권고가 없다는 점이다. 다들 위만 바라보고 문헌을 기대했는데, 정작 우리가 바라보아야 할 곳은 땅임을 일깨워 준 결정이 아닐까 한다. 그리고 위에서 내려 주는 지침만 기다리지 말고, 지역 교회에서 스스로 답을 찾으라는 강한 일침일 것이다.

 이 책이 함께 희망을 찾는 교회의 성직자를 포함한 모든 신자들에게 작은 동반자가 될 수 있기를 기대해 본다.

 이 글이 출간되는 데 큰 도움을 주신 분들에게 감사드린다. 도서출판 장락의 장말희 자매님, 수원가톨릭대학교 출판부 이아람 선생님께 감사드린다. 또한 이 책에 글을 수록할 수 있도록 허락해 주신 여러 출판사 편집 책임자들께 감사드린다.

 교회 안에서 희망을 잃지 않고 계속해서 순례길을 떠나며 희망을 증언하는 모든 분께 이 책을 바친다. 거기에는 필자와 함께 복음화에 매진하는 동료 사제들이 있고, 함께 희망을 개척하는 신학생들과 신자들이 있다. 가난하고 미소한 사람들, 청소년들, 교회의 모든 봉사자 그리고 이름 없이 여러 곳에서 희망의 씨앗을 뿌리며 살아가는 여러분 모두가 필자에게는 희망의 순례자들이다.

한민택 바오로 신부

목차

추천사 5

머리말 8

I 시노달리타스를 위한 마중물 17

1장 '형식적인 신앙'을 탈피하여 19

2장 그리스도 중심적 신앙의 회복 23

3장 신흥종교의 확산과 한국 교회의 '새로운 복음화' 31

4장 가난한 교회를 꿈꾸다 39

5장 '종교 냉소주의'를 넘어 45

6장 인간을 위한 복음 선포 54

7장 생육성(生育性, generativity), 생명을 전달하는 기쁨 59

II 포스트 코로나 시대의 복음 선포 65

1장 포스트 코로나 시대에 다시 생각하는 신앙 67

2장 박해시대 교우촌이 밝혀 주는 감염증 위기 시대의 교회 73

3장 삶을 거행하라! 79

4장 '자비의 신학'과 복음 선포 사명 86

5장 우리가 믿는 이유 91

Ⅲ 시노달리타스: 시노드 정신을 실현하는 교회 99

1장 교회의 새로운 존재 방식과 시노달리타스 101
1. 교회가 존재하는 새로운 방식 103
2. 시노드적 교회: 함께 걸으며 함께 식별하는 교회 107

2장 시노달리타스란? 배경 및 개념과 실천 118
1. 프란치스코 교황의 교회 쇄신의 맥락 120
2. 시노달리타스의 개념과 실천 127
3. 총정리 132

3장 제2차 바티칸 공의회에서 시노달리타스까지 137
4장 시노달리타스의 전형, 제2차 바티칸 공의회 144
5장 '위드 코로나' 시대의 시노드적 교회 153
6장 시노드적 교회와 그리스도인의 선교 사명 159
7장 신앙 전수를 위한 시노드적 교회 165
8장 하느님의 자비를 반영하는 시노드적 교회 171

Ⅳ 시노달리타스를 넘어 시노드적 삶의 방식으로 177

1장 한국 교회의 '전적인 시노드화'를 위하여 179
2장 일상에서 시노달리타스 살아가기 186
3장 코로나 이후 소공동체와 시노달리타스 192
4장 시급한 사안인 젊은이 신앙 전수 198
5장 유아세례를 통해 본 청소년 신앙교육 205
6장 '재난 상황'과 한국 교회의 선교 사명 212
7장 시노드 문화와 양성 219
1. 시노드 문화 219
2. 시노드 양성 230

부록 1: 특강 모음   249

1장 박해시대 공동체 안에서 공동체적 삶과 가정 전례   251
1. 교회의 시노달리타스의 도전 앞에 선 전례   252
2. 박해시기 한국 교회의 간략한 역사   254
3. 박해 아래 공동체 생활의 핵심 요소들   258
4. 박해시대 공동체에서 전례가 차지한 위치   262
5. 결론을 대신하여   264

2장 2025년 희년: "희망의 순례자들"   266
1. 희년의 개념과 역사   267
2. 2025년 희년: "희망의 순례자들"   270
3. 신앙에서 '희망'이라는 주제의 중요성과 특징   275
4. 실천적 제안   286

3장 그리스도인의 희망   288

4장 우리의 사랑이 깊어지도록   311

부록 2: 인터뷰   329

I

시노달리타스를 위한 마중물

1장
'형식적인 신앙'을 탈피하여

많은 전문가들이 지적하듯이 한국 가톨릭 교회는 외적으로 이룬 성장에 비해 내적으로 많은 어려움을 안고 있다. 특히 교회의 성장이 정체기에 들어서고 있음이 여러 면에서 감지된다. 냉담 신자 급증, 신흥 종교나 신영성 운동에 빠진 신자 급증, 청소년과 청년의 대규모 교회 이탈 현상, 성소자 감소, 교세 성장 둔화 등이 지속적인 확산일로에 있어서 한국 교회의 미래를 어둡게 한다.

신앙의 새로운 영적 도약을 위해 한국 교회가 해결해야 할 가장 큰 문제는 '신앙의 형식화'일 것이다. 실제로 많은 신자들이 신앙생활의 어려움을 호소하며, 신앙이 다람쥐 쳇바퀴 돌 듯 형식적이며 무의미하게 느껴진다고 한다. 성장하지 못하고 열정이 식어만 가는 신앙을 바라보며 도대체 무엇을 어디서 어떻게 시작해야 할지 모르겠다고 하소연하기도 한다.

이러한 형식적인 신앙의 첫째 원인은 신앙의 '실천적 이원론'이다.

사람들은 보통 신앙이 현실 삶과 별 상관이 없다고 생각한다. 믿는 것은 믿는 것이고 사는 것은 사는 것일 뿐이다. 성당에서는 성스러운 몸과 마음으로 전례에 참여하지만, 성당 문을 나서면 여느 사람과 똑같이 산다. 성당에서 배우는 신앙의 잣대는 세속의 잣대 앞에서 별 힘을 쓰지 못하는 듯하다. 이처럼 삶과 분리된 신앙은 결코 성장할 수 없다.

형식적인 신앙의 또 다른 원인은 신앙에 관한 무지(無知)다. 가톨릭 신자 대부분이 자신이 무엇을 믿는지 잘 알지 못한다고 생각한다. 모태 신앙인 사람이나 갓 영세한 사람이나 이구동성으로 토로하는 어려움이다. 알지 못하니 성장할 수 없는 것은 당연하다.

'신앙의 형식화'는 신앙에서 '안다는 것'이 얼마나 중요한지를 말해 준다. 여기서 안다는 것은 지성적인 차원만이 아니라 전인적(全人的)이며 실존적(實存的)인 차원을 말한다. 우리는 신앙하면서 무엇을 믿는가? 우리는 믿는 대상에 대해 얼마나 알고 있는가? 막연하고 소극적인 신앙에서 탈피하기 위해 베네딕토 16세 교황의 말을 음미해 볼 필요가 있다.

"그리스도인이 된다는 것은 윤리적 선택이나 고결한 생각의 결과가 아니라, 삶에 새로운 시야와 결정적인 방향을 제시하는 한 사건, 한 사람을 만나는 것입니다."[1]

우리는 이념이나 철학이나 사상을 믿지 않는다. 우리가 궁극적으로 믿는 대상은 바로 살아 계신 예수 그리스도시며, 그분께서 알려 주신 하느님 아버지시다. 신앙은 다람쥐 쳇바퀴 돌 듯 반복되는 종교 활동이 아니다. 구원을 받기 위해 따라야 하는 계명 준수만도 아니다. 신앙은

---

1 베네딕토 16세 교황, 회칙 『하느님은 사랑이십니다』, 1항.

살아 계신 한 인격 곧 예수님을 만나는 것이며, 그분의 뒤를 따르는 삶이다. 그분을 따르는 길에 투신하며 그분에게서 삶의 궁극적 목적인 하느님을, 인간을 향한 그분의 사랑을 발견하는 것이다. 그 사랑을 입은 우리는 '사랑의 화신'이 되어 예수님과 같이 자기 삶을 하느님과 타인을 위해 내어놓는 삶을 살게 된다. 예수님의 제자들이 그러했고, 성모님이 그러하셨으며, 한국의 수많은 순교 성인들이 그러하셨다.

우리 시선이 예수님께 향할 때, 우리 마음이 그분을 뵙고자 하는 열망으로 가득 찰 때 교회의 모든 활동과 삶이 새롭게 다가온다. 평소에 형식적으로 참여한 전례와 성사가 우리 각자를 향한 예수님의 무한한 사랑의 표현으로 살아 움직임을 깨닫게 된다. 미사에서 선포되는 말씀과 공동체가 함께 나누는 성체는, 오늘 내가 이웃과 더불어 사는 데 필요한 생명의 말씀과 양식으로 다가온다. 공동체가 함께 거행하는 전례와 성사는, 2천 년 전 인간을 너무나 사랑하신 나머지 당신의 목숨을 아낌없이 내어 주신 예수님의 사랑이 생생히 살아 움직여 우리 마음을 사로잡고 변화시키는 감동적인 드라마가 된다. 교회의 모든 활동과 삶이 예수님의 인격과 사랑을 구체적으로 만나고 접할 수 있는 자리가 되는 것이다.

'형식적인 신앙'을 탈피하여 신앙 안에서 성장할 수 있는 길은 신앙생활의 '질'을 높이는 것이다. 그것은 참된 삶과 참된 사랑을 만나려는 갈망으로 신앙생활에 임하여, 교회의 모든 활동 안에서 예수님을 만나고 그분과 인격적 관계 안으로 들어서는 것이다. 2천 년 전 십자가 위에서 보여 주신 그분의 사랑이 교회의 삶 안에 살아 움직이며, 우리 삶에 늘 새로운 의미와 방향을 제시해 주고 계신다는 사실을 깨닫는 것이다. 그럴 때 우리 가슴은 사랑의 불로 새롭게 타오를 것이며(루카 24,32 참조) 영적으로 새롭게 도약할 수 있을 것이다.

2장
그리스도 중심적 신앙의 회복

『올바른 성모 신심』(2006), 『건전한 신앙생활』(2007), 『올바른 성령 이해』(2008), 『죽은 이를 위한 올바른 기도』(2010) 등 한국천주교주교회의 신앙교리위원회에서 발간한 몇몇 도서의 제목만 보더라도 오늘날 한국 가톨릭신자들의 신앙이 얼마나 큰 위협을 받고 있는지 알 수 있다. 그중 '신영성 운동'과 '왜곡된 신심'은 교묘하고 다양한 방법으로 신자들의 삶에 깊이 침투하여 신앙을 근본부터 위협하고 있다. 이들 현상은 어디에서 오는 것이며, 그에 대한 대비책은 무엇일까? 질문은 간단하지만 답을 하기는 그리 간단치 않다.

'신영성 운동'과 '왜곡된 신심'

2007년에 발행된 『건전한 신앙생활』은 '신영성 운동'을 "육체적·정신적 건강과 평화를 추구하면서도 궁극적으로는 영적 체험을 통해 자기완성에 이르는 것을 목표로 하는 새로운 형태의 영성 운동"[2]으로 설명하며, 그 구체적 예로 뉴에이지 운동, 정신세계 운동, 기 수련 운동 등을 들고 있다. 기공, 단전호흡, 초월명상, 선, 요가, 기 수련, 강신술, 사탄 숭배, UFO 숭배 등이 이에 속한다. 급변하는 현대사회에서 고단한 삶을 사는 한국인에게 매력적으로 다가오는 이런 운동은 산업사회와 자본주의에서 파생되는 문제를 해결하는 데 긍정적으로 작용하기도 한다.[3] 하지만 그 안에 담긴 철학적·종교적 사상은 종종 그리스도 신앙과 정면으로 충돌하기 때문에 각별한 주의가 요구된다. 실제로 이들 운동이 신자들 사이에 확산되고 있으며, 이로 인해 신앙생활을 중단하고 교회 공동체에서 이탈하는 사례가 적지 않다.

이와 함께 교회 안에 교묘한 방법으로 퍼져 가고 있는 그릇된 신심들이 있다. 『올바른 성모 신심』에서 여러 예를 들고 있는데, 그 중 나주의 기적이나 사적 계시를 성역화하는 성모 신심, 베이사이드의 성모 신심, '가계치유를 위한 기도' 모임과 같이 유사 영성에 기초한 신심 등은 여전히 활개 치며 가톨릭신자들을 유혹하고 있다.[4] 이들은 성령 운동이나 성체, 성모 신심 운동 등을 교묘히 이용하여 신심 운동으로 조직화하는 경향을 보이기도 하며, 교도권의 결정이나 지침을 받아들이지 않고 교회를 떠나 신흥종교 형태로 발전하기도 한다. 이들은 환시, 기적, 예언 현상이나 그릇된 '사적 계시 현상' 등에 치중된 종교적 체험을 토

---

2 주교회의 신앙교리위원회, 『건전한 신앙생활』, 한국천주교중앙협의회, 2007, 33.
3 참조: 같은 책, 38-52.
4 참조: 주교회의 신앙교리위원회, 『올바른 성모 신심』, 한국천주교중앙협의회, 2006, 35-50.

대로 신자들 사이에 퍼져 그릇된 신앙으로 인도하고 있다.

'마음의 평화'의 허와 실

"너희는 무엇을 구경하러 광야에 나갔더냐?"(마태 11,7)

세례자 요한을 보러 광야에 갔던 사람들에게 예수님께서 던지신 말씀이다. 신영성 운동이나 그릇된 신심을 추종하는 이들은 무엇을 찾아 '그곳'에 갔을까?

복잡하고 고단한 한국 사회에서 사람들은 마음의 평화를 갈망한다. 사람들이 종교를 갖는 이유는 무엇보다 마음의 평화를 얻기 위해서며 가톨릭신자들도 예외는 아니다. 가톨릭신문사가 발간한 『가톨릭신자의 종교의식과 신앙생활』에 따르면 한국 교회 신자들의 입교 동기에 '마음의 평화를 얻기 위하여'가 가장 높은 비율(41.9%)을 차지했다.[5] 여기서 진지하게 물을 필요가 있다. 신앙생활을 하는 이유가 단지 마음의 평화를 얻는 것인지? 물론 신앙이 마음의 평화에 도움을 준다. 하지만 신앙은 그 이상을 추구한다. 사실 마음의 평화는 다른 종교나 신영성 운동 등에서 얼마든지 얻을 수 있다. 기 수련이나 요가 혹은 정신수련 운동은 마음의 평화뿐 아니라 육신의 평화도 보장해 준다. 가톨릭신자들은 처음에는 막연히 마음의 평화를 얻기 위해 교회 문을 두드리지만, 신앙

---

[5] 참조: 가톨릭신문 창간 80주년 기념 신자 의식 조사 보고서 『가톨릭신자의 종교의식과 신앙생활』, 가톨릭신문사, 2007, 41.

생활을 하면서 내적인 평화 이상의 무엇을 발견하게 된다. 그들은 신앙이 하루아침에 완성되는 것이 아니라 삶에서 많은 시련을 겪으며 성장하는 것임을 알게 된다. 신앙생활을 통해 자신이 찾던 대상이, 단순히 심리적 위안이 아니라 인간을 참으로 인간답게 하고 인간을 그 근본에서부터 해방하고 구원하시는 분, 바로 구원의 하느님임을 깨닫게 된다. 그들은 '구원'을 찾고 있었으며, 그 구원은 교회 공동체 안에서 예수 그리스도와 만남을 통해서만 가능하다는 것을 체험한다. 그들이 신앙에서 발견한 것은 인간의 참다운 구원을 향한 열망에 대한 궁극적인 답이다.

소비주의 시대의 빗나간 신앙과 구원

모든 인간은 구원과 해방을 향한 강한 갈망을 가지고 있다. 다만 그것을 뚜렷하게 의식하지 못할 뿐이다. 신영성 운동이나 그릇된 신심은 이 열망을 즉흥적이고 자극적인 종교적 체험으로 환원하여 오히려 인간을 참된 구원의 길에서 멀어지게 할 위험이 있다. 여기에 확실히 대처하자면 그러한 운동이나 신심에 심취한 신자들의 내적 상태를 파악할 필요가 있다.

한국 사회는 '종교 박람회'라 할 정도로 다양한 종교와 영성 운동이 범람하는 곳이다. 신흥종교나 신영성 운동은 소비주의 시대의 요청에 부응하여 빠른 속도로 진화한다. 개신교뿐 아니라 가톨릭 교회까지 괴롭히는 '신천지'(신천지예수교증거장막성전)는 짧은 시일에 확실한 효과를 바라는 현대인의 감각을 자극한다. 신천지 교인들은 6개월만 배우면 성경에 통달할 수 있으며 신천지 교회에서 구원받을 수 있다고 믿는다. 비밀리에 전수되는 교리 지식만으로 가족과 이웃과 화해하지 않고도,

그것도 6개월의 성경 공부만으로 구원받을 수 있다니 이 얼마나 편한 신앙이며 손쉬운 구원인가! 이것은 신앙이 아니라 차라리 마술에 가깝다. 신영성 운동에서 구원을 바라는 이들의 마음가짐 또한 별반 다를 바 없다. 그들은 영성의 소비자들이다. 그들은 절대자나 타인과의 관계가 아닌 자신의 노력으로 구원을 얻으려 한다. 하지만 그들이 경험하는 마음의 평화나 신비 체험 등은 그리스도 신앙에서 말하는 구원과는 거리가 멀다. 그들에게 구원은 자신의 근본적인 회개와 변화와 결단에 의해 선물로 주어지는 것이 아니다. 그들은 자신을 구원할 주체를 인간 자신에게서 찾는 것이다.

다른 한편 환시, 발현, 이적, 기적, 예언, 비밀 메시지 등으로 치장된 그릇된 신심을 좇는 사람들에게서 무속적인 종교심이 정화되지 않은 채로 남아 있는 것이 발견된다. 무속적 종교심은 한국인의 종교적 생활에 깊이 각인되어 있는데, 가톨릭 신앙인들 또한 예외는 아니다. 문제는 무속적 종교심을 그대로 간직한 채 그리스도 신앙을 받아들인다는 것에 있다. 많은 신자에게 신앙은 교회 공동체 안에서 만나는 하느님과 나누는 인격적 친교나 사랑의 관계가 아니다. 그들은 신통하고 신기한 현상을 통해 위안을 받거나 삶의 문제를 해결하려 한다. 집안에 우환이 있거나 장래가 불안할 때 점집을 찾듯이 기이한 현상을 찾아 이곳저곳을 헤맨다. 그들이 찾는 것은 신앙이 아니라 신의 신통한 대리인이다. 하지만 대리인에게 일어난 신기한 일을 접하면서 그들 안에 있는 불안과 두려움의 감정은 오히려 뒤틀리고 왜곡된 종교적 체험으로 대치된다. 상처를 치유받거나 집안의 우환을 없애기 위해 여기저기 헤매다가 정신을 차리고 다시 집으로 돌아와 보게 되는 것은 대개 가족의 외면과 탕진된 재산, 텅 빈 마음과 더욱 깊어진 몸과 마음의 상처뿐이다.

그리스도 중심적 신앙의 회복

위의 예들은 진정한 그리스도인이 되기 위해 내재하는 그릇된 종교심을 정화하는 것이 얼마나 중요한지를 일깨워 준다. 하지만 무엇보다 중요한 것은 그리스도 신앙의 정체성을 확립하는 것이다. 그리스도 신앙은 신앙하는 대상, 곧 삼위일체 하느님께로부터 주어지는 선물이다. 많은 신자들은 신앙하는 대상에 대한 탐구나 사색 없이 막연한 신앙심에 의존하여 신앙생활을 하고 있다. 그 같은 신앙은 바람 앞의 등불과 같아 평소에는 평온한 듯 보이나 삶에 시련이 닥칠 때 쉽게 꺼진다. 신앙이 성숙하기도 어렵다.

사실 건전한 신앙생활을 위협하거나 말씀이 뿌리를 내리는 데 방해가 되는 그릇된 신앙은 초대교회에도 존재했다. 신흥종교, 신영성, 유사 영성, 빗나간 신심 등의 공통된 특징은, 2천 년 전 그리스도 신자들을 미혹한 거짓 교사들과 마찬가지로, 예수 그리스도를 통해 실현된 하느님의 구원 업적을 가리거나 왜곡한다는 점에 있다. 거짓 교사들에 맞서 신앙인에게 요구되는 것은 그리스도 중심적 신앙을 회복하고, 예수 그리스도를 따르는 길에 참구원이 있음을 드러내 보이는 것이며, 그 구원을 확신을 지니고 구체적으로 살아 내는 것이다.

그리스도 신앙의 중심에는 예수 그리스도가 계시다. 그분은 벗을 위해 자기 목숨까지도 내어 주는 지극한 사랑으로 인류를 구원하셨다. 우리는 모두 세례성사를 통해 예수 그리스도와 함께 죽고 그분과 함께 새로 태어나 새로운 삶을 선물로 받았다. 이 삶은 자신의 모든 것을 비우고 내어 주는 주님의 사랑으로 주어진 것이며, 이로써 내가 내 안에 사는 것이 아니라 그리스도께서 내 안에 사시는 삶이 된다.(갈라 2,20 참조) 신앙은 예수 그리스도와의 만남이요 그분을 따름이며 그분과 만나 이루는 친밀한 인격적 관계다. 이 사랑의 관계는 교회 공동체의 삶 안에서 전수되며 각자의 삶에서 날로 자라나고 성장한다. 이는 또한 그리스도 복음이 우리 삶에 뿌리내리는 과정이며 구원을 향해 나아가는 여정이다.

"사실 우리는 희망으로 구원을 받았습니다."(로마 8,24)

우리는 이미 구원받았다. 하지만 그 구원은 또한 우리 안에서, 미래를 향한 희망 안에서 완성되어 가는 무엇이다.(로마 13,11 참조) 우리의 근본적인 변화가 동반되기 때문에 이 여정은 길고 때로는 힘겨운 것이기도 하다. 하지만 이 '좁은 길'만이 인간을 죄와 악에서 참된 해방과 구원으로 이끌며, 인간을 진정으로 성숙시켜 주는 길임을 우리는 안다.

죽음과 부활로 온 인류에게 구원을 가져다준 예수 그리스도의 사랑은 전례와 성사, 기도와 신심행위, 애덕 활동 등 교회 공동체의 활동에 스며들어 있다. 교회에서 이 사랑을 만나 구원을 체험하지 못하고 교회를 떠난 이들은 사랑을 받아들일 만한 내적 준비가 되지 못했거나 교회 공동체 안에서 주님의 사랑과 구원을 구체적으로 만나지 못했기 때문이다. 결국 우리가 예수님의 사랑을 온전히 살아 내지도 전하지도 못한 것이 근본 문제이므로, 우리의 영적 쇄신만이 모든 문제의 해법인 셈이다.

모든 사람은 평화를 바란다. 예수 그리스도께서 주시겠다고 하신 평화는 그분을 따름에서 주어지는 평화다. 이 평화는 그분께서 걸어가신 길, 곧 자기 비움, 겸손과 섬김, 벗을 위해 자신을 내어 주는 사랑과 희생의 삶, 하느님 아버지께 모든 것을 내맡기고 신뢰를 두며 끝까지 희망을 잃지 않는 삶, 한 마디로 예수 그리스도의 삶 전체를 따름과 닮음에서 오는 평화다. 그 길은 내적 변화의 길이요 영적 성장의 길이며 진정한 사랑을 회복하는 여정이다. 진정한 나, 나 자신의 진정한 고귀함과 거룩함을 발견하는 길이다. 물론 이 길은 변화를 동반하기에 아프고 힘든 길이다. 하지만 이 쉽지 않은 길이야말로 참기쁨의 길이요 참자유의 길이다. 인간을 근본적으로 옭아매는 죄와 죽음에서 해방되기 때문이다.

참구원과 평화는 예수 그리스도를 따름에 있다. 길을 잃은 많은 이들이 헛된 곳에서 헤매지 말고 다시 주님 사랑의 품으로 돌아와 참구원의 기쁨을 맛볼 수 있기를 희망해 본다.

3장

신흥종교의 확산과
한국 교회의 '새로운 복음화'

2012년 10월 "그리스도 신앙의 전수를 위한 새로운 복음화"라는 주제로 개최된 제13차 세계주교시노드 정기총회의 「의안집」 63-67항은 '새로운 복음화'의 분야 중 '종교 분야의 변화'를 다룬다. '신흥종교 집단'의 확산과 그들의 '새로운 형태의 종교적 경험'과 '공격적 개종 방식'의 유혹에 맞서 「의안집」은, '그리스도인 공동체들이 복음을 선포하고 그들 자신의 신앙을 지키는 데 더욱 관심을'(66항) 갖는 것과 '주요 종교 전통들과의 만남과 대화'(67항)에 나서는 것이 필요하다고 강조한다. 「의안집」의 제안에 따라 신흥종교 문제를 '새로운 복음화' 내지 '새로운 사고'에 수렴하기 위해서는 무엇보다 신흥종교에 대한 기존의 편견과 오해를 넘어 그 현상이 그리스도 신앙에 주는 의미가 무엇인지 진지하게 물을 필요가 있다.

신흥종교를 바라보는 시선

'신흥종교' 하면 흔히 '신천지'나 'JMS' 혹은 세월호 사고로 인해 세간의 이목을 집중시킨 '구원파'라 불리는 유병언의 '복음침례회'를 떠올린다. 한국 사회에는 '민족 종교'라 불리는 자생적인 것에서부터 기성 종교에서 파생된 것을 비롯하여 외국에서 유입된 것에 이르기까지 수많은 신흥종교가 공존하고 있으며, 저마다 독특한 탄생과 발전의 역사를 지니고 있다.[6] 이들은 종종 '사이비 집단'이나 '사교 집단' 혹은 '이단' 등으로 치부되기도 하며, 사회적 물의를 일으키는 경우도 적지 않아 한국 사회에서 대체로 부정적인 이미지를 지닌다.

그런데 진지하게 생각해 보면 신흥종교 문제는 '남'이 아닌 '우리 자신'의 문제임을 알게 된다. 가톨릭 교회는 '신흥종교 신도 양성소'라 여겨질 정도로 가톨릭신자였다가 신흥종교 집단에 빠진 이가 수없이 많다는 것이 전문가들의 진단이다. 신흥종교는 우리 민족의 근현대사뿐 아니라 교회사와도 밀접하게 연결되어 있다. 한국 사회의 모순, 분열, 불의 등으로 인한 민중의 고통과 절망의 체험이 그들의 역사에 고스란히 담겨 있기도 하다. 사실 신흥종교는 기존 사회구조의 부조리에 대한 고발인 동시에 기성 종교의 정체성과 정당성에 대한 강한 도전인 것이다.

신흥종교를 통해 본 가톨릭 교회의 영적 진단

그리스도교에서 파생된 신흥종교는 그리스도교 역사만큼이나 오래되었다. 하지만 상당수의 가톨릭신자가 신흥종교 집단에 빠져들었다는

---

6 참조: 노길명, "신종교", 『한국가톨릭대사전』 8권, 한국 교회사연구소, 2006, 5466-5468.

사실은 한국 가톨릭 교회 신앙의 현주소를 적나라하게 보여 주는 것이기도 하다. 도대체 '그들'은 무엇 때문에 교회를 떠나 그곳에 빠진 것일까?

신흥종교에 빠졌다가 돌아온 이들은 그곳에서 가르치는 교리나 성경 해설에서 납득할 만한 설명을 들었고, 예전에 가졌던 의문들에 답을 발견할 수 있었다고 증언한다. 그곳의 조직적이고 체계적인 관리 시스템이나 신도들의 친절과 절도 있는 삶, 그들 사이의 강한 결속력에 매혹을 느낀 이들도 많다. 젊은이의 경우 교주가 보여 주는 열정적인 신앙, 새로운 삶을 위한 구체적 행동 지침에 마음이 끌리기도 한다. 현기증 나는 한국 사회에서 확고한 삶의 기준, 삶과 신앙을 함께 나눌 따뜻한 공동체를 그곳에서 발견했다고 말한다.

하지만 그들은 그곳에서 '무엇'을 믿었던 것일까? 자신들이 몸담았던 종교 집단의 조직? 교리? 성경 풀이? 교주? 이 질문에 그들은 답하기를 주저한다. 자신도 모르는 사이에 하느님의 자리를 교주가 차지하고 있기 때문이다. 그들은 교주를 하느님, 재림 예수, 성령 등으로 믿으며 고백하지만, 실제로 그들의 믿음은 예수님께서 보여 주신 하느님과는 전혀 상관없는 인간을 향해 있다. 말하자면 목적 없이 표류하는 신앙인 것이다. 물론 교리와 성경에 대한 이해와 체험 부족이나 무속과 같이 정화되지 않은 종교적 관념을 문제로 지적할 수는 있다. 하지만 더욱 근본적인 문제는 신앙 정체성이다. 신흥종교에 빠진 이들은 자기 신앙에 무슨 문제가 있는지 인식조차 못 한다. 이들은 그리스도 신앙에 입문하며 애초부터 자신이 누구를 믿고, 그 믿음이 삶에서 무엇을 의미하며, 신앙을 통해 주어진 새로운 정체성이 무엇인지, 자신 안에 이미 시작된 구원이 어떤 것인지 깨닫지 못했던 것이다.

신앙 정체성 문제는 '그들'에게만 해당하지 않는다. 오늘의 가톨릭 신자 가운데 많은 이들이 신앙의 어려움을 토로한다. 형식적이고 틀에 박힌 신앙생활에서 영적인 활력을 찾지 못하고 있다. 하느님 말씀이 그들 삶에 뿌리내려 그들을 나날이 변화하고 성장하도록 이끌어 주는 것이 아니라 오히려 세속적 사상, 생활양식 등과 갈등을 일으키는 걸림돌이 되어 신앙을 포기하고픈 유혹을 받는다. 신흥종교 문제는 가톨릭 교회에 전반적으로 퍼지고 있는 신앙 정체성의 위기를 간접적으로 보여 주는 현상으로 이해되어야 한다.

신흥종교가 일깨우는 그리스도 신앙의 본질

신흥종교는 신앙 정체성의 위기뿐 아니라, 교회가 대형화하고 신앙이 개인주의화하면서 상대적으로 도외시하게 된 그리스도 신앙의 본질적 측면을 강하게 일깨워 준다. 세 가지를 살펴보자.

첫째는 신앙의 종말론적 성격이다.

"때가 차서 하느님의 나라가 가까이 왔다. 회개하고 복음을 믿어라."
(마르 1,15)

공생활을 시작하면서 예수님께서 선포하신 복음은 하느님 나라의 도래라는 종말론적 메시지였다. 그분의 말씀과 행적은, 그분과 더불어 하느님 나라가 이 세상에서 실현되고 있음을 보여 주는 표징이었다. 초대교회 신자들의 신앙 또한 종말론적 성격을 강하게 지니고 있었다. 사도 바오로의 서간에서 요한의 묵시록에 이르기까지, 임박한 종말을 맞이하기 위해 깨어 기다리며 박해를 거슬러 끝까지 신앙을 지키라는 강한 메시지를 발견한다. 그리스도교 종말론은 세상 끝 날에 있을 일들에 대한 예언이라기보다, 도래할 심판의 날을 맞이하기 위해 요구되는 회개와 변화된 삶에 대한 일깨움이요 그리스도의 죽음과 부활이 가져다 준 희망에 대한 상기(想起)다. 신흥종교는 비록 그리스도 신앙의 종말론적 메시지를 왜곡하고는 있지만, 구원의 절박함을 일깨우며 종종 기성 교회가 잊는 신앙의 종말론적 차원을 부각하면서 사람들에게 호소력 있게 다가가고 있는 것이다.

둘째는 신앙의 실존적 측면으로, 복음의 종말론적 메시지가 회개와 새로운 삶을 향한 결단을 요구한다는 점이다. 신흥종교는 이 점을 강하게 부각해서 현대인의 개인주의적 삶의 양식에 부응한다. 개인주의는 이기주의와는 다른 것으로, 단순히 비판의 대상이 되어서는 안 된다. 개인주의는 교회가 근대로부터 배워야 하는 중요한 가치를 담고 있으며, 신앙의 중요한 본질을 반영하기도 한다. 하느님은 불특정 다수가 아닌 개개인을 향해 말씀하시며, 각자의 삶의 변화와 신앙의 결단을 촉구하신다. 신흥종교는 현대인의 개인주의적 성향과 신앙의 실존적 측면을 연결하여 회개의 긴박함과 새로운 삶을 위한 구체적 생활양식을 제시하며, 현기증 나는 한국 사회에서 방향을 잃고 헤매는 이들에게 기준이 될 강력한 메시지를 전하고 있는 것이다.

셋째는 종말론적 공동체의 형성이다. 초대교회의 신자들은 임박한 종말을 기다리면서 깨어 있는 신앙생활을 영위했다.

"신자들은 모두 함께 지내며 모든 것을 공동으로 소유하였다. 그리고 재산과 재물을 팔아 모든 사람에게 저마다 필요한 대로 나누어 주곤 하였다. 그들은 날마다 한마음으로 성전에 열심히 모이고 이 집 저 집에서 빵을 떼어 나누었으며, 즐겁고 순박한 마음으로 음식을 함께 먹고, 하느님을 찬미하며 온 백성에게서 호감을 얻었다."(사도 2,44-47)

박해시대 한국의 교우촌도 비슷한 삶의 양상을 보여 준다. 2014년 8월 복자품에 오르신 황일광 시몬이 남긴 말씀은 유명하다.

"나의 이러한 신분에도 사람들이 너무나 점잖게 대해 주니, 천당은 이 세상에 하나가 있고 후세에 하나가 있음이 분명하다."[7]

신흥종교 또한 종말론적 공동체를 형성하고자 한다. 강한 소속감과 신도들 간의 깊은 인격적 유대는 그들이 가족이나 사회의 '박해'에도 자신감을 잃지 않고 신앙생활을 할 수 있도록 지지해 준다. 이처럼 신흥종교는 삭막한 무한경쟁사회와 불신의 시대를 살고 있는 현대인들에게 삶을 투신할 만한 의미 있는 삶의 방식을 제시하며 매혹적으로 다가가고 있는 것이다.

이상의 세 가지 요소는 그동안 기성 교회가 잊거나 도외시한 그리스도 신앙의 본질적 측면으로, 신흥종교가 우리에게 새롭게 일깨워 주는 내용이다.

---

7 주교회의 시복시성 주교특별위원회 편찬, 『복자 윤지충 바오로와 동료 순교자 123위. '하느님의 종' 증거자 최양업 토마스 신부』, 한국천주교중앙협의회, 2014, 148.

신흥종교에 맞선 '새로운 사고'

신흥종교에 맞서 한국 가톨릭 교회에 요구되는 '새로운 복음화' 혹은 '새로운 사고'는 어떤 것일까? 우선 '새로운'이라는 단어의 함정에서 벗어날 필요가 있다. 여기서 말하는 '새로움'은 단순히 시류에 편승한다는 의미가 아니다. 그리스도 신앙이 추구하는 새로움은 '영원한 새로움'이신 예수 그리스도에게서 말고는 발견되지 않는 무엇이다. "그리스도께서는 언제나 젊으시고, 새로움의 끝없는 원천이십니다."[8] 우리가 그리스도라는 원천으로 돌아가 거기서 물을 길어 올릴 때 우리의 모든 복음화 활동은 '새로운' 것이 된다.

그러므로 '새로운 사고'는, 복음을 전했던 이전의 도구가 시대의 변화로 인해 낡은 것이 되었으니 그 도구를 새로운 것으로 교체하는 것이 아니라, 우리의 사고뿐 아니라 삶 전체가 그리스도와 만남을 통해 새로워지는 것을 의미한다. 그것은 예수님께서 십자가 위에서 행하신 '자기 포기'와 '자기 증여', 벗을 위해 자신의 목숨을 선물로 주시는 그분의 사랑만이 세상을 구원한다는 진리를 체득하는 것이다. 또한 그 사랑으로 감화되고 변화되어 세상을 이전과는 다른 방식, 곧 예수 그리스도의 눈으로 바라보는 것을 의미한다. 신앙의 빛으로 새로워진 사고로 현실을 바라보고 그 안에서 하느님의 현존을 분별하는 것이며, 우리 시대의 다양한 사조와 사상에도 중심을 잃지 않고 신앙의 눈으로 교회의 사명을 가늠하는 것이다.

신흥종교는 늘 '새롭게' 사람들에게 다가가지만, 그 새로움은 사람

---

8 프란치스코 교황, 권고 『복음의 기쁨』, 한국천주교주교회의, 2014, 11항.

을 근본부터 변화시키지 못한다. 그들이 추구하는 새로운 삶은 '영원한 새로움'이신 예수 그리스도께 원천을 둔 것이 아니기 때문이다.(2코린 11,4 참조) 동시에 신흥종교는 우리에게 잊어서는 안 될 중요한 교훈을 준다. 곧, '새로운 사고'로 거듭나기 위해 무엇보다 우리에게 요구되는 점은 신앙 정체성의 회복이요 신앙의 종말론적 성격의 회복이라는 것이다. 신앙은 자기 영혼만을 구하기 위한 개인의 종교 활동도, 깨달음에 이르기 위한 육적, 영적 탐구도, 삶의 지혜에 대한 가르침이나 처세술도 아니다. 신앙은 예수 그리스도와의 만남이요 그분을 따름이며 하느님 나라를 위한 온 삶의 투신이다. 그것은 하느님 말씀이 지금 이 순간 우리 각자에게 요구하는 실존적 결단이요 이전 삶과의 결별이며 세속의 그릇된 사상과 시류에 맞선 투쟁이다. '새로운 복음화'와 '새로운 사고'는 다만 교회의 조직과 구조 같은 겉모습이 아닌, 교회의 삶과 활동 전반에 대한 대대적 진단과 쇄신과 변화를 요구한다. 진정 '새롭게' 변화하기 위해 우리 각자에게 던져야 할 질문은 바로 이것이다.

"우리는 도대체 예수를 알기는 하는가? 우리는 그분을 이해하고 있는가?"[9]

---

[9] 교황 베네딕토 16세, 『나자렛 예수』, 1권, 바오로딸, 2012, 81.

4장

가난한 교회를 꿈꾸다

'가난한 교회'로의 초대

"가난한 사람들과 함께하는 연대는 복음의 중심에 있고, 그리스도인 생활의 필수 요소로 여겨야 합니다. [...] '가난한 이들을 위한 가난한 이들의 교회, 가난한 이들을 위한 가난한 교회'라는 사도 시대의 이상은 여러분 나라의 첫 신앙 공동체에서 그 생생한 표현을 찾아볼 수 있습니다. 이러한 이상이 미래를 향해 순례하는 한국 교회가 걸어갈 길에 계속 귀감이 되기를 바랍니다."[10]

프란치스코 교황이 2014년 한국 방문 때 던진 중요한 화두 중 하나는 '가난한 교회'일 것이다. 가난한 이들과 함께하는 교회만이 아니라 가난한 이들의 교회, 가난한 교회로 거듭나 달라는 교황의 당부는 세속

---

10 교황 프란치스코, "한국 주교들과 만남", 『일어나 비추어라』, 프란치스코 교황 방한 메시지, 한국천주교주교회의, 2014, 24-25.

화와 물질주의에 노출된 한국 교회를 향한 강한 일침이요 한국 교회가 아시아 복음화의 주역으로 발돋움하는 시점에 주어진 매우 시의적절한 자극이었다. 하지만 과연 한국 교회는 교황의 당부대로 쇄신과 변화의 길로 돌아섰는지는 의문이다. 사실 '가난한 이들을 향한 우선적 선택'을 기치로 많은 이들이 교회 쇄신의 필요성을 천명해 왔지만, 계속해서 부유해지는 교회 안에 가난한 이를 위한 자리가 점점 좁아졌음은 주지의 사실이다. 가난한 이들을 위한 가난한 교회가 되어야 한다는 말이 무색하게 교회의 변화는 보이지 않는다. 현실의 변화를 위해 무언가 근본적인 차원의 충격이 필요해 보인다. 가난한 교회를 향한 쇄신의 길로 돌아서기 위해서는 근본적 차원에서 물을 필요가 있다. 가난한 교회란 무엇이며, 가난한 교회를 향한 쇄신을 가로막는 것은 무엇인가?

'부유함'과 '피상적 신앙'이라는 적

가난한 교회를 향한 길에서 그 무엇보다 큰 걸림돌은 부유함일 것이다. 예수님께서도 부유한 사람이 하느님 나라에 들어가는 것이 얼마나 힘든지 말씀하셨다.(마태 19,23-24 참조) 물론 재물 자체는 사람의 선익을 위해 사용되는 좋은 것이다. 문제는 재물에 대한 집착과 그로 인해 삶의 본질적 차원에서 멀어지는 것에 있다. 교회 역시 가진 것과 누리는 것이 많을 때 자연히 영적으로 무감각해지며, 그로 인해 신앙의 본질적인 것에서 멀어지기 마련이다.

부유함의 유혹과 함께 찾아드는 것은 '피상적 신앙'으로, 이는 교회 공동체를 심각하게 병들게 한다.[11] 피상적 신앙은 "신앙에서 내가 믿는 분은 어떤 분이시며, 그분을 알고 사랑하며 따른다는 것은 내 삶에서 어떤 의미를 지니는가?"라는 본질적 물음에 답하기보다 신앙을 유희나 오락, 여가 활동 등의 차원으로 축소시킨다. 결국 예수 그리스도를 따르는 길에 전적으로 투신하지 못하게 한다. 많은 신앙인에게서 발견되는 이 피상성은 신앙을 자기 편의나 기호에 따라 선택하는 '사교 모임' 혹은 외모를 치장하는 액세서리 정도로 간주하거나, 그리스도의 복음 메시지를 삶의 지혜나 처세술, 철학 사조나 정치적 슬로건 정도로 환원시키는 등의 형태로 구체화된다. 또한 시장의 논리로 하느님 은총을 대상화하고 도구화하여, 결국 신앙인은 하느님과 '거래'를 하는 '은총의 소비자'가 되어 하느님과 내적인 '관계' 안으로 들어가지 못하고 피상적으로 머물게 되는 것이다. 이러한 피상적 신앙이 교회 전반에 퍼지게 되면 공동체는 영적 감각과 활력을 잃게 되며, 하느님 말씀이 지닌 힘 또한 퇴색하고 만다.

그리스도의 가난

한국 교회가 부유함의 유혹과 피상적 신앙을 넘어 가난한 교회로 거듭나기 위해 무엇보다 필요한 것은 그리스도의 가난을 관상하는 것이다. 교회가 가난하고자 하는 이유는 그리스도께서 가난하게 사셨기 때문이며, 가난한 이들과 운명을 같이하셨기 때문이다.

---

11 참조: 교황 프란치스코, "아시아 주교들과 만남", 『일어나 비추어라』, 프란치스코 교황 방한 메시지, 한국천주교주교회의, 2014, 63.

"그분께서는 부유하시면서도 여러분을 위하여 가난하게 되시어, 여러분이 그 가난으로 부유하게 되도록 하셨습니다."(2코린 8,9)

바오로 사도의 말씀처럼 예수님의 가난은 구유에서 십자가 죽음에 이르는 그분의 전 생애와 연결되어 있다. 예수님의 가난은 인간의 구원을 위해 당신의 특권을 모두 버리고(필리 2,6 참조) 인간과 똑같이 되신 그분의 삶 자체다. 예수님은 길을 잃고 헤매는 양을 구하기 위해 인간의 삶 속에 들어오신 분, 인간이 겪는 모든 불의와 부조리, 고통과 상처를 몸소 겪으신 분, 가장 가난하고 소외된 이들에게 다가가 깊은 연민의 마음으로 그들과 운명을 함께하시며 그들을 하느님의 자녀가 누리는 참생명으로 인도하신 분이시다. 그분의 가난에서 우리는 인간을 향한 하느님 사랑의 극치를 발견한다.

예수님의 가난은 또한 권력자들의 힘의 횡포, 부정과 부패, 부조리에 십자가의 비폭력과 사랑의 권능으로 맞선 저항이었다. 그분은 군림하고 다스리는 것이 아니라 섬기고 봉사함으로써 악과 죽음의 세력을 이기신 분이시다.(마태 20,28 참조) 그분의 가난은 십자가 위에서 온전히 그 모습을 드러낸다. 사랑하는 벗을 위해 자신의 가장 소중한 목숨까지 내어 주며 자신을 비우시는(필리 2,7 참조) 가난의 행위에서, 인간을 가두어 하느님과 이웃을 향해 개방하지 못하도록 하는 죄와 죽음의 속박에서 해방될 수 있는 길이 바로 그분처럼 가난하게 되는 것, 곧 자기 자신을 비우고 버리는 것, 자신의 생명을 하느님과 이웃을 향해 내어놓는 것임을 깨닫는다.

가난한 교회를 꿈꾸다

우리가 꿈꾸는 가난한 교회는 예수님의 가난을 자신의 것으로 하는 교회다. 가난한 교회는 죄와 죽음의 세력에 사로잡혀 있는 이들, 불의와 부조리로 고통 중에 있는 이들에게 구원의 기쁜 소식이 전해지기를 간절히 바라는 교회다. 가난하고 소외된 이들의 삶에 열려 있는 교회, 그들의 삶에 관심을 가지고 그들의 고통을 함께 나누며 그들의 운명을 자신의 것으로 하는, 영적으로 깨어 있는 교회다. 또한 가난한 교회는 기도하며 행동하는 교회다. 불의와 폭력에 맞서 사랑과 비폭력, 가난과 섬김으로 저항하는 교회다. 세상의 권력이나 부유함, 교세나 사회적 평판이 아닌 오로지 예수님의 복음의 힘, 십자가의 힘(로마 1,18; 1코린 1,22-23 참조)에만 의지하는 교회다. 불의를 보고 불의하다고 말할 수 있는 교회, 고통 중에 있는 이들과 죽음의 위협에 있는 이들 편에 서서 온전히 투신할 수 있는 자유로운 교회다.

교회의 진정한 위기는 가난하고 소외된 이들에게 관심을 기울이기보다 숫자로 나타난 교세에 연연하거나 자신의 안위만을 돌볼 때, 하느님 말씀에 목말라하기보다 어떤 행사를 하며 무엇을 먹을지를 고민할 때, 조직 관리에 매여 정작 복음이 필요한 이들의 삶을 도외시할 때 찾아온다. 위기에 처한 한국 교회가 쇄신과 변화의 길로 결연히 돌아서기 위해서는 무엇보다 영적으로 깨어나야 한다. 하느님의 나라와 그분의 의로움(마태 6,33 참조), 예수 그리스도의 인격과 사랑을 향한 열망을 되찾아야 한다. 그러기 위해 그리스도의 복음과 이질적인 것들을 과감히 내려놓는 용기가 필요하다. 그것은 쉽지 않은 길이며 수없이 많은 걸림돌이 도사린 길이다. 탐욕을 채우도록 자극하는 세상의 흐름을 거스르는 길이며, 이전에 누리던 안락함과 특혜, 물질적 풍요로움을 포기하는 길이기 때문이다. 하지만 예수님께서 걸으셨고 사도들과 한국의 순교자들이 그 뒤를 따랐던 참된 자유를 향한 영적 투쟁의 길이며, 우리가 꿈꿀 수 있는 유일한 희망의 길이기도 하다.

한국 교회의 미래를 위해 우리가 진지하게 답해야 할 질문은 이것이다.

"우리는 진정한 그리스도인인가? 우리의 신앙에서 예수 그리스도는 어떤 분이신가? 그분을 따르는 영적 여정에서 우리는 어디쯤 와 있는가?"

5장

'종교 냉소주의'를 넘어

'냉소(冷笑)', 말 그대로 차가운 웃음이다. 냉소에는 무관심이나 비웃음 같은 것이 비친다. 이 냉소가 문화적 코드가 되어 사람들 사이에 퍼지면 '냉소주의'가 된다. 냉소주의는 일상생활에서부터 정치, 철학, 종교 등의 분야에 이르기까지 다양하게 존재한다. '종교 냉소주의'란 무엇이며 그리스도 신앙에는 어떤 의미일까?

냉소주의란?

전북대 강준만 교수는 『한국인 코드』,[12]에서 한국인 특유의 '자기방어 기제로서의 냉소주의'에 대해 이야기한다. 강 교수는 '친절한 금자씨' 덕에 유행어가 되었던 '너나 잘하세요.'라는 말에서 한국인 특유의 냉소적 반응을 발견하는데, 이는 '자기성찰 없는 비판 문화가 드센 한

---

12 참조: 강준만, 『한국인 코드』, 인물과 사상사, 2001.

국 사회를 향한 일침'이라는 것이다. 그에 의하면 염치마저 실종된 한국 사회에서 정치인과 지도층 인사들이 끊임없이 저지르는 '비리, 파렴치, 위선 행각' 등을 접하는 대중은 변하지 않는 불의한 상황에서 버텨 내기 위해 심리적으로 냉소주의에 의존한다는 것이다.

이러한 냉소적 반응은 한국인에게 낯설지 않은데, 강 교수에 의하면 조선 말기, 일제 강점기, 해방 후 이념 간의 갈등과 한국 전쟁 그리고 그 뒤를 이은 독재 정권을 거치면서 착취와 수난을 겪은 민중에게 결국 '냉소'만이 그 긴 시간을 버티도록 했다는 것이다. 물론 이러한 냉소주의에 대한 비판은 존재한다. 냉소주의는 대체로 현실을 변화시키는 것을 회피하고, 어떠한 책임도 지지 않은 채 먼발치에 서서 냉소 섞인 말만 던질 뿐이기 때문이다. 하지만 강 교수는 비판에 앞서 냉소주의를 진지하게 받아들일 것을 제안한다. '너나 잘하세요.'라는 말은 '자기성찰 없는 비판 문화가 드센 한국 사회를 향한 일침'으로, 냉소주의는 오히려 우리에게 '성찰'을 요구하는데, 그는 불의와 몰염치가 왜곡해 온 한국 역사에 대한 냉철한 성찰을 통해 '냉소'를 지혜로 받아들이고 승화시킬 것을 주장한다.

강 교수는 이처럼 한국인 특유의 냉소주의를, 염치와 정의가 실종된 사회를 변화시키지 못하는 군중 안에서 함께 자연스럽게 형성되고 축적된 반응으로 이해한다. 그런데 사실 냉소주의의 외연은 그보다 훨씬 넓다고 하겠다. 냉소주의를 "현실에 적극적으로 참여하여 자기가 만족스럽지 못한 부분을 비판하고 개선해 나가기 위하여 노력하지 않고,

멀리서 팔짱을 끼고 지켜보며 이것저것에 불평불만을 늘어놓는 태도"[13]라고 설명한 고영복 교수의 말을 따르자면, 냉소주의적 태도는 우리의 구체적 삶 안에 다양하게 존재한다. 또한 냉소의 대상은 한 개인뿐 아니라 한 집단, 심지어 한 종교단체로까지 넓혀질 수 있다.

종교 냉소주의?

직접 적용하기에는 무리가 있어 보이지만, 한국의 종교들 또한 냉소주의의 위협을 받고 있는 것은 분명하다. 한국 사회에서 종교인에 대한 신뢰가 떨어지기 시작한 것은 오래 전의 일이다. 비록 가톨릭 교회가 사회에서 여전히 선호되는 종교로 알려져 있다 하더라도, 개신교와 불교의 최근 예들은 일반 대중의 냉소를 받는 대상에서 가톨릭 교회 또한 제외될 수 없다는 것을 분명히 보여 주고 있다.

강 교수의 분석은 종교 냉소주의를 생각하는 데 중요한 실마리를 제공한다. 냉소주의는 축적된 경험을 토대로 하는 집단적 반응이며, 그 안에 강한 불신이 자리 잡고 있다는 것이다. 종교 냉소주의는 말 그대로 종교에 대해 냉소를 짓는 자세다. 그 이유는 다양하겠지만, 주로 종교인들의 삶이 그들의 종교적 신념과는 거리가 멀거나 반대되는 양상으로 전개되기 때문이라 하겠다. 입으로는 예수님을 따라 사랑을 실천해야 한다고 말하면서 실제로는 가난하고 소외된 이들을 외면하거나 권한을 이용하여 약자를 괴롭힌다면, 혹은 부처님의 자비와 무소유를 이야기하면서 비리를 일삼거나 도박판에 끼어든다면 사람들은 종교에

---

[13] 고영복, 『한국인의 성격: 그 변혁을 위한 과제』, 사회문화연구소, 2001.

실망을 느끼며 불신을 품게 된다. 문제는 이러한 경우가 반복되는 것이며, 사람들의 기억 속에 축적되고 각인되어 종교에 대한 냉소주의로 흐르는 것이다. 한 사회에서 종교, 윤리적 기준을 제시해야 할 종교에 대한 불신이 생기면 이는 사회 전반에 걸쳐, 특히 구성원들의 가치 판단 체계에 악영향을 끼치게 된다. 종교에 대한 불신과 냉소주의가 형성되면 그것을 불식하기가 힘들며 오랜 시간을 요한다는 점에서 그 심각성은 크다고 하겠다.

종교 냉소주의는 종교단체 내부에서도 생겨난다. 한 교회 안에서 신도들이 종교 지도자의 능력과 인품에 의심을 품거나 그의 삶에서 위선적인 혹은 일관되지 못한 모습을 발견했을 때 냉소주의가 생겨난다. 이러한 경향은 대개 대형화, 관료화한 교회, 제도나 조직 위주로 관리되는 교회, 변화에 민감하게 대처하지 못하고 매너리즘에 빠진 교회에서 발생한다. 가톨릭 교회도 예외는 아닌데, 가령 신자들이 본당 신부의 강론이나 인품과 대인관계에 불만을 품고 거기에 대해 공공연히 이야기하거나 다른 성당을 찾아다닐 때, 혹은 한 수도회의 장상이나 교구장의 결정을 수도자나 사제들이 수긍하지 못하고 삼삼오오 모여 불만 섞인 대화를 나눌 때 냉소주의는 생겨난다. 또한 열정을 가지고 변화를 요구하는 이들이 교회 당국의 싸늘한 반응을 마주할 때 '결국 안 되는구나!' 하는 자괴감과 함께 교회가 하는 일에 냉소적 반응을 보이게 된다. 특히 냉소주의는 건전한 소통 창구가 없는 상황에서 주로 발생하는데, 가령 교회의 사회참여에 있어 서로 충분한 소통이 이루어지지 않을 경우, 한편은 급진적 참여를 주장하고 다른 한편은 교회는 정치세력이 아니므로 정치에 참여하지 말아야 한다고 주장하는 양측 사이에 냉소가 오갈 수 있는 것이다. 혹은 교회가 시대의 흐름에 따라 근본적으로 변화해야 한다고 주장하는 이들과 지금 이대로도 충분하기에 하던 대로 계속하면 된다고 주장하는 이들이 맞설 때 냉소주의는 심화할 수 있다. 이는 교회에 있어 굉장히 심각한 현상인데, 교회 공동체가 믿는 이들의 모임이며 친교의 공동체라고 할 때, 불신과 냉소주의가 팽배하는 현상은 그 공동체가 정체성에 심각한 위기를 겪고 있음을 말해 주기 때문이다.

그들의 냉소에는 부정적인 점도 없지 않지만 긍정적인 요소도 있음을 부인할 수 없다. 한국 사회에 만연한 냉소주의가 사회 전반에 걸쳐 퍼진 불의와 파렴치에서 생겨난 것이라면, 종교 냉소주의는 교회의 가르침과 그것에 따라 살지 못하는 신자들의 삶 사이의 불일치를 향한 날카로운 일침인 것이다. 이는 또한 건전한 소통을 강력히 요구하는 것일 수 있는데, 가령 사람들이 복음을 받아들이고 전례에 참여하며, 강론과 교리교육을 받아들임에 있어 어떠한 어려움을 겪고 있는지 관심을 가지고 귀를 기울이지 않으면 이러한 냉소주의가 발생하기 때문이다. 곧, 그들의 냉소가 요구하는 바는 현대인의 의식과 체험과 문화 코드에 맞는 방식으로 복음과 교회 가르침을 전해 달라는 것이다. 결국 변화를 요청하는 것이다.

권위의 문제

냉소주의는 어디에서 비롯될까? 다양한 접근 방식이 있겠지만 필자는 '권위' 문제로 접근하고 싶다. 권위와 권위주의는 구별되어야 한다. 상대방의 권리나 자유를 무시하고 권위로 내리누르는 권위주의는 지양

되어야 하지만, 건전한 권위는 사람을 살게 하며 삶에 의미와 품위를 되돌려 준다. 축구 경기를 예로 들어 보자. 심판의 권위가 무너지면 축구 경기는 난장판이 되고 재미가 없어 관중은 결국 떠날 것이다. 인간 삶도 마찬가지다. 우리는 권위주의가 아닌 건전한 권위를 필요로 한다. 인간답게 살기 위해서다. 그런데 그 권위의 상징들이 점차 사라지고 있다는 것이 현대인의 비애다. 한국에서 '군사부일체'의 권위가 땅에 떨어진 지는 이미 오래다. 국민이 대통령을 비난하고 학생이 선생님을 깔보고 자녀가 부모님을 무시하는 것이 대수롭지 않은 일이 되었다. 종교 또한 사회에서 권위의 상징이었다. 하지만 서구의 세속화 과정이 서양 문물을 통해 유입되며 성스러운 것에 대한 감각을 잃게 되었고, 종교 또한 사회 안에서 권위로서 제구실을 못 하게 되었다.

그렇다면 어떻게 해야 할까? 단순히 과거로 돌아가야 할 것인가? 그러기 위해 사람들을 '계도'해야 하는가? 아니면 이러한 현상을 통해 현대인이 요구하는 것에 귀를 기울여야 할 것인가? 필자는 이러한 위기가 권위를 행사하는 방식의 변화를 요청하는 것이라고 본다. 예전에는 사회구조와 관계구조 안에서 권위는 자연스럽게 주어지고 인정되었다. 그런데 사회변화와 의식변화를 통해 이러한 구조가 와해되어 버렸다. 기존 권위에 대한 부정과 냉소주의는 어쩌면 권위를 행사하는 방식 자체를 변경하라는 요청일 수 있다. 현대인은 저절로 주어진 권위를 인정하지 않는다. 자리에 부합하는 능력을 발휘하고 현대인이 요구하는 바에 부응해야 권위가 인정받을 수 있다. 이처럼 권위는 주어지는 것이 아니라 인정받아야 하는 무엇이다. 그렇다면 권위의 위기는 기회일 수 있다. 대통령으로서, 스승으로서, 부모로서 요구되는 바를 원활한 소통을 통해 행함으로써 그들의 권위가 자연스럽게 인정되는 것이다. 종교 또한 마찬가지다.

냉소주의를 거슬러

예수님 시대에도 냉소주의는 존재했다. 예루살렘의 수석 사제와 율법 학자와 원로 들은 예수님의 가르침과 행동을 못마땅하게 여기며 물었다. "당신은 무슨 권한으로 이런 일을 하는 것이오?"(마르 11,28) 그런데 실은 그분을 바라보는 사람들의 반응은 달랐다. 산에서 가르치셨을 때 군중은 그분의 가르침에 몹시 놀랐다고 한다. 왜냐하면 "그분께서 율법 학자들과 달리 권위를 가지고 가르치셨기 때문이다."(마르 1,22) 군중이 인정한 예수님의 권위는 어떤 것이었을까? 그분께서 가르침을 실제로 행하셨기 때문이 아닐까? 그분의 가르침이 삶의 진리를 꿰뚫는 것이었으며, 죄와 악으로 신음하던 삶에 구원을 가져다주셨기 때문이 아닐까?

> "새롭고 권위 있는 가르침이다. 저이가 더러운 영들에게 명령하니 그것들도 복종하는구나."(마르 1,27)

예수님에게서 냉소주의를 극복할 방안을 찾으면 어떨까? 종교 냉소주의는 종교의 권위에 심각한 문제가 생겼음을 말해 준다. 구체적으로 종교가 전하는 가르침과 종교인이 실제로 사는 삶이 일치하지 않음을 의미한다. 교회가 신자들 혹은 동시대인들의 삶의 고민을 자신의 것으로 하지 않고 막연하고 추상적인 윤리적 가르침만을 전해 준다면 그것은 더 이상 사람들에게 권위 있는 가르침이 되지 못한다. 교회가 선포하는 복음과 신자들의 실제 삶이 일치하지 않는다면 혹은 교회의 가르침이 사람들이 겪는 근본 문제를 꿰뚫어 보지 못한다면 사람들은 교회를 향해 냉소지을 것이다.

이처럼 냉소주의는 교회 공동체의 건강에 문제가 생겼으니 그 해결책을 진지하게 고민하라는 호소력 있는 외침이다. 그렇다면 냉소주의를 통해 만연한 불신의 문제는 어떻게 해결할 것인가? 신뢰를 회복하고 냉소주의를 극복하기 위해 무엇보다 중요한 것은 건전한 소통의 장(場)과 창구를 다양화하는 것이다. 강준만 교수는 냉소주의가 만연한 곳에는 책임 없는 말이 난무한다고 했다. 교회도 마찬가지다. 교회 안에서 제기되는 문제들에 대해 자기 생각이나 말에 책임을 지고 나서는 사람이 없다면 냉소주의는 계속해서 공동체 안에 불신을 조장할 것이다. 지금 한국 교회는 자기 말에 책임을 지고 교회의 문제를 진지하게 고민하며 투신하는 사람들이 필요하다. 그리고 그러한 사람들이 함께 모여 고민과 의견을 나눌 수 있는 소통의 장(토론, 잡지, 신문, 방송 매체 등)이 필요하다. 미래를 위해 현재의 교회에 대해 쓴소리까지 서슴지 않고 할 수 있는 곳, 단순한 비난이 아니라 사랑이 담긴 책임 있는 말을 던질 수 있는 사람이 필요하다.

소통의 문제는 하느님과 만나는 전례와 성사, 기도에서뿐 아니라 복음을 선포하고 전달하는 강론과 교리교육에서도 제기된다. 냉소주의를 극복하기 위해서는 다시금 예수님을 바라보아야 한다. 하느님과 같은 분이셨지만 그것을 당연한 것으로 여기지 않으시고 자신을 낮추시고 비우시어 인간이 되어 오신 것처럼(필리 2,6-8 참조), 교회 또한 주님의 복음을 전하기 위해 낮은 자가 되어 가장 가난하고 버림받은 사람들에게 다가가야 한다. 그리고 그들이 겪는 삶의 고통과 고민을 듣고 함께 나누어야 한다. 하느님의 아드님께서 인간이 되시어 오신 것처럼 교회 또한 자기들만의 공동체에 머물지 말고 현대인이 살아가는 구체적 삶의 현장으로 들어가야 한다.

프란치스코 교황의 '파격적 행보'가 교회 내외적으로 큰 반향을 일으켜 온 이유는 그가 종교적 냉소를 극복하고 진정으로 살아 있는 복음 메시지를 전하기 때문이다. 종교가 본질에 충실할 때, 직접 '정치하기'를 그치고 정치에 다양한 방식으로 참여할 때, 부유함과 교세가 아닌 복음의 힘에 의지할 때 냉소는 신뢰와 찬사로 바뀔 것이다.

냉소주의에 담긴 불신은 근본적으로 하느님을 불신하는 것일 수 있다. 때로는 합리성, 민주주의, 진보라는 이름으로 교회 공동체에 냉소적인 시선과 더불어 신랄한 비판을 던지는 경우가 있다. 하지만 그 비판에 하느님과 공동체에 대한 사랑이 없다면 공동체를 아프게 하는 공염불에 머물 수 있다. 여기서 사도행전이 전하는 초대교회 공동체 모습은 시사하는 바가 크다. 배반자 유다의 자리를 채우기 위해 사도들이 한 행동은 도저히 납득이 가지 않는다. 사도를 뽑기 위해 제비를 뽑다니!(사도 1,26 참조) 그런데 이것이 교회다. 교회는 성령의 이끄심에, 하느님의 섭리에 의탁하며 기도하고 미래를 내맡기는 공동체 곧 신앙 공동체다. 비록 교회의 여러 인간적인 면에 냉소적 반응을 보이는 이들이 있다 할지라도, 교회는 성령이 이끄시는 공동체, 하느님 나라를 향해 가는 순례의 여정에 있는 공동체다. 우리가 여러 부정적인 요소에도 불구하고 하느님의 섭리에 대한 신뢰를 잃지 말아야 하는 이유다.

6장
인간을 위한 복음 선포

인간에 대한 숙고 없는 '4차 산업혁명'의 그늘

2016년 1월 다보스 포럼에서 제시된 '4차 산업혁명'은 인간의 기술이 어디까지 발전할 수 있는지 보여 주는 동시에 그 기술을 사용하는 인간 자신에 대한 성찰 없이는 그 기술이 얼마나 위험한 것인지도 일깨우고 있다. 인공지능을 비롯한 4차 산업혁명을 이끌 다양한 신기술이 인간학 분야에 가져오는 결과는 매우 심각한데, 기존에 갖고 있던 인간에 대한 공통된 인식을 근본적으로 흔들어 놓기 때문이며, 교회도 이 문제를 결코 도외시할 수 없다.

인간에 대한 가톨릭 교회의 고조되는 관심

가톨릭 교회는 자신이 존재하는 모든 시대와 상황에서 줄곧 인간을 향한 관심과 인간에 대한 성찰을 제시해 왔다. 이에 관해 다수의 사회 회칙을 참조해 볼 수 있는데, 특히 교황 요한 바오로 2세의 회칙 『인간의 구원자』[14]는 인간을 향한 교회의 지대한 관심을 확인해 주고 있다. 기술과 과학이 발달하며 인간에게 많은 혜택을 주어 왔지만, 그보다 훨씬 심각한 인간 소외와 정체성 위기를 가져오고 있으며, 구원의 복음을 선포하는 교회는 이를 좌시할 수 없는 것이다.

베네딕토 16세 교황은 『그리스도 신앙 어제와 오늘』[15]에서 근대 이후 기술 사고가 가져온 문제를 지적하며, 인간이 진리를 자신이 만들어 낼 수 있는 것에 한정시킬 때 결국 자기 스스로 신을 만들어 낼 것이라고 하여, 이미 수십 년 전에 '호모 데우스'의 출현을 예고하였다. 『호모 데우스』[16]는 유대인 사학자 유발 하라리 저작의 제목으로, 4차 산업혁명 시대의 신기술이 인류에 가져올 심각한 미래를 예견하며 전 세계 수많은 이들의 관심을 불러일으켰다. 죽음과 불멸을 넘어 신이 되려고 하는 인간은 자기 안에 이미 자기 파멸의 씨앗을 지니고 있으며, 이제 자신이 만든 기술로 무엇을 해야 할지 모르는 심각한 상황에까지 이르렀다는 것이 그의 결론이다.

인간에 대한 관심은 프란치스코 교황의 문헌들에서도 발견된다. 회칙 『찬미받으소서』[17]는 기술관료적 패러다임으로 인해 맞게 된 인류의 생태적 위기를 거론하며, 진정한 인간 발전을 위한 새로운 패러다임의 필요성을 역설한다. 회칙 『모든 형제들』[18]은 코로나19 감염증으로 인류

---

14 참조: 교황 요한 바오로 2세, 『인간의 구원자』, 성염 역, 한국천주교중앙협의회, 1981(1979).
15 참조: 요셉 랏씽어, 『그리스도 신앙 어제와 오늘』, 장익 역, 분도출판사, 1983(1974).
16 참조: 유발 하라리, 『호모 데우스』, 김명주 역, 김영사, 2017.
17 참조: 교황 프란치스코, 회칙 『찬미받으소서』, 한국천주교주교회의, 2015.
18 참조: 교황 프란치스코, 회칙 『모든 형제들』, 한국천주교주교회의, 2021.

가 한 배를 타고 있는 것이 드러났는데도 불구하고 공동으로 협력하여 공동선을 실현하지 못하는 인류의 현주소를 지적하며, 정치, 문화, 사회, 종교 등에 전방위적 변화와 쇄신이 필요하다고 역설한다. 이 역시 인간에 대한 관심과 그리스도교적 깊은 통찰을 기반으로 하고 있다.

인간에 대한 교회와 신학의 성찰

지난 세기 가톨릭 신학은 다양한 유물론, 무신론적 사상의 확산과 도전에 맞서 신앙을 옹호하기 위한 호교론적 신학을 발전시켰으며, 그 과정에서 인간에 대한 깊은 성찰을 수행하였다. 베네딕토 16세 교황, 발터 카스퍼 추기경, 심상태 몬시뇰 등 신학 대가들의 저작 속에는 그리스도 신앙 진리와 함께 인간 존재에 대한 깊은 성찰이 자리하고 있다. 과학기술 문명, 산업화 등으로 세속화된 사회의 한계는 종교와 신앙을 변두리 혹은 내적 영역에 한정함으로써 인간에 관한 성찰에서 협소하게 머무르는 것이며, 진정한 인간 발전보다는 경제와 정치의 내밀한 협력, 의존 관계 속에서 인간을 도구화하고 상품화하는 방향으로 흘러오도록 한 것이다. 그에 맞서 교회와 신학은 복음 진리에 의거하여 하느님과의 인격적 친교와 사랑의 일치로 초대된 인간이 얼마나 존엄하고 위대한 존재인지를 늘 새로운 언어로 제시하였다.

그런데 우리는 오늘날 인간에 대한 깊은 성찰이 담긴 신학 강의나 강좌 혹은 강론을 얼마나 많이 접하는가? 지금 교회가 존재하는 장소에 사는 사람들의 구체적 삶의 현실, 그 안에서 사람들이 던지는 질문, 그들이 겪는 어려움과 고통, 고민하는 불의와 갈등과 폭력 등에 얼마나 같이 고민하며 함께 길을 찾으려 하는가? 이 사회에서 인간이 얼마나 그 존엄과 고귀함의 위협을 받고 얼굴이 일그러지고 있는지, 이러한 비인간화하는 흐름에 맞서 어떻게 신앙이 인간을 진정으로 인간화하는지 제시하고 있는가? 위기에 빠진 인간에게 인간의 인간됨을 누가 누구의 이름으로 무엇을 기준으로 어떻게 이야기할 수 있을 것인가?

그리스도 신앙은 인간이 되어 오신 하느님의 아드님 예수 그리스도를 통해 인간의 진정한 모습을 파악한다. 참하느님이시며 참인간이신 예수님은 우리가 어떻게 살아야 하느님 자녀로서 참으로 인간다운 삶을 살 수 있는지 알려 주셨다. 그것은 정형화된 이론이나 이성으로 도출된 결론이 아닌, 예수님을 실제로 따르는 구체적인 삶의 방식을 통해서만 찾을 수 있다. 오늘 교회는 다시금 예수님과 함께 길을 걸으며 진정으로 인간됨을 실현하는 삶의 방식이 어떤 것인지 모색해야 하는 것이다.

신앙 안에서 인간을 새롭게 숙고하는 일에 한국인의 정체성을 구성하는 전통, 문화적 요소들을 도외시할 수 없는 것은 당연하다. 성경이 전하는 인간상은 한국인을 한국인이게 하는 정체성의 원리와 대립하는 것이 아니라 오히려 그것을 전제로 하고 취하며 고양하기 때문이다. 세계화의 흐름에서 그 어느 때보다 심각하게 정체성의 위기를 겪는 한국인의 의식을 바로세우기 위해서는 역설적으로 한국의 고유한 전통과 문화 요소를 탐구해야 하며, 이를 위해 다양한 한국의 학문과 대화에 나서야 한다. 전통과 문화는 고착된 것이 아니라 한국인의 구체적 삶에 늘 새롭게 각인되고 표현되고 있는 실재다.

선교의 새로운 방향

그것은 학문적 노력만으로 가능한 것이 아니다. 한국인의 실제 삶의 현장으로 들어가는 것이어야 한다. 예수님의 선교 방식은 실제 삶의 현장으로 들어가는 것이었다. 거기서 만나는 사람들과 함께 어울려 사는 것, 인간이 겪는 고통과 시련을 접하며 하느님께 대한 신앙을 회복하고 자신에 대한 신뢰를 회복하며, 죄와 악과 죽음으로 점철된 현실에서 해방시키는 파스카 여정을 걸어가는 것이었다. 세계화와 자유주의 경제체제 속에서 일그러지고 주름진 인간 얼굴을 만나기 위해, 그 안에서 그리스도의 모습을 발견하고 파스카 여정을 함께 걷기 위해 사람들의 삶 속으로 들어가야 한다. 시대의 물음, 동시대 사람들이 제기하는 문제, 부딪친 난관 등에 대해 함께 고민해야 한다. 그 모든 물음에 인간 자신에 대한 물음과 그 실마리가 담겨 있기 때문이다.

잊지 말아야 할 것은 구원하시는 하느님께서 우리와 함께하신다는 사실이다. 비록 수많은 도전과 위협으로, 죄와 악과 죽음의 현실로 인간이 고통과 시련 가운데 살고 있지만, 결국 역사를 주재하시고 완성하시는 분은 하느님이시다. 그분은 창조하시는 분이며 약속의 하느님으로, 비인간화하는 문화를 거슬러 인간을 진정으로 인간화하시는 하느님, 우리 인류와 끝까지 함께하시며 당신의 약속을 끝까지 지키시는 분이시다.

오늘 교회는 더욱 강한 신앙의 확신으로 구원하시는 하느님, 사랑의 권능으로 다스리시는 하느님을 선포하고, 하느님 자녀로서 진정 인간다운 삶을 실현하고, 그 삶으로 동시대인을 초대하는 증언하는 신앙으로 거듭나라는 재촉과 요구를 받고 있다.

7장

생육성(生育性, generativity), 생명을 전달하는 기쁨

오늘날 가정과 혼인의 위기는 전 세계적으로 확산일로에 있다. 프란치스코 교황은 이러한 흐름에 직면하여 2014-2015년 개최된 제14차 세계주교시노드에서 이 문제를 다루었고, 그에 대한 해법을 담은 교황권고 『사랑의 기쁨』[19]을 반포하였다. 그렇지만 문헌에 담긴 신학적, 사목적 전망과 오늘 한국 교회의 현실 사이의 괴리는 여전히 커 보인다.

다시 주목하는 위기 속의 성가정

프란치스코 교황은 『사랑의 기쁨』에서 혼인과 가정에 접근하는 새로운 방식을 제안하였다. 그것은 가정과 혼인에 관한 이상적인 가르침이 아닌, 위기 속의 가정과 혼인의 현실에서 출발하는 것이다. 이 맥락에서 교황은 나자렛 성가정을 다시금 언급하는데(30항), 성가정을 이상

---

[19] 참조: 프란치스코 교황, 『사랑의 기쁨』, 한국천주교주교회의, 2016.

적인 가정으로 제시하기보다는 성가정이 처했던 현실을 새롭게 바라보기 위해서다. 보통 생각과 달리 나자렛 성가정은 위기 속의 가정이었다. 그러한 성가정을 주목하는 이유는 성가정이 삶에서 마주한 도전을 피하지 않고 믿음 안에서 정면으로 마주했기 때문이다. 그럴 수 있었던 것은 그 가정이 기도하는 가정이었고 순례하는 가정이었으며, 하느님께서 성가정을 통해 이루시는 위대한 일을 마음속에 늘 간직하는 가정이었기 때문이다.

교회인 가정, 가정인 교회

그리스도교 역사를 보면 집은 기도하는 곳, 전례가 이루어지는 곳이었다. 초대교회는 가정을 중심으로 하느님을 찬미하고 기도하였다. 한국 교회도 다르지 않았다. 선교사들의 편지글을 보면 아주 작고 허름하고 천장도 낮은 오두막집에 모여 기도하고 미사를 봉헌했다고 한다. 그것은 집이 단순히 미사나 공소예절을 봉헌하기 위한 장소의 의미를 넘어서는 교회적 차원의 의미를 지니기 때문일 것이다. 곧, 가정은 작은 교회로, 말씀이 선포되고 전례가 거행되며, 신앙이 전수되고 선교의 출발점이 되는 곳이다. 교회는 가정을, 가정은 교회를 필요로 한다.

생명 전달의 자리인 가정

가정의 교회성 회복이 그 어느 때보다 시급한 지금, 그동안 주목받지 못한 가정의 다른 특성에 대해 숙고할 필요가 있다. 그것은 『사랑의 기쁨』에서 언급하는 '생명 전달의 자리'로서의 가정이다.(80-85항) 문헌은 가정이 생명이 잉태되고 태어나 보호받으며 신앙을 통해 완숙에 이르는 자리며, 하느님 사랑의 도구요 창조와 구원 사업에서 중요한 주체임을 강조하고 있다.

가정은 생명이 전달되며 하느님 창조 사업이 실현되는 성스러운 곳이다. '나'라는 인간이 태어나 삶을 시작하고 성장한 곳, 나약한 생명을 돌보고 양육하여 자라게 한 곳, 그 생명이 새로운 생명을 위해 새로운 가정을 만들도록 한 곳이다. 한 생명이 탄생해서 인격적 주체로 성장하며 새로운 생명을 탄생시키기까지의 전 과정은 놀랍고 신비롭다. 인간 스스로 해내거나 인위적으로 만들어 낼 수 없는, 오직 하느님께서 인간을 통해서 하시는 일이라고밖에는 설명할 수 없다. 그러한 놀라운 일이 가정에서 일어나기에 가정은 거룩한 곳이며, 그 거룩함을 지키는 것이야말로 가정에 맡겨진 사명일 것이다.

생육성, 제너러티비티(generativity)

이는 프란치스코 교황이 2014년 12월 교황청 문화평의회의 총회 "여성 문화: 평등과 차이"에서 사용한 '제너러티비티('생육성'이라 번역)'라는 개념을 통해 더욱 깊은 의미를 부여받는다. 총회에서 "생육성, 생명을 전달하는 기쁨"이라는 제목의 발제를 맡은 프랑수아 부스케 몬시뇰은 생육성을 생명 출산의 중요한 네 단계로 나누어 설명한다.[20] "생명을

---

20 교황청 문화평의회, 『여성문화: 평등과 차이』, 한국천주교주교회의 생명운동본부, 2016, 92-109. 주교회의 생명운동본부는 교황청 문화평의회의 2015년 총회 때 발표된 글들을 모아 번역하여 출간하였다. 이와 관련하여 수원가톨릭대학교에서는 2016년 10월 26일 "현대의 복음선교와 여성문화"라는 주제로 심포지엄이 개최되었으며, 그 발제문들이 『이성과 신앙』 61호, 2016년 겨울, 7-107에 게재되었다.

갖고자 열망하고, 생명을 세상에 탄생시키며, 생명을 돌보고, 그 생명이 떠나도록 놓아준다." 그는 생명 전달의 네 단계인 '열망, 탄생, 돌봄, 놓아줌' 그 각각의 것을 넘어서는 무엇이 존재한다고 본다. 그리스도 신앙은 거기서 하느님의 손길을 발견한다는 것이다. 이는 인간이란 어떤 존재인지, 어떤 사랑의 결과인지 잘 설명해 준다. 생명을 그토록 열망한 사랑이요, 보살피고 양육하기 위해 아낌없이 내어 준 사랑이며, 그 생명이 자유로운 존재임을 인정하며 떠나도록 놓아주는 사랑이다. 그것은 예수 그리스도께서 당신의 온 삶을 통해 보여 주신 인간을 향한 하느님 아버지의 자비와 사랑이다.

생육성은 생명을 바라보는 방법을 근본적으로 바꾸도록 한다. 생명 전달 과정을 하느님께서 축복하시고 창조와 구원의 장으로 삼으셨다는 것은, 생명이 그 자체로 하느님께 속하는 거룩하고 고귀하며, 인간의 힘으로 인위적으로 손을 대서는 안 되는 것임을 의미한다. 생명 전달 과정은 이념에 속할 수 없는, 우주의 전 존재에 각인되어 있는 법칙이다. 또한 모든 인간 활동과 사고의 근본 전제이기도 하다. 그리스도 신앙은 모든 생명이 선물로 주어졌음을, 인간은 그 선물을 보존하고 보살피며 전달할 사명을 부여받았음을 일깨운다. 인간은 선물인 생명 앞에서 경이로움을, 자신이 얼마나 소중한 동시에 나약한 존재인지를 깨닫고 겸손하게 무릎을 꿇는 법을 배워야 한다.

교회의 생육성

생육성은 혼인과 가정만이 아니라 교회의 삶의 원리이기도 하다. 교회에서 일어나는 일은 가정에서 일어나는 일과 흡사하다. 곧, 생명을 열망하고, 생명이 탄생하고, 생명을 돌보고, 생명이 떠나도록 놓아주는 일이 일어난다. 생육성은 교회의 모성(母性) 회복이 오늘날 매우 시급한 문제임을 일깨운다. 신앙을 잉태하고, 낳고, 기르고, 양육하고, 돌보고, 가도록 놓아주어 새로운 신앙이 잉태되도록 인도하는 것은 교회가 가진 모성을 실현하는 것으로, 생육성에 해당하는 교회의 본질이다.

생명 전달의 기쁨을 구성하는 네 가지 요소는 '가정의 교회성'과 '교회의 가정성'을 동시에 회복하도록 하며, 사목의 새로운 방향을 열어젖히도록 한다. 오늘의 사목은 생명 전달을 중심으로 행해져야 한다. 곧, 생명을 향한 열망과 바람을 일깨우고, 선물로 주어진 생명을 세심한 배려로 돌보고 보살피며, 스스로 길을 떠날 수 있도록 자율성을 함양시키고, 그로써 새롭고 자유로운 생명이 탄생할 수 있도록 놓아주는 것에 있다. 그 모든 과정에 예수 그리스도를 통한 하느님의 자비와 사랑의 손길이 활동하고 계시다. 관건은 삼위일체 하느님과 깊은 내적 친교를 이루며 교회 공동체가 하느님의 자비의 마음을 닮고 온 삶으로 증언하는 것이다.

II

포스트 코로나 시대의 복음 선포

1장

포스트 코로나 시대에 다시 생각하는 신앙

포스트 코로나 시대의 종교

'코로나 역설'이란 말이 있었다. 갖가지 오염과 공해로 병들고 신음하던 지구가 코로나로 인해 건강을 되찾고 있다는 이야기였다. 코로나는 종교계에도 큰 역풍으로 다가왔다. 코로나는 이전까지 드러나지 않았던 종교의 민낯을 볼 수 있게 해 주었다. 코로나 초기 한국 사회에 큰 물의를 빚었던 신천지('신천지예수교증거장막성전')가 그동안 한국 사회에 암암리에 퍼져 있던 신흥 유사 종교 집단의 실태를 적나라하게 보여 주었다면, 코로나 시기 일부 개신교의 대면 예배를 통한 감염증 확산은 종교가 비이성적이고 비상식적으로 변질될 때 사회에 얼마나 큰 민폐가 되고 해악이 될 수 있는지도 보여 주었다.

또한 코로나는 '성스러운 것의 이동'을 부추기기도 하였다. 그동안 교회와 성당과 사찰 등 종교 시설에서 행해지는 모임에 참석하고 기도를 드리는 것이 그 자체로 성스러운 것으로 여겨졌다면, 종교 행사에 참여하고 식사와 친교를 나누는 행위는 오히려 감염증을 확산시킬 수도 있는 위험스러운 일이 되기도 하였다. 이에 따라 성스러움은 종교 시설이나 모임 그 자체에 있는 것이 아니라 사람의 마음에 있다는 결론에 도달한다면 그것은 지나친 비약일까?

코로나가 지나간 지도 벌써 오래되었다. '포스트 코로나 시대'라는 말이 무색할 정도로 사람들은 이미 코로나를 잊은 듯하다. 간혹 코로나 감염자가 늘어나는 현상도 보이나 크게 걱정할 바는 아닌 듯하다. 각 본당에서는 코로나 이전 수준으로 미사 참례율을 되돌리는 것에 모든 노력을 기울이고 있다. 그러나 우리가 코로나의 교훈을 잊고 과거로 돌아가려고만 하는 것은 아닌지 하는 걱정이 든다. 코로나로 인해 드러난 가톨릭 교회의 위기는 이미 존재해 왔으나 그동안 감춰져 있다가 코로나로 인해 그 모습을 명확히 드러낸 위기였으며, 지금도 지속되는 위기다. 코로나는 분명 종교계에, 특히 가톨릭 교회에 중요한 메시지를 던졌고 지금도 던지고 있다. 그리고 이에 대한 진단과 근본적인 변화를 요구하고 있다. 코로나가 드러내 준 교회의 위기란 과연 어떤 것일까?

자성의 목소리

개신교와 가톨릭을 넘나들며 위대한 신앙의 증인으로 인정받는 루터교 목사이자 신학자인 디트리히 본회퍼(1906-1945)의 삶과 신앙이 그 실마리를 제공해 준다. 프랑스의 저명한 신학자 조셉 도레 대주교는 믿지 않는 이를 비롯한 모든 이에게 나자렛 예수에 관해 설명하는 자신의 책 『모든 이를 위한 예수』를 마무리하며 본회퍼를 언급하였다.[21] 나치의 난폭한 행위에 저항하고 투신하면서 진정으로 예수를 믿고 따르는 것이 어떤 것인지를 보여 준 진정한 그리스도의 증인으로 여겼기 때문이다.

필자가 학부 졸업논문을 지도한 한 중국인 신학생도 중국 가톨릭 교회의 변화와 쇄신을 위한 영감을 본회퍼의 사상에서 얻고자 하였다. 중국 정치와 사회의 특수성으로 인해 그리스도 신앙을 제대로 살기 힘든 상황에서 본회퍼의 예언자적 신학이 한 중국인 신학생에게 영감을 주고 있다는 점이 매우 흥미로웠다.

본회퍼의 삶과 사상은 프랑스의 가톨릭 대주교나 중국인 신학생만이 아니라 코로나 시대와 그 이후를 사는 우리에게도 큰 귀감이 된다. 본회퍼는 성숙한 시대, 세속화된 시대에 그리스도인이 된다는 것이 어떤 것인지 자문하였다. 그리고 20세기 초반 당시 세속화되어 본질에서 멀어지는 교회를 비판하며, 교회가 현실 도피적 신앙을 탈피하여 세상 속에서 그리스도와 동시대 사람들의 고난에 함께하며 그분의 제자로 살아가도록 정화와 쇄신의 길을 제시하였다.

시대와 상황이 다르지만 포스트 코로나 시대에 가톨릭과 개신교를 포함한 그리스도 교회는 본회퍼의 예언자적 목소리에 다시금 귀를 기울일 필요가 있다. 교회가 세속화 물결 속에서 대형화하고 부유해지고 사회의 기득권 세력이 되어, 가난한 사람이나 사회적 약자의 교회라기보다는 그들로부터 외면받는 종교단체가 되었다는 지적을 종종 받고 있기 때문이다. 믿음에서도 순수함을 잃고 세속적으로 변질되었으며,

---

21 조셉 도레, 『모든 이를 위한 예수』, 한민택 역, 수원가톨릭대학교출판부, 2018, 229-232.

현실 삶에서 멀어져 내면으로 후퇴하였고, 기복적 혹은 내세 중심적 신앙으로 기울고 있다는 비판도 받는 실정이다.

정하상 성인은 이미 오래 전 『상재상서(上宰相書)』에서 다음과 같은 말씀을 남겼다.

"그러나 우리나라에서는 불교의 폐단이 오래되어, 전국의 절과 사찰들은 아주 사치스럽고, 금불상과 동상을 만드는 데에 재력을 낭비하고 있습니다."

이 말씀을 당시 불교뿐 아니라 오늘의 가톨릭 교회를 향한 비판으로 받아들이는 것은 무리일까? 박해시대를 살던 한국의 신앙 선조들의 순수한 복음적 신앙은 세속화의 물결에 흔들리는 한국 가톨릭 교회를 향한 강한 울림으로 다가온다.

주지하다시피 프란치스코 교황도 권고 『복음의 기쁨』[22]에서 가톨릭 교회의 '영적 세속성'을 지적하며 순수함을 되찾을 것을 강력하게 호소하셨다.

"영적 세속성은 신앙심의 외양 뒤에, 심지어 교회에 대한 사랑의 겉모습 뒤에 숨어서 주님의 영광이 아니라 인간적인 영광과 개인의 안녕을 추구하는 것입니다. [...] 그들은[세속성에 빠진 이들은] 자기 내면과 관심사에만 제한된 지평에 갇혀 있습니다. 그 결과 그들은 자기 죄에서 아무것도 배우지 못하고 용서에 진심으로 열려 있지도 못합니다. 이는 선으로 포장된 끔찍한 타락입니다."(93-97항)

---

22 프란치스코 교황, 『복음의 기쁨』, 한국천주교주교회의, 2014.

위기의 본질

코로나로 인해 더욱 명확하게 드러난 교회의 위기는 바로 예수 그리스도와 무관한 신앙, 세속의 생각과 이해관계 속에 복음과 신앙을 꿰맞추는 영적 세속성이다. 코로나로 인해 일부 개신교 신자들의 비이성적이고 배타적이며 광신적인 신앙, 종교 세력화된 신앙이 드러났다면, 반대로 가톨릭신자들의 세속화된 신앙, 무기력하고 무감각한 신앙이 드러났다고 해도 무리는 아닐 것이다.

코로나로 인해 미사가 중단되고 모임이 금지되면서 평신도와 사제 모두 이전까지 한 번도 경험하지 못한 무기력을 느낀 적이 있다. 그것은 우리의 신앙이 성당에서 이루어지는 전례와 성사, 모임에 국한되었음을, 곧 일상과 동떨어진 신앙으로 머물렀음을 반증한다. 더 신랄하게 표현하자면, 신앙이 내면과 내세로 후퇴하여 현실 삶과 전혀 무관하게 머물러 있음을, 신앙이 세속적 생각이나 이해관계를 정당화하기 위한 액세서리로 전락하였음을, 교회가 상처 입은 이웃에게 다가가 정성스럽게 돌보고 보살피는 '야전병원'으로서의 정체성을 잃었음을 스스로 돌아보게 한 중요한 계기가 되었다.

길었던 박해시대에도 불구하고 한국의 신앙 선조들은 사제가 없고 미사를 봉헌할 수 없는데도 불구하고 신앙생활을 이어 갔고, 하느님을 향한 열정으로 순교로 생을 마감하시기도 하였다. 그분들의 신앙과 삶은 분명 오늘의 교회가 위기를 극복하기 위한 중요한 실마리를 제공하고 있다.

위기는 기회라고 하였다. 코로나 감염증 위기 시대에 우리가 느꼈던 무기력과 답답함은, 성령께서 다시금 우리 안에 활동하시며, 첫 사도들처럼 우리 또한 신앙의 강한 열정으로 다시 일어서도록 하는 주님의 부르심의 일면일 것이다. 그러기 위해 우리는 다시금 코로나의 교훈을 떠올리며 위기의 한가운데서 신앙의 본질과 순수성을 되찾는 길을 모색해야 할 것이다.

2장

박해시대 교우촌이 밝혀 주는 감염증 위기 시대의 교회

감염증 위기 시대에 다시 주목하는 전례

코로나와 함께 가장 큰 문제로 대두된 것은 바로 '전례'일 것이다. 감염증 위기와 함께 내려진 방역 당국의 조치로 인해 미사가 중단되거나 제한되면서 신자들은 텔레비전이나 컴퓨터 화면으로 방송되는 미사에 익숙해졌다. 이 상황이 어떤 이에게는 전례와 공동체를 더 갈망하는 계기가 되었는가 하면, 어떤 이에게는 교회와 신앙에서 멀어지는 '기회'가 되기도 하였다.

또한 '방송 미사'와 함께 많은 신학적 물음이 제기되었다. 텔레비전이나 인터넷을 통해 '방영'되는 미사는 성사성을 지니고 있을까? 이런 미사를 '시청'하는 것만으로 주일미사 참례 의무를 다한 것일까? 사제가 성당에서 공동체 없이 홀로 거행하는 미사는 어떤 의미가 있는가? 비대면 시대에 전례는 신자들의 신앙과 삶에 어떤 의미가 있는가?

한편 감염증으로 인해 이미 많은 이탈자가 생겼고 더는 예전의 상황으로 돌아갈 수 없을 것이란 전망 아래, 그동안 전례와 성사에 집중된 사목의 한계를 지적하는 이도 있었다. 그러나 그보다는 전례에 대한 협소한 이해와 그로 인한 전례와 삶이 괴리된 신앙생활이 더 큰 문제가 아닐까 생각해 본다. '신앙 따로 삶 따로'라는 예전의 말은 '전례 따로 삶 따로'라는 말과 일맥상통한다. 이는 이미 전부터 존재하던 문제로, 코로나로 인해 분명하게 드러난 것일 뿐이다.

파리가톨릭대학교 전례학부에서는 2021년 1월, "감염증이라는 거울에 비추어 본 전례"라는 주제로 국제학술심포지엄을 개최하였다. 감염증을 겪으며 교회 안의 한계와 문제뿐 아니라 원천이 되는 요소들, 특히 전례가 지니고 있는 잠재적 요소를 새롭게 발견하는 한편, 감염증 위기에 저항하는 힘으로서의 전례를 새롭게 인식하고자 함이었다. 감염증 위기로 전례에서 멀어지는 상황이 역설적으로 교회의 삶에서 전례의 중요성과 위상을 드러내 준 것은 이 학술대회가 가져다준 중요한 성과였다.

교우촌 공동체의 전례 중심의 삶과 신앙

필자는 이 학술대회에서 한국 교회 박해시대의 공동체의 삶과 가정 전례에 대한 발제를 부탁받았다.[23] 100년 가까이나 되는 긴 박해시대를

---

[23] 이 책의 부록에 "박해시대 공동체 안에서 공동체적 삶과 가정 전례"라는 제목으로 한국어 번역본을 실었다. 당시 발제를 다음의 사이트에서 볼 수 있다: https://www.youtube.com/watch?v=x75u0IMGSt0. 필자는 이 글을 기반으로 보다 폭넓은 연구로 개진하여 다음의 논문으로 발표하였다: 한민택, 「코로나 시대에 주목하는 박해시대 교우촌의 공동체 삶과 전례」, 『가톨릭신학과사상』 85호, 2021년 12월, 107-146.

경험한 한국 교회는, 사제와 미사가 없었음에도 신자들은 신앙을 지켜 나갈 수 있었고 순교로까지 나아갈 수 있었다. 프랑스 신학자들은 바로 그 점에 착안하였다. 감염증으로 인해 미사와 전례가 큰 제약을 받는 상황을 어떻게 살 것인지 고민하던 때, 박해시대를 살았던 한국 교회 공동체의 삶과 신앙이 새로운 영감을 줄 것이라 기대한 것이다.

한국 교회사에서 박해시대에 행해진 전례에 집중한 연구논문은 많지 않았다. 교회사학자들의 몇몇 연구를 바탕으로 필자는 박해시대의 교우촌 공동체와 전례 중심의 삶을 연구할 수 있었다. 당시 사제를 만나기도, 미사나 성사 거행에 참여하는 것도 힘들었던 시절에 신자들의 삶을 지탱해 준 것이 교우촌과 각 가정에서 행해진 전례 중심의 삶이었으며, 이를 바탕으로 계속해서 신앙생활을 영위하고 자녀와 이웃에게 신앙을 전수할 수 있었으며, 새로운 삶의 방식을 창출할 수 있었음을 확인하였다.

가장 인상 깊었던 것은 전례가 교우촌 신자들 삶을 형성하는 역할을 하였다는 것이다. 여기서 전례란 매우 드물게 있던 사제 방문 때 거행되던 미사를 비롯한 여러 성사만이 아니라, 주일과 축일 등 전례력이 표시된 첨례표를 중심으로 한 교우촌과 가정에서의 신앙생활 전체였다. 사제의 부재 시에도 함께 모여 행해야 하는 주일과 축일의 공동 전례, 때에 맞춰 해야 하는 기도와 지켜야 하는 대재, 소재 등은 신자들의 일상을 성화시켜 주는 전례의 힘의 원동력이었다.

이러한 교우촌 공동체의 전례 중심의 삶에서 회장의 역할은 막중했다. 선교사들이 입국하여 한국의 언어와 문화를 익힌 다음 가장 먼저 한 것은 여러 교우촌을 방문하며 회장을 새로 임명하거나 승인하는 것이었다. 회장은 사제의 부재 시 교우촌의 모든 생활의 책임자였으며, 특히 교우들의 신심을 돌보고 전례를 준비하고 거행하는 일에 큰 역할을 하였다. 그러한 이유로 선교사들은 회장 양성에 힘을 쏟았고, 양성을 위한 교리교육 교재 편찬에 열성을 쏟았다.

선교사들의 서한, 김대건 신부님과 최양업 신부님의 서한은 당시 교우촌 신자들의 삶이 얼마나 불안정하고 척박했는지 보여 준다. 그러한 상황에서도 신앙을 지키고 전수하며 순교로 삶을 봉헌할 수 있었던 원동력은 교우촌 공동체였으며 함께 거행한 전례 중심의 삶 덕분이었다.

필자의 발제가 끝난 후 학술대회를 진행하는 한 수사 신부님의 논평이 있었다. 힘겨웠던 박해시대를 살았던 한국 신자들의 교우촌 공동체와 그들의 위대한 순교 행위를 기억하는 것이 감염증으로 인해 위기에 처한 우리에게 얼마나 큰 위로와 희망을 안겨 주는지 모르겠다며 감사의 마음을 표했다.

감염증 위기 시대의 교회 삶을 비추는 교우촌 신앙

100년이나 지속된 힘겨웠던 박해시기에도 교우촌 공동체를 이루고, 전례 중심의 삶을 살면서 신앙을 간직하고 전수해 마침내 순교로 삶을 봉헌한 초대 한국 교회 신자들의 모습은, 감염증 위기를 겪는 전 세계 신자에게 큰 용기와 위로를 주며, 오늘을 살아가기 위한 새로운 영감을 불어넣었다. 우리 안에 이미 감염증 위기 시대를 살아갈 놀라운 보화를 지니고 있었던 것이다.

한국 교회는 프란치스코 교황이 새롭게 강조하고 있는 시노드적 교회, 곧 '함께 걷고 식별하는 교회'를 향한 길에서 3중의 분리, 곧 신앙과 삶의 분리, 전례와 삶의 분리, 보편사제직과 직무사제직의 분리라는 장애물 앞에 서 있다. 교회의 새로운 존재 방식을 모색하는 여정에서 감염증 시대에 재조명된 교우촌 신자들의 삶과 신앙은 교회 쇄신의 길에서 매우 중요한 것들을 일깨워 준다.

교우촌 공동체의 삶은 사제 부재 시 미사가 없을 때도 전례가 신자들의 삶에서 얼마나 중요한 역할을 했는지 보여 주었다. 특히 전례는 교우촌 전체의 삶뿐 아니라 신자 개개인의 삶과 신앙을 구조 짓는 역할을 하였다. 미사가 중단되거나 제한되는 상황에서 신앙으로부터 멀어지거나 본당 활동이 멈추어 버리는 현상은, 한국의 신앙 선조들이 박해 시대에 창출한 일상의 전례라는 전통을 잊고, 얼마나 성당에서 이루어지는 전례에만 머물러 있는지, 나아가 얼마나 사제 중심의 교회생활에 머물러 있는지 반성하게 한다. 교우촌 신앙의 중심이 전례였고 전례가 삶과 인격을 구조 짓는 원리였다면, 그것을 가능케 했던 것은 바로 공동체였음을 기억할 필요가 있다. 공동체적 삶을 통해 신자들은 함께 모여 기도하는 법을 배웠고, 전례를 통해 삶을 봉헌하는 법을 배웠다. 선교사들이 교우촌을 방문해서 했던 사목은 막연하고 추상적인 교리를 가르치는 것이 아니라, 그들을 기다리던 신자 공동체와 함께 모여 기도하고 미사를 봉헌하고 성사를 집전하는 것이었으며, 신자들의 삶과 신앙을 점검하는 것이었다. 삶과 전례는 사제의 방문을 통해 자연스럽게 연결되었고, 그 연결은 사제 부재 시에도 지속되었다.

전례와 삶을 연결하는 것에서 교우촌 공동체가 큰 역할을 했다면, 감염증으로 인해 더욱 명백히 드러난 '3중의 분리'(신앙과 삶의 분리, 전례와 삶의 분리, 보편사제직과 직무사제직의 분리) 문제를 해결하기 위해 오늘의 공동체의 역할을 다시 생각하게 된다. 비록 교우촌에 모여 살지는 않지만, 그리스도 신자는 본당이라는 조직에 소속되어 한 공동체를 이룬다. 또한 공동체는 그 안에 속한 다양한 작은 공동체들로 이루어지며, 그 작은 공동체에는 소공동체와 가정 공동체도 포함된다. 코로나 이후 전례와 신앙을 가능케 하는 작은 공동체의 가치와 역할이 더욱 중요하게 부각되는 이 시점에, 본당 공동체를 구성하는 다양한 공동체의 창출과 돌봄에 더욱 관심을 쏟아야 하지 않을까?

또한 감염증은 '가정 교회' 혹은 '가정의 교회적 성격'을 새롭게 인식하도록 하였다. 가정 교회는 본당 공동체를 이루는 여러 작은 공동체 중 하나다. 만약 개개인의 신앙과 삶을 구조 짓는 가장 중요한 공동체가 가정 공동체라면, 본당 전례에 참여하기 어려운 상황에서 텔레비전으로 방영되는 미사 시청으로 만족할 것이 아니라, 박해시대의 교우촌처럼 전례 중심의 삶을 일상에서 살아갈 수 있도록 전례적 삶의 틀을 제시할 필요가 있지 않을까?

특히 평신도가 부여받은 보편사제직을 의식하고 구체적으로 생활할 수 있도록 돕는 새로운 매개를 창출하는 것이 필요한 시점이 아닐까 한다. 박해시대에 회장들이 큰 역할을 수행한 것처럼, 교회 공동체를 돌보고 신자들의 신앙과 삶, 신앙 전수와 선교에 매진할 수 있는 '오늘의 회장들'을 양성하는 것은 이러한 맥락에서 매우 중요한 과제일 것이다.

감염증 위기는 교회가 이미 자신 안에 갖고 있던 여러 문제를 근본적으로 진단하고, 새로운 교회 공동체로 거듭나도록, 영적 활력을 새롭게 찾도록 하는 오늘의 새로운 '시대의 징표'로 여전히 우리 앞에 다가온다.

3장

삶을 거행하라!

함께 걷고 함께 식별하는 교회

아프리카 토착화 신학의 최근 동향에 관한 글 "맥락신학의 실천에서 최근의 몇몇 변화"[24]에서 저자 산테디 킨쿠푸는 인도 신학자인 아말라도스의 말을 빌려, 이전까지의 토착화 작업에서 예식의 준수에 강조점을 두었다면 이제 그 강조점이 삶으로 옮겨져야 한다고 강조하면서 다음과 같이 말했다.

"예식이 그 의미를 부여받는 곳은 삶의 맥락 안에서이며, 예식은 삶을 거행하는 것이어야 한다."[25]

이는 인간 삶이 단지 교회가 선포하는 계시 내용이 '적용'될 장소가

---

24 레오나르 산테디 킨쿠푸, "맥락신학의 실천에서 최근의 몇몇 변화: 그리스도교 정행(ortho-praxis)으로서의 토착화와 창작성", 한민택 역, 『이성과 신앙』, 2020년 겨울, 409-449.
25 같은 글, 431-432.

아니라 계시된 내용이 구체적으로 소통되는 곳임을 강조하려는 표현이다. 삶을 거행함으로써 우리의 일상은 구원의 역사가 펼쳐지는 예식의 차원으로 승화될 수 있다는 말이다.

이러한 통찰은 프란치스코 교황이 강조하는 시노달리타스(synodalitas)와 맥을 같이한다. 시노달리타스의 한국어 표현이었던 '공동합의성'이라는 표현은 많은 사람에게 민주주의적 합의 절차 정도로 오해할 여지를 남긴 것이 사실이다. 혹자는 시노달리타스에서 삶과 무관한 관념 혹은 딱딱한 교계제도를 떠올리기도 한다. 그런데 그 어원을 살펴보면, 성직주의나 권위주의를 탈피하여 교회 구성원이 모두 '함께 걷는'이라는 의미가 담겨 있다. 시노달리타스가 공동체의 공동 식별의 의미를 담고 있기에 시노드적 교회는 '함께 걷고 함께 식별하는 교회'로 표현할 수 있을 것이다.

함께 선교하는 제자들

함께 걷고 함께 식별하는 교회란, 제2차 바티칸 공의회가 의도했던 '가르치는 교회'와 '배우는 교회'라는 권위주의적 구분을 뛰어넘어, 저마다 자기 자리에서 공동체의 삶에 봉사하고 기여하는 교회를 말한다. 여기에는 세례를 통해 모든 신자가 부여받은 '신앙 감각(sensus fidei)'과 '보편사제직'이 강조된다. 이는 교회의 삶과 사명에서 평신도의 주도적 역할을 강조하는 것이다.

"시노달리타스는 교회가 사명에 봉사하고자 삶으로 살아 낸 것이다. '순례하는 교회는 그 본성상 선교하는 교회다.' 그 교회는 복음화를 위하여 존재한다. 하느님의 백성 전체는 복음 선포의 주체다. 하느님의 백성 안에서 세례받은 모든 이는 선교의 주역이 되도록 부름을 받는다. 우리는 모두 선교하는 제자들이기 때문이다."[26]

그런데 이러한 방향이 한국뿐 아니라 각 지역 교회에서 실현하기 매우 어려워 보이는 것도 사실이다. 교황청 국제신학위원회 문헌도 다음과 같이 지적한다.

"양성 부족과 평신도들이 자신을 표현하고 행동할 수 있도록 인정된 자리의 부족으로 말미암은 장애물들, 그리고 평신도들을 교회생활의 주변부에 묶어 두려는 성직 중심의 사고방식에 따른 장애물들은 모두 극복되어야 한다."(73항)

예배와 선포와 생활의 선순환

여러 장애물 중 가장 근본적인 것은 우리 안에 고착된 교회와 복음 선포 사명에 대한 권위주의적 관념 때문이 아닐까 한다. 우리는 보통 복음 선포를 상명하달식으로, 위에서 아래로 한 방향으로만 행해지는 것으로 생각한다. 그러나 성령께서는 한 방향이 아닌 불고 싶은 대로(요한 3,8 참조), 더 정확히는 아래로부터, 심지어는 선교사의 발길이 닿지 않은 곳부터 활동하신다. '함께 걷고 함께 식별하는 교회'는 복음 선포에 대한 우리의 기존 관념을 완전히 바꿀 것을 요구한다. '가르치는 교회'인 성직자가 가르치고, '배우는 교회'인 평신도가 그 내용을 삶에 적용하고 실천하는 한 방향의 복음 선포와 사목을 지양하고, 평신도 개

---

[26] 교황청 국제신학위원회, 『교회의 삶과 사명 안에서 시노달리타스』, 박준양·안소근·최현순 역, 한국천주교주교회의, 2019, 53항.

개인이 자기 삶의 자리에서 살아가는 신앙, 신앙으로 밝힌 삶에서 출발하라고 한다.

아프리카 토착화 신학의 비전대로 표현하자면, 함께 걷고 함께 식별하는 교회는 예배(전례)와 선포(가르침)와 생활의 선순환이 이루어지는 교회다. 여기서는 교회에서 거행하고 배운 구원의 신비를 현실 삶에 적용하고 실천하는 것이 관건이 아니다. 거행해야 할 것이 바로 삶 자체이기에 신자들은 각자 삶의 자리에서 생활한 신앙, 현실의 저항과 극복을 아우르는 모든 생활한 신앙을 예배를 통해 거행한다. 예배와 가르침은 성경이나 교리서에서 뽑아낸 막연하고 추상적인 내용이 아닌, 신앙감각을 바탕으로 신자가 삶에서 신앙을 통해 경험한 모든 것을 담은 것이어야 한다.

예배와 선포와 생활의 선순환이 이루어진다는 것은, 신자들의 생활이 다만 선포되고 거행된 계시 진리가 적용되는 자리만이 아니라, 성령의 주도 아래 그 내용이 신자들의 생활을 거치며 예배와 가르침으로 다시 수용되어, 신자들의 영혼과 육신을 구원의 신비 안에서 살찌우고 파견하는 자양분이 되는 역동적 순환을 의미한다. 이 새로운 전망에서 신자는 수동적인 수혜자가 아니라 그리스도의 사제직에 참여하는 능동적 주체가 된다. 이렇게 보편사제직은 단순히 일상의 삶을 하느님께 봉헌하는 것만이 아니라 예배와 가르침 속에서 자신의 삶을 재발견하고, 그 '삶을 거행'하는 것을 의미한다.

이를 위해 무엇보다 평신도 사도직과 사제 직무 사이의 '선순환'적 관계가 요청된다. 앞서 인용한 교황청 국제신학위원회 문헌은 모든 신자의 신앙 감각과 사목 직무를 수행하는 권위 사이의 순환적 관계를 강조한다.

"모든 신자가 지니고 있는 신앙 감각, 시노달리타스를 실현하는 여러 차원에서 이루어지는 식별 그리고 일치와 다스림의 사목 직무를 수행하는 사람의 권위 사이의 순환적 관계가 시노달리타스의 역동성을 나타낸다."(72항)

새로운 공동체의 창출

이것이 이상주의에 빠지지 않기 위해서는 평신도가 살아온 신앙과 삶을 예배와 가르침에 편입시킬 수 있는 매개가 요청된다. 앞서 언급한 아프리카 토착화 신학은 그 매개를 "사람들이 서로를 알아보고 체험을 공유하는 작은 공동체"[27]에서 발견한다. 한국 교회의 소공동체 사목은 분명 그러한 통찰에 맞닿아 있다. 그러나 상명하달식의 구조와 현실의 복잡성을 고려하지 않은 인위적 요소들로 인해 소공동체 사목은 큰 위기에 처해 있고, 그것은 교회 전체 삶의 역동성의 약화로 이어지고 있다.

국제신학위원회의 문헌도 공동체 참여의 중요성을 다음과 같이 강조한다.

"이 원리[교계적 선물과 은사적 선물의 공동 본질성]는 교회의 시노달리타스의 삶 안에서 축성 생활 공동체들과 교회 운동들과 새로운 공동체들이 참여해야 함을 함축적으로 제시한다. 흔히 교회의 삶과 사명을 쇄신하기 위하여 성령을 통하여 주어진 은사의 충동으로 솟아나는 이 모든 실재는, 친교의 삶을 시노드적으로 엮어 내는 의미 깊은 체험

---

27 킨쿠푸, 앞의 글, 441.

들, 그들 내부에서 생겨나는 공동체적 식별의 역동성, 그리고 복음화의 새로운 길들을 찾아내려는 자극들을 제공해 준다."(74항)

포스트 코로나 시대에 상상하는 새로운 교회

오늘날 함께 걷고 함께 식별하는 교회를 만들어 가기 위해 가장 요청되는 것은 체험을 공유하고 삶의 차원에서 친교를 나눌 수 있는 작은 공동체를 창출하는 것이다. 또한 일상으로 살아가는 신앙과 삶의 증언을 예배와 선포에 편입시켜 예배와 선포와 생활의 선순환을 이루는 것이다.

코로나가 끝나고 예전의 일상으로 돌아갔지만, 교회의 전반적인 삶에서 큰 변화를 발견하지 못하는 것은 필자만의 생각일까. 코로나는 전 세계에 큰 충격으로 다가왔고 교회도 큰 충격을 받았지만, 그 충격에서 교훈을 얻으려 하지 않는 상황은 매우 안타까운 현실이다. 코로나로 인해 큰 위기를 맞은 한국 가톨릭 교회는 그 어느 때보다 더 절실하게 교회의 새로운 삶의 방식, 존재 방식을 찾도록 초대받았다. 코로나 위기를 기회 삼아 새롭게 발돋움하기 위해서는 보다 선교적인 교회로 거듭나야 할 것이다. 그것은 교회가 성령의 인도 아래 복음을 사는 신자들의 구체적인 삶으로 들어가 그들의 신앙을 동반하고 독려하며, 복음이 세상을 변화시키는 놀라운 힘을 갖고 있음을 전례와 말씀 선포에서 확인시키고, 일상생활에서 구체적으로 증언할 수 있도록 인도하는 데 집중해야 함을 의미한다. 또한 아프리카 토착화 신학이 일깨우듯 신자들이 자신의 체험을 서로 나눌 수 있는 다양한 공동체의 창출에 심혈을 기울여야 한다. 교우촌 박해시대, 사제가 없어 성사를 거행할 수 없었던 그 긴 시간이 교우촌 공동체를 중심으로 교우들 간의 친교를 돈독히 하고 함께 삶을 거행하는 시간이 되었던 것처럼, 코로나로 겪었던 긴 침묵의 시간이 신자들에게 더욱 역동적으로 예배와 선포에 참여하는 새로운 공동체 창출로 이어지기를 간절히 희망해 본다.

4장
'자비의 신학'과 복음 선포 사명

발터 카스퍼 추기경의 저서 『자비』[28]에 담긴 '자비의 신학'은 코로나로 불거진 교회의 위기를 기회로 전환할 수 있도록 강한 영감을 교회에 불어넣는다.

자비를 바라는 시대의 징표

카스퍼 추기경은 테러, 기아와 폭력, 난민, 자연재해 등 지난 세기와 금세기에 인류가 겪은 끔찍한 사건들에서 출발하여, 거기서 사람들이 던지는 하느님에 관한 물음에 주목한다.

"전능하시고 정의로우시며 선하신 하느님께서 어떻게 그런 일들이 일어나도록 내버려 두시는가?"

저자는 이러한 상황에서 즉각적인 답을 제시하기보다는 오늘날 하

---

[28] 발터 카스퍼, 『자비』, 최용호 역, 가톨릭출판사, 2015.

느님에 대해 새롭게 이야기해야 할 모티브를 발견한다.

하느님의 존재를 의심케 하는 이 사건들이 카스퍼 추기경에게는 '시대의 징표'로 나타난다. 곧, 하느님을 향한 이 시대의 외침은 실은 하느님의 자비에 대한 깊은 갈망을 표현하는 것이라고 보는 것이다. 이는 고통으로 점철된 시대에 하느님의 자비에 대해 새롭게 이야기할 수 있어야 한다는, 교회와 신학에 보내는 일침이기도 하다.

공감(compassion)으로서의 자비

카스퍼 추기경은 자비에 대한 기존의 편협한 관념과 오해와 편견에서 벗어나 공감의 측면에서 자비에 대해 새롭게 접근한다. 인간이 겪는 괴로움과 고통, 그것을 보며 느끼는 공감과 동정은 인간의 보편적 체험이기에, 공감으로서의 자비를 다룸으로써 하느님의 자비에 대한 교회의 가르침을 인간의 보편적 체험으로 넓히려는 것이다. 이러한 접근 방식을 통해 저자는 그동안 지나쳤던 구약과 신약이 전하는 자비로운 하느님의 새로운 모습을 재발견할 수 있다고 본다.

동정과 자비의 관점으로 바라볼 때 구약의 하느님은 재앙과 고통 속에 사는 인간을 걷잡을 수 없이 북받치는 연민으로 대하시며, 인간에게 삶과 축복의 가능성을 늘 새롭게 열어 주는 분으로 드러난다. 예수님은 하느님을 자비로운 아버지로 가르치시는 동시에 가난하고 소외되고 고통 중에 있는 이들에게 다가가 아버지의 자비와 사랑을 온전히 베풀어 주시는 분이시다. 그분의 십자가와 죽음은 그 자비와 사랑이 어디까지 갈 수 있는지 그리고 그분의 부활은 그 자비와 사랑이 죽음보다 강한, 다시 살아나도록 새롭게 시작하도록 하는 것임을 보여 준다.

성경이 전하는 하느님의 자비는 삼위일체 교리를 통해 표현되었다. 삼위일체는 비천한 인간을 구하기 위해 몸소 인간이 되어 인간의 모든 조건을, 죽을 운명까지도 당신 것으로 끌어안으신 사랑과 자비의 하느님의 표현이다. 우리는 창에 찔린 예수님의 성심을 통해 인간을 향한 하느님 아버지의 사랑과 자비를 구체적으로 만나며, 하느님 아버지를 자비로운 마음으로 인간과 고통을 함께 겪으시는 분으로 고백할 수 있게 된다.

자비를 선포하고 실천하는 교회

자비로운 하느님에 대한 새로운 통찰은 교회가 자비를 잣대로 삼으며 자비를 온 삶으로 선포하고 증언하도록 초대한다. 특별히 교회는 지금 여기서 자비를 베푸시며 구원으로 이끄시는 하느님에 대해 구체적으로 선포하고, 그 자비를 실천함으로써 교회가 선포하는 자비와 구원의 역사가 지금 여기서 실현되는 역사임을 드러내 준다.

자비의 신학이 갖는 힘은, 복음을 막연한 메시지가 아닌 지금 여기 우리의 현실에 맞닿아 있는 것으로 제시한다는 점이다. 특히 비참한 삶의 현실을 하느님을 부정하는 이유가 아닌 새로운 내일을 향해 가기 위한 출발점으로 삼도록 한다.

"우리는, 오늘날의 상황을 자비로운 눈으로 바라보시고 세상의 모든 안개와 구름 위로 자비로우시고 참을성이 있으시며 우리 모두를 아시고 사랑하시는, 또한 우리에게 무엇이 필요한지 아시는 아버지 하느님이 존재한다는 것을 말해야 합니다."[29]

그런 의미에서 자비의 신학은 희망이라는 단어를 떠올리게 한다. 그런데 과연 그 희망을 어디에서 어떻게 찾을 수 있을까?

희망의 불씨

코로나는 인류의 삶 곳곳에 크고 작은 상처를 남겼다. 바이러스는 생물학적 영역만이 아닌 인간 삶의 모든 분야에 속속들이 영향을 끼쳤고 전 인류를 암울하게 하였다. 교회도 예외일 수 없다. 여전히 많은 신자가, 특히 청소년과 청년들이 교회에서 멀어져 다시 돌아오지 않고 있다. 코로나는 신자들의 신앙 열기를 약화시키고 교회 내 많은 단체를 약화시켰으며, 많은 신자가 교회를 떠나도록 하였다.

그렇지만 자비의 신학은 말한다. 자비로운 하느님은 결코 인류를 그대로 내버려 두실 분이 아니시며, 인류 역사는 하느님께서 베푸시는 사랑과 자비로 완성을 향해 나아가고 있는 과정이라고. 비록 때로는 무기력하시고 응답하시지 않는 것처럼 보일지라도, 하느님께서는 신비로운 방식으로 상처 입은 인류와 함께 계시며, 상처를 싸매고 다시 살아갈 힘과 새로운 길을 열어 주신다고. 카스퍼 추기경은 그렇게 활동하시는 하느님을 세상 속에서 식별하고, 인간적인 눈에 꽉 닫힌 것처럼 보이는 하늘을 다시 활짝 열어 줄 새로운 삶을 모색하라고 촉구하고 있다.

---

[29] 같은 책, 291.

약속의 하느님

우리가 믿는 자비의 하느님은 약속의 하느님이시다. 곧, 당신께서 우리를 선택하시고 구원하시겠다는 약속을 끝까지 지키시는 신실한 분이시다. 우리는 그러한 확신을 예수 그리스도를 부활케 하신 하느님에게서 만난다. 지금 우리가 처한 곤경 속에서도 하느님께서 함께 계신다는 확신이야말로 이 힘든 시기를 견디어 내게 한다. 시련 속에서 우리는 인류의 역사에서 시련을 겪어 내고 이겨 낸 이들과 연대한다. 그 연대로 우리는 시련이 마지막 말이 아니며 하느님께서는 늘 새롭게 미래를 열어 주시며 희망을 안겨 주신다는 것을 확신한다.

코로나를 극복할 수 있게 한 요인 중 하나로 사람들은 치료제와 백신을 꼽는다. 실제로 치료제와 백신은 코로나 위기를 극복하는 데 크게 기여했다. 그러나 코로나가 단순히 생물학적 측면만이 아니라 인간 삶의 모든 분야에 상처를 입혔다면 치료제와 백신이 인류의 상처를 치유해 줄 수 없는 것은 당연하다. 지금 인류에게는 삶 곳곳에 스며든 상처와 분노와 절망을 치유해 줄 존재, 절망적인 상황에서도 희망을 전하는 존재가 필요하다. 교회는 상처 입은 인류를 대신해 사랑으로 당신 자신을 내어놓으신 그리스도의 사랑과 그분께 대한 희망으로 살아가는 존재다. 교회가 착한 사마리아인처럼 자기 삶을 이웃을 위해 내어놓고, 절망에 빠진 이들과 함께 희망을 찾기 위해 투신할 때 이 시대의 진정한 '게임 체인저'가 될 수 있을 것이라 기대해 본다.

5장

우리가 믿는 이유

코로나 이후 신앙 정체성의 회복

    코로나 이후 다시 시작하는 신앙생활을 위해 신앙 정체성을 새롭게 해야 할 과제가 대두되고 있다. 코로나로 인해 많은 신자 특히 청년들이 공동체 신앙생활에서 어려움을 겪고 있다.[30] 이 상황에서 떠난 이들을 다시 아버지의 집으로 데려오는 것도 중요하지만, 그들에게 다가가 코로나로 입은 상처를 치유하고, 그들의 자리에서 삶의 이야기를 듣는 사목적 배려도 필요하다. 그러나 이 시점에서 가장 중요한 것은 그리스도를 믿는 신자로서의 정체성 회복일 것이다.

    코로나는 많은 신자에게 이전처럼 공동체 중심의 신앙생활을 지속

---

[30] 주교회의 한국가톨릭사목연구소에서는 최근 코로나19 시기 신앙과 삶에 관한 설문조사 결과를 발표하였다. 참조: https://cbck.or.kr/Notice/20230115?gb=K1300. 이를 바탕으로 단행본을 출간하였다: 주교회의 한국가톨릭사목연구소(편), 『한국 천주교회 코로나19 팬데믹 사목 백서』, 한국천주교중앙협의회, 2024.

해야 하는지에 대한 의구심을 남겼다. 그런데 실은 믿음 안에서 갖게 되는 회의나 의구심은 어떤 면에서는 긍정적인 역할을 한다. 믿는 이유, 성당에 다녀야 할 이유를 스스로 찾도록 하기 때문이다. 예수님을 통해 자신을 드러내신 하느님께 대한 믿음이 어떤 이유로 의미 있고 가치 있는 삶의 방식인지 동시대 사람들이 알아들을 수 있도록 설명하는 것이 신앙인들에게 피할 수 없는 과제라면(1베드 3,15 참조), 이러한 믿는 이유에 대한 설명은 믿는 이들, 특히 코로나로 인해 신앙에 회의감을 갖거나 성당에 나오기는 하지만 확신이 없어 고민하는 이들을 위해 더욱 필요하다.

'믿는 이유'라는 주제의 현실성

생각해 보면 그동안 우리가 믿는 이유를 찾고 말하기를 소홀히 했던 것이 사실이다. '믿는 이유'라는 주제는 신학 분야에서 기초신학이 맡아 왔다. 그러나 사실은 모든 신학, 특히 모든 신앙인이 관심을 두어야 할 주제이기도 하다. 우리 중 누구도 믿는 이유 없이 믿지 않기 때문이다. 비록 그것을 의식하지 않더라도 말이다. 그러나 실제로 누군가 우리에게 믿는 이유를 말해 달라고 하면 주저하는 경우가 많다. 그에 대해 생각해 보지 못했거나 스스로 신앙에 확신을 갖지 못한다고 판단하기 때문이다.

'믿는 이유'에 대한 성찰은 자녀 신앙교육과 쉬는 교우의 회두를 위해 더욱 요청되는 매우 현실적인 과제다. 부모의 신앙에 따라 유아세례를 받고 신앙교육을 받은 자녀가 커가면서 자신이 받은 신앙에 물음을 던질 때, 부모 관점에서 자녀에게 믿음의 이유를 구체적으로 설명하는 것은 매우 중요하다. 그것이 신학적으로 체계를 갖춘 설명이 아닐지라도 말이다. 묻지 말고 따지지도 말고 부모님 말씀 따라 성당에 나가야 한다고 말한다면 오늘의 청소년들에게는 반감만 살 것이다. 다른 한편, 냉담자들이 성당에 나오지 않는 이유 또한, 물론 여러 다른 이유도 있겠지만, 궁극적으로는 믿는 이유를 발견하지 못했기 때문일 것이다. 적어도 그들이 접해 온 교회의 가르침과 삶에서 믿어야 할 동기나 이유를 발견하지 못한 것이다.

그런데 과연 우리는 스스로 믿는 이유를 발견했을까? 우리가 청소년이나 청년 자녀, 냉담자들에게 신앙을 다시 시작할 것을 권유하는 데 주저하는 이유는 우리 스스로 믿는 이유를 발견하지 못하기 때문은 아닐까? 오늘 전 세계 교회가 마주하는 신앙의 위기는 믿는 이유의 부재에 그 원인이 있을 것이다. 믿는 이유를 찾지 못하는 이에게 죽음 후의 구원은 너무나 요원한 말로 들린다. 지금 당장 믿을 이유를 찾지 못하는 이에게 어떤 말을 해 줄 수 있을까?

대상에서 주어지는 '믿는 이유'

이 물음에 답하기 위해 믿는 이유가 대상에서 주어진다는 사실에 주목할 필요가 있다. 이는 먼저 일상의 경험에서 검증되는 사실이다. 모든 인간은 믿는다. 그런 의미에서 인간은 '믿음의 존재'다. 그런데 믿음에는 어떤 '사실'에 대한 믿음도 있지만 인격적인 신뢰 차원의 믿음도 있다. 신뢰는 인간 삶에서 매우 중요하다. 인간 삶에서 경험하는 배신은 신뢰를 깨뜨리며 매우 큰 상처를 남긴다. 반대로 신뢰할 만한 삶이라는 판단은 그 사람이 한 말과 행동에서 비롯된다. 신뢰는 궁극적으로 그 사람의 인격, 곧 그가 어떤 사람인지에 달려 있다. 내가 믿을 만한 사람이라고 판단하는 사람을 나는 신뢰하며, 그 신뢰 행위 안에서 이미 그 사람이 신뢰를 둘 만한 사람이라고 판단하는 것이다.

다른 한편, 인간은 그리 신뢰할 만한 존재가 아니라는 것을 우리는 경험으로 알고 있다. 그런데 인간은 신뢰를 주고받아야 살 수 있는 존재이기에 자기가 온전히 신뢰할 대상, 신뢰를 배신하지 않을 대상을 발견하지 못해 늘 상처 입고 방황하는 존재이기도 하다.

그리스도인은 하느님에게서 그 신뢰의 대상을 발견한다. 하느님을 믿는 믿음에는 하느님에 대한 지식의 차원, 그분의 권위에 대한 믿음의 차원도 있지만 그분께 대한 인격적 신뢰의 차원도 있다. 하느님과 맺는 인격적 신뢰 관계에서 우리는 하느님만이 진정 믿을 만한 분이시며, 우리의 신뢰를 절대로 저버리지 않으시기에 온전한 신뢰를 드릴 수 있는 분이시라고 확신한다. 시편 저자의 노래처럼 말이다.

"주님은 저의 반석, 저의 산성, 저의 구원자, 저의 하느님, 이 몸 피신하는 저의 바위, 저의 방패, 제 구원의 뿔, 저의 성채이십니다."(시편 18,3)

이 고백에는 하느님은 신뢰할 만한 분이시며, 결코 우리를 저버리지 않으시고 끝까지 지켜 주는 분이시라는 확신이 담겨 있다. 하느님을 믿는 이유는 바로 하느님에게서 오며, 그분을 경험한 데서 비롯한다.

예수 그리스도, 신뢰를 둘 수 있는 분

그런데 보이지 않는 하느님을 어떻게 믿고 어떻게 신뢰 관계를 맺을 수 있을까? 보이지 않는 하느님을 알 수 있는 유일한 방법은 그분의 아드님, 그분과 같은 분, 바로 예수님을 아는 것이라고 교회는 고백한다.(요한 1,18 참조) 그리스도인은 예수님을 통해 하느님이 어떤 분이시며 우리를 어떻게 대하는 분이신지, 우리가 얼마나 그분의 사랑받는 소중한 존재인지 인식한다. 보이지 않는 하느님과의 신뢰 관계는 따라서 예수님과의 관계 맺음을 통해 형성된다. 부활하신 예수님은 당신 영을 통해 교회 안에 살아 계시며, 교회의 모든 삶, 특별히 말씀과 성사, 애덕 활동을 통해 만날 수 있는 분으로 다가오신다.

우리가 예수님을 신뢰를 둘 수 있는 분으로 확신하는 이유는, 인간을 향해 모든 것을 내어 주신 그분에게서 하느님 아버지의 지극한 사랑을 경험하기 때문이다. 스위스 신학자 발타사르의 말을 굳이 빌리지 않더라도, 우리는 하느님의 사랑만이 믿을 만하다는 것을 알고 있다. 그 사랑이 우리를 구하시기 위해 우리와 똑같은 모습으로 사신 그런 사랑이기에, 아무런 거짓도 속임도 가식도 사심도 아낌도 없이 모든 것을 우리를 위해 내어 주신 사랑이기에, 우리를 구하시기 위해 죽음도 불사하신 사랑, 나아가 죽음을 이기고 부활하시어 모든 이를 구원하시는 사랑이기에 우리는 그 사랑이 믿을 만하다고 고백한다.[31]

교회 공동체는 오직 하나의 목적을 위해 존재한다. 바로 그리스도의 사랑을 삶으로 살고 증언하기 위해서다. 그리고 확신한다. 그 사랑이 인간 존재와 역사에 새로움을 가져다주고, 새로운 인간 역사와 문화를 창출케 하며, 온 누리의 얼굴을 새롭게 변화시킨다는 것을 말이다.

---

31 참조: 프란치스코 교황, 회칙 『신앙의 빛』, 15-17항.

사목 현장에서 제시해야 할 '믿는 이유'

교회 사목의 중추 역할을 하는 소공동체 사목과 청소년 사목 그리고 오늘 새롭게 대두되는 시노달리타스를 하나로 묶어 줄 수 있는 것은 바로 교회 공동체 안에서 경험하는 하느님과의 사랑과 친교의 체험일 것이다. 소공동체, 청소년 사목, 시노달리타스에 접근하면서 개념적이고 제도적인 측면으로 치우칠 때 정작 그 안에 담긴 교회의 믿음과 생활의 진수를 놓칠 위험이 있다. 그 진수란 같은 하느님을 아버지로 모시며 사는 자녀로서의 친교와 일치 체험이다. 나아가 신자들의 믿는 이유를 좌우하는 것은 바로 그 체험의 내용, 곧 함께 어우러져 살며 신자들이 체험하는 하느님의 사랑과 자비, 신자들 사이에 맺는 일치와 친교, 환대와 배려다.

우리의 신앙 선조들은 교우들의 공동체에서 세상에서는 만날 수 없던 환대를 받았고 인간다운 대접을 받았다. 바로 거기서 하느님을 만났고 믿을 만한 분으로 체험하였다. 신앙 선조들께서 박해에도 불구하고 교회를 떠나지 않고 신앙을 저버리지 않았던 이유는 바로 그 체험에서 비롯된다. 그 체험은 공동체가 공유하는 사랑 체험으로, 인간을 새롭게 인식하게 하고, 새로 태어나게 하며, 새로운 삶을 살게 하는 체험이다. 신앙 선조들은 믿는 이유를 너무나 잘 알고 계셨다. 그것이 그분들의 삶의 이유이기도 했기 때문이다.

이제 우리 차례가 되어, 믿는 이유를 물을 때 무엇이라고 답할 것인가? 우리 역시 그리스도의 사랑에서 출발하며 다음과 같이 말할 수 있어야 하지 않을까? 진정한 신뢰를 둘 대상을 찾는 우리는 그 신뢰를 그리스도의 사랑에서 발견한다고 말이다. 그러나 잊지 말아야 할 것은,

교회의 공동체 삶이 그리스도의 사랑을 실제로 살고 증언하지 않는다면 그 말은 유효하지 못할 것이라는 점이다. 청소년 자녀들에게, 냉담자들에게, 믿지 않는 이들에게 믿음을 권유할 때 우리 공동체가 과연 그리스도의 사랑과 인격에 감화된 환대하는 공동체, 개방된 공동체, 돌보고 보살피는 공동체, 사회와는 다른 인격적 관계를 맺는 공동체, 있는 그대로의 나를 받아 주고 서로의 인격을 존중하며 소중히 섬기는 공동체인지 되물어야 할 것이다.

III

시노달리타스: 시노드 정신을 실현하는 교회

1장

교회의 새로운 존재 방식과 시노달리타스

문제의식

코로나 감염증이 드러내 준 교회의 현주소는 이전부터 지적되어 온 신앙의 위기를 인식하도록 했다. 어떤 위기인가? 이 위기의 본질을 이야기하려면 교회의 '복음화 지수'만이 아니라 교회가 한국 사회에서 갖는 정체성에 대해 물어야 할 것이다. 코로나 감염증 위기 때 신천지와 개신교로 인해 한국 사회에 존재하는 종교 전체에 부정적 시선이 쏟아진 적이 있다. 그것은 교회가 구원의 성사로서의 표징을 보여 주지 못한다는 것이며, 사회에 비판적 영향력을 끼치지 못한다는 것을 의미한다. 동시에 코로나 이후 교회의 신앙 정체 현상이 두드러지게 드러났다. 그러나 이는 코로나 이전부터 이미 교회가 침체기에 들어섰음을 나타내는 것이며, 코로나 사태가 그것을 더욱 명확히 보도록 해 준 것일 뿐이다. 파견된 존재로서 교회 공동체의 정체성 약화는 선교열의 약화로 이어지며, 사회 속에서 썩는 밀알이 되어 희망을 전해 주는 역할을 하지 못하게 한다. 이에 덧붙이자면, 신흥종교의 흐름에서 드러난 대형 교회의 폐단이 가톨릭 교회에서도 드러나고 있다. 곧, 특별 계층이 향유하는 문화로 전락하는 교회, 중산층화와 대형화로 인한 세속화, 일치의 표징이 아닌 내적 분열로 앓는 교회의 현주소인 것이다.

제13차 세계주교대의원회의 「의안집」에서 이미 다음과 같이 진단하였다.

"'새로운 복음화는 무엇인가?'라는 이 질문에 놀랍게도 많은 답변이 같은 의견을 제시하였다. 곧, 새로운 복음화는 교회가 최근 수십 년 동안 생겨난 새로운 문화적 상황 속에서 신앙과 그 선포라는 교회의 공동체적 경험을 새롭게 하는 능력이라는 것이다. 북반부와 남반부, 서양과 동양, 곧 수천 년의 오랜 그리스도교 전통을 지닌 나라들은 물론이고 복음화된 지 채 몇백 년 되지 않은 나라들에서 똑같은 현상이 일어나고 있다. 관례적으로 '세계화'라는 용어로 지칭되는 여러 사회적, 문화적 요인들이 융합되면서, 전통과 제도들이 약화되는 과정이 시작되었고, 사회적, 문화적 유대가 급격히 깨졌으며, 가치관을 나누고 인생의 의미와 진리에 대한 물음에 답할 능력 또한 잃었다. 그 결과 두드러지게 문화의 일치가 깨지고, 신앙을 충실히 따르고 거기에서 영감을 받은 가치들에 따라 사는 문화의 역량이 상실되었다."(47항)

"이러한 부정적 상황이 신앙의 경험과 여러 형태의 교회생활에 끼친 영향들이 모든 답변 안에 거의 비슷하게 서술되어 있다. 곧, 그리스도 공동체들의 신앙 약화, 교도권의 권위에 대한 존중 감소, 교회 소속에 대한 개인 편의적 인식, 신앙생활의 쇠퇴, 새로운 세대에 신앙을 전수하는 임무를 소홀히 하는 것 등이 있다. 이러한 결과는 거의 모든 주교회의의 답변에서 찾아볼 수 있고, 교회 전체가 이러한 문화적 풍토에 대처하여야 한다는 것을 분명히 보여 준다."(48항)

전 세계 보편적으로 목격되는 가톨릭 공동체의 신앙생활의 쇠퇴 현상은 오늘날 교회가 새로운 존재 방식을 찾도록 강하게 촉구하고 있다.

1. 교회가 존재하는 새로운 방식

이러한 문제의식에 의거하여 보편 교회가 구상하는 '새로운 복음화'는 '교회가 존재하는 새로운 방식'의 창안과 상관한다.

"교회의 선교 사명이 직면한 이 새로운 상황들은, 결국 '새로운 복음화'란 계속 변화하는 지금의 사회적, 문화적 환경 안에서 '교회가 되기' 위한 복음화의 새 접근법들을 요구한다는 것을 깨닫게 해 준다. […] 그리스도인 생활과 실천은 '교회가 되는' 새 모델을 고안하는 토론 과정 속에서 이러한 성찰을 이끌어 나가야 한다."(제13차 세계주교대의원회의, 「의제 개요」 9항)

"「의제 개요」의 답변들은 그렇게 분명하고 희망찬 표징들과 함께, 새로운 복음화의 길이 사람들 사이에서 '교회가 존재하는' 우리의 방식을 느리지만 효과적으로 재편하는 일이라고 지적한다. 이는 유사 종교나 '민속 종교'가 되어 버릴 위험을 피하면서도 선교하는 교회의 형태를 유지하는 것이다. 다시 말하자면, 교회는 '가족적이고 친근한' 교회의 모습을 잃어서는 안 된다. 교회가 소수이거나 차별받는 상황에서도 교회는 사람들의 일상생활 속에 머물며, 바로 그 자리에서 생명을 주는

복음의 메시지를 선포하는 자신의 특권을 잃어서는 결코 안 된다."(『의안집』 83항)

남는 문제는 이것이다. 과연 이 시대에 요청되는, 교회가 존재하는 새로운 방식이란 어떤 것이며, 그것을 어떻게 창출할 수 있을까?

프란치스코 교황의 사목적, 선교적 쇄신

프란치스코 교황은 이러한 흐름에 발맞춰 교황직 즉위 이후 반포한 권고 『복음의 기쁨』에서 현대 가톨릭 교회를 진단하고, 영적 세속성과 성직주의의 폐단을 넘어 교회의 사목적, 선교적 쇄신을 강하게 요청하였다. 나아가 '야전병원'으로서의 교회의 정체성을 새롭게 하자고 제안하였다. '야전병원'으로서의 교회는 세상 속으로 들어가 상처 입은 인류를 돌보는 착한 사마리아인의 모습을 회복하는 교회다. 선교란 교세를 불리는 것이 아니라 상처 입은 인류를 돌보시는 하느님 아버지의 사랑을 삶으로 증언하는 것이다.

'새로운 복음화'를 통해 교회 존재의 새로운 방식을 추구한 보편 교회는 이제 '시노달리타스'에서 새로운 해법을 발견한다. 프란치스코 교황이 추구하는 시노드적 교회란 어떤 교회를 말하는 것인가?

식별하는 교회

제16차 세계주교시노드를 통해 한국 교회 내에 시노달리타스에 대한 논의가 활발히 이루어졌다. 시노드적 교회 구상은 앞서 언급한 교회의 새로운 존재 방식의 전망에서 이해될 필요가 있다. 그것은 상명하달식의 구조와 조직을 탈피하여 아래로부터의 쇄신과 복음화를 지향한다. 복음화는 위에서 아래로 천편일률적으로 상명하달식으로 행해지는 것이 아니다. 교회가 존재하는 곳, 거룩한 전승이 계승되는 곳은 궁극적으로는 신자들의 구체적인 삶이다. 그것은 교회가 본질적으로 선교를 지향하며, 세상과 타인에 봉사하기 위해 존재하기 때문이다.

수원가톨릭대학교에서는 이러한 변화를 준비하기 위해, "교회의 삶과 사명 안에서 식별"이라는 주제로 두 차례의 학술발표회를 개최하였고(2020년), "공동합의적 교회를 향한 여정"으로 후속 작업을 이어갔으며(2021년), 2022년 국제학술대회를 통해 길었던 준비 기간의 결실을 제시하고자 하였다.

여기서 다시금 시노드적 교회 실현을 위해 '식별'의 중요성에 주목할 필요가 있다. 시노드적 교회란 다름 아닌 식별하는 신앙, 식별하는 교회다. 식별이야말로 교회의 새로운 존재 방식에서 핵심이 되는 요소다.

필자는 2020년 발제에서 시노달리타스와 식별을 연결하여 시노달리타스에 대한 기초신학적 근거를 제시하고자 하였다. "공동합의적 교회 안에서 식별은 역사의 순간마다 변화된 상황에서 교회의 본질과 사명을 구체화하기 위해 요청되는 작업"[32]이다. 식별은 계시와 현실을 연결하여 예수 그리스도의 계시를 지금 여기 역사와 삶에서 현재화하는 원리다. 교회 공동체가 행하는 행위로서 식별은, 교회의 삶과 동일시되는 전통에 대한 충실성과 매순간 변화하는 상황의 현실성 사이의 긴장 관계 속에 자리한다. 식별은 하느님 나라를 각 시대의 구체적 상황에서 말과 삶으로 증언해야 하는 교회에 맡겨진 피할 수 없는 선교 사명을

---

32 한민택, "기초신학의 중심 주제로서의 식별", 『이성과 신앙』 68호, 2020년 여름, 46.

구성한다.

정희완 신부는 식별의 교회론적 근거를 제시하고자 하였다.[33] 프란치스코 교황의 교회론을 통해 식별하는 교회의 모습을 조망한다. 식별하는 교회란 「사목헌장」의 전망에 따라, 교회가 직면한 도전들에 이상적 규범을 제시하기보다 현실 속에서 방향을 모색하는 교회를 의미한다. 하느님 백성으로서의 교회, 시노달리타스, 신자들의 신앙 감각을 강조하는 프란치스코 교황의 식별하는 교회론은 경청하는 교회, 모든 신자가 저마다 자신의 방식으로 참여하는 교회를 지향하며, 순례하는 백성으로서 끊임없는 개혁과 쇄신을 요청한다. 함께 걸으며 식별하는 교회에 대한 요청은, 교회가 자신을 바라보고 세상 속에서 복음을 선포하고 증언하는 방식에서 근본적인 방향 전환을 요구한다.

이처럼 식별은 하느님의 일과 뜻에 대한 식별인 동시에 실천적 측면에서 삶의 방식에 대한 식별이다. 식별은 단순히 영적이거나 지적인 것만이 아니라 실천적인 측면을 포함한다. 곧, 교회로 존재하는 삶의 방식과 상관한다. 식별하는 교회는 이미 정해진 답을 제시하는 것이 아니라, 상황의 복잡성 안에서 현실에 직접 부딪치며 그 안에서 경청하고 대화하며 길을 모색하는 교회다. 그것은 교회가 절대 진리를 소유한다는 것을 포기한다는 의미다. 이 식별 작업에서 평신도의 역할은 매우 중요하다. 가장 구체적인 삶의 자리에서 현실을 알고 있으며, 그 안에서 가능한 은총과 성화의 길을 가장 잘 모색할 수 있는 위치에 있기 때

---

[33] 참조: 정희완, "프란치스코 교황과 식별의 문제: 교회론적 전망에서", 「이성과 신앙」 68호, 2020년 여름, 71-110.

문이다. 세례받은 모든 신자에게 성령께서 주시는 은사인 '신앙 감각(sensus fidei)'에 교회 교도권이 끊임없이 귀를 기울여야 하는 이유다.

2. 시노드적 교회: 함께 걸으며 함께 식별하는 교회

교회의 새로운 존재 방식이란, 시노달리타스에 따르면 하느님 백성 전체가 함께 걸으며 함께 식별하는 삶이다. 교회가 복음 선포 사명을 수행하기 위해 위에서 아래로 일방적으로 내려오는 상명하달식 전달 방식에서 벗어나 그 중심축을 실천, 교회 구성원, 특히 평신도의 구체적인 삶으로 옮기는 것이다. 이미 세상 안에서, 신자들의 삶 안에서 활동하시는 성령의 현존에 귀를 기울이는 것이기도 하다. 세상 속에서 복음을 사는 신자들의 삶의 이야기에 귀를 기울이는 것, 거기서 활동하시는 성령의 현존과 활동을 식별하는 것, 그로부터 복음 선포 사명과 사목 방향을 새롭게 구상하는 것이다.

이러한 새로운 교회 방식을 우리 상황에 맞게 구상하기 위해 다시 교도권의 문헌으로 돌아가 교의적 근거를 마련할 필요가 있다.

제2차 바티칸 공의회의 「계시헌장」의 전망에서

교회의 거룩한 전승인 성전(聖傳)은 근본적으로 식별하는 교회, 식별하는 신앙의 표현이다. 식별은 거룩한 전승의 맥락에 위치해야 한다. 「계시헌장」의 전망에 따르면 식별은 예수 그리스도께서 그 충만이요 정점인 하느님 계시를 전달하는 원리요 방식이다. 헌장은 계시의 전달에서 하느님 백성의 삶이 지닌 특별한 위치와 위상을 강조한다.

"사도들에게서 전해진 것 안에는 하느님 백성의 삶을 거룩하게 이끌고, 신앙을 키우는 데 기여하는 모든 것이 포함된다. 그리하여 교회는 자신의 가르침과 생활과 예배를 통하여 그 자신의 모든 것과 그리고 그 자신이 믿는 모든 것을 영속시키며 모든 세대의 사람들에게 전달한다. 사도들에게서 이어 오는 이 성전(聖傳)은 성령의 도우심으로 교회 안에서 발전한다. 전해진 것들과 말씀들에 대한 이해가, 마음 깊이 그것을 새겨 간직하는 신자들의 명상과 공부로써, 영적인 것들에 대한 좀 더 깊은 인식을 통해 쌓이는 경험으로써 그리고 주교직 계승을 통해 확고한 진리의 은사를 받은 이들의 설교로써 증진된다. 곧, 교회는 그 자신 안에서 하느님의 말씀이 완성될 때까지 세기에 걸쳐 하느님 진리의 충만을 향하여 꾸준히 나아간다. 거룩한 교부들은 이 성전이 살아 있음을 증언하고, 믿고 기도하는 교회의 관습과 생활 안으로 이 성전의 풍요로움이 흘러들어온다고 가르친다. [...] 이리하여 예전에 말씀하신 하느님께서는 여전히 당신의 사랑하시는 아들의 신부인 교회와 끊임없이 대화하시며, 성령께서는 복음의 생생한 목소리가 교회 안에서 또 교회를 통하여 세상 안에 울려 퍼지도록 하시고, 신자들을 온전한 진리 안으로 이끄시며 그리스도의 말씀이 그들 안에 풍성히 머물도록 하여 주신다."(8항)

"성전과 성경은 교회에 맡겨진 하느님 말씀의 유일한 성스러운 유산을 형성한다. 거룩한 하느님 백성 전체는 이 유산에 충실하면서, 목자들과 일치하여 꾸준히 사도들의 가르침을 듣고 친교를 맺으며, 빵을 떼는 일과 기도에 항구히 전념한다. 그리하여 전해진 신앙을 고수하고,

실행하며 고백하면서 주교들과 신자들이 일치하게 되는 것이다."(10항)

이처럼 하느님 백성 전체의 삶이 성전(거룩한 전통)의 구체적인 장소요 방법이며 내용이다. 이는 계시의 전달이 위에서 아래로 일방적으로 행해지는 것이 아닌, 구체적인 삶의 현장에서 행해지는 매우 복합적이고 역동적인 것임을 의미한다. 특별히 가르침과 예배와 생활 사이의 선순환을 통해 계시가 전달되고 복음화가 행해짐을 알 수 있다. 교도권은 하느님 말씀 위에 있는 것이 아니라 하느님 말씀과 백성에 봉사하는 직무로 이해되기에 그 중심은 하느님 백성 전체에 있는 것이다.

거룩한 전승은 교회의 삶이다. 변화하는 세상 속에서 살아가는 교회는 예수 그리스도의 지상 생애, 말씀과 행적을 매개로 하느님의 뜻과 그분의 일을 식별하고, 그것을 증언할 새로운 사유와 실천의 창출을 통해 사도들의 전승을 계승한다. 이로써 하느님 사랑의 계시가 지금 여기 역사와 문화 안에 실현되는 데 협력한다. 그러한 새로운 창출, 창의만이 근본적으로 그리스도교 전통을 형성한다.

이상과 같이 시노달리타스와 그에 따른 식별을 「계시헌장」의 전망에 따라 성전의 맥락에 놓는다는 것은 거룩한 전승의 역동성을 새롭게 하는 것을 의미한다. 또한 성전에 새로운 옷을 입히는 것을 의미한다. 다시 말해 계시 전달의 새로운 방식의 창출을 의미한다.

교황청 국제신학위원회, 『교회의 삶과 사명 안에서 시노달리타스』에서

국제신학위원회의 문헌『교회의 삶과 사명 안에서 시노달리타스』는 친교의 교회론에서 출발하여(43항 이하) 선교의 교회론까지(49항 이하) 펼치는 구조를 갖는다. 시노달리타스에 대한 이 문헌의 구체적인 설명을 일별해 보고, 보편 교회가 구상하는 교회의 새로운 존재 양식이 시노달리타스를 통해 어떻게 구체화되는지 살펴보자. 다음은 시노달리타스와 관련된 핵심 설명들이다.

"시노달리타스는 교회의, 간단히 말하여 '시노드적인 교회'의 '구성적 차원'이라고 일컬어진다."(5항)

"이러한 교회론적 맥락 안에서 시노달리타스는 '하느님 백성'인 교회의 생활 방식과 활동 방식의 고유한 특성을 가리킨다. 교회는 함께 걸어가는 데에서, 회중의 모임을 통해서 그리고 모든 구성원이 복음화 사명에 능동적으로 참여하는 데에서 자신이 친교라는 것을 구체적으로 드러내고 실현한다."(6항)

"시노달리타스 개념은 하느님 백성 전체가 교회의 삶과 사명에 관련되고 참여하는 것을 일컫는다."(7항)

"'교회 헌장'의 가르침에 따라, 프란치스코 교황께서는 특히 시노달리타스가 '우리에게 교계적 직무 자체를 이해하는 가장 적합한 해석의 틀을 제시한다.'라고 말씀하시고, 또한 신자들의 신앙 감각 교리를 바탕으로 교회의 모든 구성원이 복음화의 능동적 주체임을 강조하신다. 따라서 시노드적 교회를 실천하는 것은 하느님의 백성 전체가 참여하는 선교의 새로운 도약을 위하여 필수적인 전제이다."(9항)

"'교회 헌장'은 교회의 본질과 사명을 친교로서 바라보는 전망을 제시하는데, 여기에서 시노달리타스를 의미 있게 되살리려는 신학적 전제들이 발견된다. 곧, 교회에 대한 신비적이고 성사적 개념, 하느님 백성이 천상 본향을 향하여 역사 안에서 순례한다는 특성, 그리고 하느님 백성 안에서 모든 구성원이 세례로 하느님 자녀로서 같은 품위를 지니고 같은 사명을 갖고 있다는 것, 주교직의 성사성과 로마 주교와 교계적 친교 안에서 단체성에 대한 가르침 등이 그것이다."(40항)

"시노달리타스는 단순한 활동 절차를 일컫는 것이 아니라, 교회가 살아가고 활동하는 고유한 형태를 가리킨다."(42항)

"시노달리타스는 교회가 사명에 봉사하고자 삶으로 살아 낸 것이다. '순례하는 교회는 그 본성상 선교하는 교회다.' 그 교회는 복음화를 위하여 존재한다. 하느님의 백성 전체는 복음 선포의 주체이다. 하느님의 백성 안에서, 세례받은 모든 이는 선교의 주역이 되도록 부름을 받는다. 우리 모두는 선교하는 제자들이기 때문이다."(53항)

"교회의 시노드적 삶의 쇄신을 위해서는 하느님 백성 전체에게 자문을 구하는 절차들을 활성화시키는 것이 필요하다."(65항)

"양성 부족과 평신도들이 자신을 표현하고 행동할 수 있도록 인정된 자리의 부족으로 말미암은 장애물들, 그리고 평신도들을 교회생활의 주변부에 묶어 두려는 성직 중심의 사고방식에 따른 장애물들은 모두 극복되어야 한다."(73항)

"이 원리[교계적 선물과 은사적 선물의 공동 본질성]는 교회의 시노달리타스의 삶 안에서 축성 생활 공동체들과 교회 운동들과 새로운 공동체들이 참여해야 함을 함축적으로 제시한다. 흔히 교회의 삶과 사명을 쇄신하기 위하여 성령을 통하여 주어진 은사의 충동으로 솟아나는 이 모든 실재는, 친교의 삶을 시노드적으로 엮어 내는 의미 깊은 체험들, 그들 내부에서 생겨나는 공동체적 식별의 역동성, 그리고 복음화의 새로운 길들을 찾아내려는 자극들을 제공해 준다."(74항)

이상의 긴 인용은 시노달리타스가 추구하는 교회의 새로운 존재 양식이 어떤 것인지 잘 설명해 준다. 곧, 시노드적 교회란 현시대 상황에서 교회의 선교 사명을 인식하고 수행하기 위해 성직자와 수도자와 평신도가 함께 식별하고 함께 걸으며 결정한 바를 실천하는 친교의 교회다. 그러나 이러한 방향성이 막연하게 이상으로만 머물지 않도록 문헌은 제도적 구조와 절차에 대해서도 언급한다.(74항 이하) 실천을 단순한 적응으로 이해하는 편협한 실천신학을 뛰어넘어, 원리를 실천할 장소로서가 아닌 시노드적 교회가 실현되는 구체적 장의 의미로서의 제도와 절차를 구상해야 하는 것이다.

한 가지 주의할 점은, 자문 과정을 실행하여 하느님 백성의 신앙 감각을 경청하라는 말(100항)은 마치 교도권이나 성직자가 따로 떨어져 하느님 백성의 신앙 감각에 근거한 이야기를 수용하라는 말이 아니라는 것이다. 신앙 감각을 통한 식별은 그 안에서 함께할 때만 인식 가능한 것이다. 따라서 신자 대표들의 의견을 듣는 것으로는 불충분하며, 교도권, 성직자가 신자들의 삶 안에 들어가 함께 살며 체험을 공유할 때 비로소 가능하다.

아프리카 토착화 신학의 교훈

문제는 그러한 시노드적 교회가 과연 지금의 현실에서 실현 가능한가이다. 과연 성직자는 신자들의 신앙 감각, 식별 능력을 믿고 신뢰를 두는가? 신자들은 자신에게 그러한 신뢰를 두는가? 과연 신자들이 그러한 신앙 감각을 바탕으로 현실 속에서 복음을 살아 내기 위한 식별을 행한다고 생각하는가?

이와 같은 물음은 시노드적 교회를 위해 전제되어야 할 '조건'에 대해 다시 묻게 한다. 오늘의 아프리카 토착화 신학은 시노달리타스가 위치해야 할 전망을 매우 구체적으로 표현해 주는 한 예다.[34] 그것은 다름 아닌 현실의 문제 앞에서 복음을 실제로 살아가는 교회의 기초 공동체와 삶의 현장이다. 곧, 복음을 삶으로 살아 내고 복음화를 위해 식별하는 공동체 없이 시노드적 교회는 실현 불가하다. 나아가 현재의 피라미드 구조와 상명하달식의 복음화 구조를 탈피하여 하느님 백성의 구성원 간 역동적 협력이 이루어져야 한다.

"하느님의 백성 전체는 본디 그 시노드적 소명으로 부름을 받는다. 모든 신자가 지니고 있는 신앙 감각, 시노달리타스를 실현하는 여러 차원에서 이루어지는 식별, 그리고 일치와 다스림의 사목 직무를 수행하는 사람의 권위 사이의 순환적 관계가 시노드적 역동성을 나타낸다." (72항)

이 지적은 정당하나 오늘 우리가 더 집중해야 할 것이 있다. 문헌이 의도하는 바는 분명하다. 문헌은 '능동적 주체'를 강조한다.(55, 64항 등) 성직 중심적 사고방식(73항), 가르치는 교회와 배우는 교회로 구분하는 것을 뛰어넘고자 하였다.(구분의 기원: 35항) 신자들이 신앙 감각이 실제로 발휘되는, 식별하는 능력이 습득되는 구체적인 자리와 방식에 대해 집중해야 할 필요성을 의식한다.

시노드적 교회, 함께 걸어가는 교회를 위해 우리에게 무엇보다 필요한 것은 바로 공동체다. 그 공동체란 교도권의 가르침을 듣고 실행할 수동적인 신자가 아니라, 세상으로 파견되어 성령의 인도 아래 복음을

---

[34] 킨쿠푸, 앞의 글, 409-449.

삶으로 증언할 신자들이 삶을 나누기 위해 함께 모인 신자들의 모임을 의미한다. 한국 사회에서 산업화와 도시화로 인해 공동체가 해체되었다면, 교회는 이 시대에 새로운 가능성을 지닌 공동체의 삶의 모습을 증언하도록 초대받았다.

이에 현재 운영되고 있는 소공동체에 대해 근본적인 점검과 진단 그리고 새로운 방향제시가 필요하다. 소공동체는 교회 본연의 목적인 시노드적 교회의 전망 안에 위치해야 한다. 또한 코로나19로 인해 공동체가 더 큰 위기를 맞은 지금, 기존의 속지주의적 원리를 넘어 공동체를 이루는 새로운 원리와 방식을 찾아 새로운 공동체 창출에 관심을 가져야 한다. 속지를 포기할 수 없지만, 속지와 속인을 긴밀히 연결하는 작업이 오늘날 매우 요청된다. 국제신학위원회의 문헌은 '소집'에 집중하고 있는데(68항), 이는 매우 특수한 경우이며 여전히 교계중심의 교회 관념에 머무는 것으로, 오히려 교도권과 성직자가 신자들의 삶의 현장으로 들어가서 경청하는 것을 강조해야 한다. 법적 차원의 접근에 머물지 말고 삶의 차원에서 접근해야 하는 이유다.

함께 걸으며 함께 식별하는 교회: 새로운 사목, 새로운 교회를 꿈꾸며

시노달리타스를 통한 교회의 새로운 존재 방식은 어떤 것일까? 이상의 고찰을 종합해 볼 때 그 답은 바로 '함께 걸으며 함께 식별하는 교회', 교계와 신자의 신앙 감각, 성직자와 평신도 사이의 선순환을 이루는 교회라고 말할 수 있을 것이다. 교회가 실현되는 곳, 복음이 선포되는 곳은 성당 안에서만이 아니라 실제로 복음을 사는 신자들의 삶의 현장이기도 하다. 성직자가 최우선으로 몸과 마음을 두어야 할 곳은 성당이 아닌 신자들의 삶이다. 성직자가 영감을 얻을 수 있는 곳, 직무의 원천을 발견하는 곳은 사제관이 아니라 삶이 생생히 살아지는 신자들의 구체적인 삶이다. 오늘날 그 삶 안으로 다시 들어갈 수 있는 방식을 발견하는 것이 가장 중요한 과제다. 예수님께서 사람들의 삶 안으로 들어가신 것처럼. 그분은 성전이나 회당에서 가르치셨지만 그분의 활동 무대는 가장 가난하고 버림받은 이들, 세리와 창녀와 죄인이 사는 그곳이었다. 사제의 강론은 혼자서 묵상하고 깨달은 진리를 일방적으로 전달하는 것이 아니라, 직무 수행을 위해 신자들의 삶 안으로 들어가 그 안에서 경청하고 신자들이 식별한 성령의 활동과 진리를 소통시키는 작업이어야 한다.

또한 시노드적 교회는 성직자와 수도자와 평신도가 함께 협력하는 교회를 의미한다. 국제신학위원회 문헌은 평신도의 참여가 필수적인 것이라고 강조하며 다음과 같이 말한다.

"그들은[평신도] 하느님 백성의 절대다수이고, 그들이 교회 공동체의 삶과 사명, 대중 신심 그리고 사목 전반의 다양한 표현 형태들에 참여하는 데에서 배울 것이 많으며, 문화와 사회생활의 다양한 영역들 안에서 드러나는 그들의 고유한 능력들도 또한 배울 점이 많다."(73항)

"오늘날 교회생활을 위한 사목적 회심의 큰 도전은, '평신도를 의사결정에서 제외하는 지나친 성직주의'의 유혹을 언제든 피하면서, 평신도를 성직자처럼 만들거나 성직자를 세속화하지 않고, 각자의 선물과 역할에서 출발하여, 복음화를 위한 증언에서 모든 이의 상호 협력을 강화하는 것이다."(104항)

한국과 같은 사회, 교회에서 이것을 실현하기 위해서는 상명하달식의 구조를 근본적으로 개혁해야 한다. 가르치는 교회, 배우는 교회의 구분을 근본적으로 깨뜨려야 한다. 성직자의 삶의 자리를 본당, 전례, 사제관으로 규정하는 사고방식을 근본적으로 넘어서야 한다. 이것은 문화적이고 윤리적인 차원의 회심을 요청한다. 문헌의 4장 "쇄신된 시노달리타스를 향한 회심"이 더 구체적으로 한국적 상황에서 고려되어야 하는 이유다.

다시 신뢰받는 교회로

궁극적으로는 교회가 인간에 봉사하는 교회로 거듭날 때 사회에서 신뢰를 되찾을 수 있을 것이다. 영지주의와 펠라지우스주의[35]의 근본적인 문제는 자신의 영적 구원과 평화에만 집착할 뿐, 결국 구체적인 인간과 삶에 봉사하지 않는 것에 있다. 그리스도교가 인간의 구체적인 삶에 봉사하기 위해서는 복음화의 장소, 신학의 장소가 교회만이 아닌 세상 한가운데, 삶의 현실이어야 한다. 성령께서는 전례 공동체만이 아니라 세상 한가운데서도 활동하신다. 교회는 성령께서 모든 이의, 특별히 신자들의 삶을 통해 이루시는 일에 관심을 두는 것뿐 아니라 바로 거기서 존재해야 한다. 그러기 위해서는 현재 교회의 체질을 근본적으로 개선해야 한다. 공의회 이전의 가르치는 교회-배우는 교회의 구분, 상명하달식의 일방적 신앙 전달에서 벗어나 세상 한가운데 존재해야 한다. 성직자는 신자와 함께 신자가 사는 삶의 현실 속에 존재해야 한다. 삶의 현실은 교회에서 배운 교리와 지킬 계명을 적용하고 실천할 장소가

---

35 참조: 프란치스코 교황, 권고 『복음의 기쁨』, 94항; 권고 『기뻐하고 즐거워하여라』, 35-62항.

아니다. 새로운 삶의 방식이 펼쳐지는 창조의 자리, 창조의 시간이다. 이러한 방향전환이 없다면 시노달리타스, 신앙 감각, 보편사제직은 공염불에 불과할 것이다.

2장

시노달리타스란?
배경 및 개념과 실천

시노달리타스? 새로운 개념인가? 새로운 수입품인가? 시노달리타스를 주제로 개최되는 세계주교시노드가 '또 한 번의 행사'나 무비판적 수용에 머물지 않기 위해서는 한국 사회와 교회의 상황을 고려하여 비판적으로 우리 것으로 수용해야 할 것이다.

프란치스코 교황은 시노달리타스를 교회의 '구성적 차원'이라고 말한다.[36] 제16차 세계주교시노드 예비 문서는 요한 크리소스토모 성인을 인용하며 교회를 시노드와 동의어라고 표현한다.[37] 벨기에 루뱅대학교 교회법학자 알퐁스 보라스는 시노달리타스를 교회의 DNA라고 하였

---

36 참조: https://cbck.or.kr/Documents/Pope/20210621?gb=title&search=50%EC%A3%BC%EB%85%84.
37 참조: 주교대의원회의, 『예비 문서』, 한국천주교주교회의, 11항.

다.[38] 그러나 시노달리타스가 대두된 '실제적' 이유는, 프란치스코 교황이 교황직을 시작하면서 추구한 쇄신, 곧 교회의 사목적, 선교적 쇄신 정책이 현시대에 전 세계 여러 교회 상황에서 난항을 겪고 있기 때문이 아닐까 한다.

교황이 즉위한 이후 주도한 두 차례의 '세계주교시노드'를 예로 들자면, 14차: "교회와 현대 세계에서의 가정의 소명과 사명", 15차: "젊은이, 신앙과 성소 식별"에 대한 세계주교시노드가 나름의 시노드 절차를 거쳤지만, 각 지역 교회, 개별 교회에서 어떤 열매를 맺었는지 물을 때, 교회의 쇄신책이 제대로 구현되는 것에 큰 어려움이 있었음을 인정하게 된다. 교황이 구상하고 기대한 시노드적 절차가 실제로 개별 교회에까지는 실현되지 못했던 것이다.

프란치스코 교황이 교황령 「주교들의 친교」(2018년)를 반포하여 주교시노드 절차의 개혁을 구상한 다음, 16차 세계주교시노드 주제를 "시노드 정신을 살아가는 교회를 위하여: 친교, 참여, 사명"으로 정한 것에는 위와 같은 배경이 있다. 나아가 절차나 제도만이 아닌 교회 삶의 근본부터 시노드적 교회를 실현하고자 하는 교황의 의향이 담겨 있다.

시노드적 교회가 된다는 것은 절차만이 아닌 그 안에 담긴 시노드 정신까지도 실현하는 교회가 된다는 것이다. 이러한 문제의식을 한국 교회의 쇄신을 위한 기회로 삼으려면 절차나 제도만이 아닌 그것이 실현하려는 '정신'에 더욱 주목해야 하며, 그것을 가로막는 장애물, 특히

---

38 참조: 알퐁스 보라스, "교회의 공동합의성: 다양한 장소와 그 상호작용", 『이성과 신앙』 70호, 2021년 여름, 301.

기존의 제도, 운영 방식, 교회 구성원들의 사고방식 등에 대한 신학적 검토가 이루어져야 할 것이다.

시노드적 교회란 교회다운 교회, 교회의 본질을 실현하는 교회이며, 교회의 시노드적 쇄신은 현시대 상황에서 교회의 삶과 사명을 새롭게 하려는 의도를 담고 있다. 시노달리타스를 한국 교회에서 비판적으로 수용하기 위해서는 무엇보다 그것이 대두된 맥락을 정확히 파악해야 한다.

시노드 정신은 무엇이며, 그것을 사목 현장에서는 어떻게 구현할 것인가?[39] 먼저, 프란치스코 교황의 교회 쇄신 방향을 따르며, 거기서 시노달리타스의 배경과 취지를 분석할 것이다. 다음으로, 시노달리타스에 대한 개념 정립을 시도할 것이며, 그것이 교구, 대리구, 본당에서 어떻게 실현될 수 있을지 고찰하고자 한다.

1. 프란치스코 교황의 교회 쇄신의 맥락

시노달리타스는 특별히 최근 들어 프란치스코 교황이 강조하는 주제다. 시노달리타스가 교황의 교회 쇄신과 밀접한 관련이 있음은 주지의 사실이다. 교황의 첫 권고 『복음의 기쁨』과 2015년 "세계주교시노드

---

[39] 이 장의 앞부분은 필자의 논문 "시노드적 교회의 쇄신 원리로서의 자비와 식별: 『복음의 기쁨(Evangelii Gaudium)』을 중심으로", 『이성과 신앙』 71호, 2021년 겨울, 17-61의 내용을 발췌, 편집하였음을 밝힌다.

제정 50주년 기념 연설"에서 시노달리타스가 대두되는 맥락을 살펴보고자 한다.

1.1. 권고 『복음의 기쁨』에서

2012년 10월 7-28일 제13차 세계주교시노드 주제는 "그리스도 신앙의 전수를 위한 새로운 복음화"였다. 2013년 3월 13일 프란치스코 교황이 즉위하였고, 2013년 11월 24일 권고 『복음의 기쁨』을 반포하여 교회 쇄신을 위한 청사진을 제시하였다.

교황은 새로운 복음화의 방향을 제시하기 위해 '복음의 기쁨'을 전면에 내세웠다. 그리스도 신앙의 핵심인 복음을 기쁨의 원천으로 제시하는 것에 초점을 맞추고 있다.

"복음의 기쁨은 예수님을 만나는 모든 이의 마음과 삶을 가득 채워 줍니다. 예수님께서 주시는 구원을 받아들이는 사람들은 죄와 슬픔, 내적 공허와 외로움에서 벗어나게 됩니다. 예수 그리스도와 함께 있는 기쁨이 끊임없이 새로 생겨납니다."(1항)

"그리스도인은 새로운 의무를 강요하는 사람이 아니라, 기쁨을 나누는 사람, 아름다운 전망을 보여 주는 사람, 그리고 풍요로운 잔치에 다른 이들을 초대하는 사람입니다."(14항)

교황이 추구하는 교회 쇄신은 바로 복음의 기쁨이 충만한 공동체, 선교하는 제자 공동체로 거듭나는 것이다. 그러기 위해서는 그 복음을 깊이 체험하는 공동체가 되어야 한다. 그렇지 않으면 밖으로 나가 그 소식을 전하지 못할 것이며, 삶으로 복음의 기쁨을 증언하지 못할 것이

다.[40]

교황이 추구하는 선교적 쇄신

교황이 추구하는 것은 교회의 선교적 쇄신이며, 선교 활동이 '모든 교회 활동의 패러다임'(15항)이 되는 것이다. 교황은 교회가 자신 안에 머물지 않고 밖으로 '나가는'[41] 존재임을 강조한다.(20-23항) 또한 선교하는 제자 공동체의 역동적인 모습을 제시하며, 복음 선포는 말로만 가르치는 것이 아니라 온 삶을 통해 이루어지는 것임을 강조하고 있다.(24항)

"교회의 관습과 행동 양식, 시간과 일정, 언어와 모든 교회 구조가 자기 보전보다는 오늘날 세계의 복음화를 위한 적절한 경로가 될 수 있기를 바랍니다."(27항)

이처럼 교황은 교회의 모든 구조를 선교 지향적으로, 사목 활동을 개방적으로 만들어야 한다고 본다. 따라서 본당이 자기도취적 집단이 아닌 "지역에서 사는 교회의 현존이고, 하느님의 말씀을 듣고 그리스도인 생활이 성장하는 장소이며, 대화와 선포, 아낌없는 사랑 실천 그리고 예배와 기념이 이루어지는 장소"(28항)가 될 것을 강조한다. 개별 교

---

40 참고로 이 복음의 기쁨은 성경의 곳곳에서 확인되고 있다. "얼마나 아름다운가, 산 위에 서서 기쁜 소식을 전하는 이의 저 발! 평화를 선포하고 기쁜 소식을 전하며 구원을 선포하는구나."(이사 52,7) "그런데 자기가 믿지 않는 분을 어떻게 받들어 부를 수 있겠습니까? 자기가 들은 적이 없는 분을 어떻게 믿을 수 있겠습니까? 선포하는 사람이 없으면 어떻게 들을 수 있겠습니까? 파견되지 않았으면 어떻게 선포할 수 있겠습니까? 이는 성경에 기록된 그대로입니다. '기쁜 소식을 전하는 이들의 발이 얼마나 아름다운가!'"(로마 10,14-15)

41 『복음의 기쁨』 20-23항의 소제목을 "'출발'하는 교회"로 번역하였는데, 원문의 뜻은 출발한다는 의미보다 교회 '밖으로 나가는' 의미가 크다.

회도 '지역의 얼굴을 지닌 교회'로서 식별, 정화, 개혁의 과정에 동참할 것을 촉구한다.(30항) 이러한 선교적 쇄신의 비전에서 교황은 개별 교회와 주교직의 쇄신, 교황직의 쇄신을 추구하고자 한다.(31-32항) 특이한 점은 지역 교회의 건실한 '분권화'(16, 184항)를 촉구하고 있다는 점이다.

영적 세속성과 성직주의를 넘어 시노드적 교회로

교회의 선교적 쇄신을 위해 교황이 진단한 이 시대 교회의 현주소는 다음 문장에 잘 드러난다.

"진정으로 우리를 불안하게 하고 우리의 양심을 괴롭히는 무엇인가가 있다면, 그것은 바로 수많은 우리 형제자매들이 예수 그리스도와 맺는 친교에서 위로와 빛을 받지 못하고 힘없이 살아가고 있다는 사실입니다."(49항)

이러한 맥락에서 교황은 현시대 상황을 면밀히 분석한 다음(52-75항), 교회의 사목 일꾼들을 겨냥하여 그들이 겪는 유혹을 거론한다. 신앙과 삶에 개인주의의 팽배로 인해 복음화의 열의가 식고 정체성의 위기를 겪고 있다(78항). 상대주의의 위협도 존재하며, 사목 일꾼들의 이기적인 나태도 크게 작용한다(81-83항). 사목적 나태로 사람을 실제로 만나지 않고 조직에 더 치중하는 비인간적 사목 활동이 팽배해 있다.

이어지는 항에서는 '영적 세속성'을 다루는데, 교회 안에 깃든 '영적 세속성'이란 인간적인 영광과 개인적 안녕을 추구하고, 자아도취적이고 권위주의적인 엘리트주의, 인간 중심적 내재론에 빠져 있으며, 전례, 교리, 교회의 특권에 지나치게 집착하는 행태다(93-99항). 여기서는 복음과 세상의 도전에 무관심하게 되고, 교회생활이 선택된 소수의 전

유물이 된다. 관리자의 기능주의로 인해 하느님 백성보다는 제도로서의 교회가 우선시되며, 폐쇄적인 엘리트 집단으로 변질된다. 허영에 갇혀 신자들의 고통스러운 현실을 만나지 못하고, 지시 내리는 것에 만족한다. 공동체 안에 갈등과 분열이 팽배해진다.

'또 다른 도전들'로 교황은 교육의 부재나 지나친 성직주의로 인해 평신도의 능동적이고 적극적인 교회생활과 선교 활동의 참여 모습을 보기 어렵다고 지적하고 있다(102항). 또한 여성의 역할을 특별히 강조하며, 직무사제직이 봉사를 위한 하나의 수단일 뿐임을 강조한다(103-104항).

이에 대한 해법으로 교황은 영적 세속성을 정화하고 성직주의를 타파하여 평신도와 성직자가 협력하여 친교를 이루는 교회를 제시한다. 이러한 맥락에서 『복음의 기쁨』 3장에서 교황은 하느님 백성 전체를 복음 선포의 주체로 선언한다. 교회는 복음을 선포하도록 부름받고 파견된 하느님 백성이다. 교황은 하느님 백성이 모든 사람을 위해 존재하는 동시에 다양한 모습을 지닌 백성임을 그리고 교회 안의 모든 이가 선교하는 제자임을, 세례받은 모든 이가 성령의 활동으로 복음화할 것을 재촉받고 있음을 강조한다(112-119항). 성령으로부터 '신앙 감각'을 부여받아 하느님의 것이 무엇인지 식별할 능력을 갖게 되며, 세례성사를 통해 모든 구성원이 선교하는 제자가 된다.

"세례받은 모든 이는 교회 안의 역할이나 신앙교육의 수준에 상관없이 복음화의 능동적인 주체입니다. 따라서 복음화 계획은 전문가들이나 수행하는 것이고 나머지 신자들은 그저 수동적인 수용자라고 여기는 것은 바람직하지 않습니다."(120항)

하느님 자비의 역동성 복원

교황은 쇄신의 중심축을 신앙의 핵심인 '자비의 복음'에서 찾는다. 교회 쇄신이란 단순한 정신적, 제도적 측면이 아닌, 하느님의 자비가 교회 삶의 전체, 곧 말씀, 전례, 애덕, 사명 수행 등에 스며들도록 하는 것이다. 하느님 백성 전체가 선포해야 할 복음은 예수 그리스도를 통해 인격화된 하느님의 사랑이다. 이는 모든 이에게 열린 복음이다. 교황은 복음이 고착된 교리 내용이 아닌 살아 있는 구원의 기쁜 소식으로, 역동적으로 선포되어야 한다고 강조한다. 복음의 근본 메시지는 "사람이 되시어 우리를 위하여 당신 자신을 내어 주셨고 영원히 살아 계시며 당신의 구원과 우정을 우리에게 주시는 하느님의 인격적 사랑"(128항)이다. 이 자비와 사랑이 교회의 삶과 선교 사명의 중심이 되도록 하는 것이 목적이다.

먼저 자비는 복음 선포의 원리다. 하느님 말씀을 인간 삶에 울려 퍼지는 살아 있는 말씀으로 선포하는 것이 관건이다(154항).

또한 교황은 복음화의 사회적 차원을 고찰하는데, 여기서도 하느님의 자비가 중심 역할을 한다. 특별히 복음이 사회적 차원을 지니는 이유로 그리스도의 무한한 사랑이 모든 이에게 무한한 존엄을 부여하기 때문임을 강조한다(178항). 자비는 가난한 이들의 울부짖음을 듣도록 하고, 그들과 연대하여 그들의 온전한 발전을 촉진한다(187-192항). 자비는 '공감'으로 이해되며, 하느님 백성 안에 가난한 이들을 위한 특별한 자리를 마련하도록 한다(193-200항).

또한 자비가 교회 삶에 스며들어 모든 활동이 자비의 문화가 되도록 한다(87-92항). 그것은 인격적인 만남의 문화를 촉구하고, 자기를 벗어나 타인을 향하는 문화다. 복음에 따라 다른 이들의 얼굴을 바라보고 만나는 것이다. 친교의 영성을 추구하여 인격적인 만남에 집중하며, 타인과 유대를 맺고 관계를 맺도록 한다. 교황은 겸손과 온유의 가치를 새롭게 제시하며(271, 288항), 마리아에게서 발견하는 '온유한 사랑의 혁명이 지닌 힘'을 강조한다.

"우리가 다른 이들의 구체적인 삶 속으로 들어가 온유한 사랑이 지닌 힘을 알게 되기를 바라십니다."(270항)

1.2. 프란치스코 교황의 "세계주교시노드 제정 50주년 기념 연설"[42]에서

교황은 2015년 세계주교시노드 제정 50주년 기념 연설에서 하느님 백성이 세례받은 이로 구성되었으며, 성령의 도유로 신자 전체가 믿음에서 오류를 범할 수 없다는 점 그리고 세례받은 모든 이가 복음화의 능동적 주체임을 강조한다. 신앙 감각이, 가르치는 교회와 배우는 교회의 경직된 구분을 막아 준다고 본다. 교황에 따르면 시노드적 교회는 경청하는 교회이며, 상호 경청을 통해 서로에게 배우는 교회다.

교황에 따르면 세계주교시노드는 경청의 역동성이 수렴되는 지점이다. 먼저 하느님 백성의 소리를 듣고, 다음으로 사목자를 경청한다. 로마의 주교인 교황은 전체 교회의 친교와 일치의 보증이다.

교황은 연설문에서 시노달리타스가 교계 직무를 제대로 이해하게

---

42 프란치스코 교황, "주교대의원회의 제정 50주년 기념 연설", https://cbck.or.kr/Documents/Pope/20210621?pope=P0266&gb=title&search=50.

한다고 강조한다. 함께 걸어가기 위해서는 서로를 섬기고자 모든 이가 자신을 낮추는 것이 반드시 필요하다. 교회의 구조는 '역삼각형'으로, 권위를 행사하는 이들은 '봉사자들'로 불린다. 교황은 이들이 모든 이 가운데 가장 작은 이들임을 밝히며, 베드로의 후계자인 교황은 하느님의 종들의 종에 불과하다고 강조한다. 교회 안의 진정한 권위는 섬김의 권위이며, 유일한 힘은 십자가의 힘이다.

세계주교시노드는 친교의 역동성을 드러내는 표현이다. 시노드의 첫 단계는 개별 교회이고, 두 번째 단계는 지역 교회, 관구 교회, 연합구, 개별 공의회, 주교회의이며, 세 번째 단계는 보편 교회다.

시노달리타스에는 인류 전체를 향한 교회의 사명 인식도 담겨 있다. 역사의 고난을 함께 나누며 사람들과 함께 걸어가는 교회를 추구한다. 민족들의 침해될 수 없는 존엄과 봉사인 권위의 역할을 재발견한다. 정의와 형제애로 시민 사회가 건설되도록 도울 수 있으리라는 꿈을 지닌다. 더 아름답고 인간적인 세상을 전해 주려는 의향을 지니고 있다.

이상의 내용은 프란치스코 교황이 어떠한 맥락에서 시노달리타스를 이해하고 실현하고자 하는지 잘 드러내 준다.

2. 시노달리타스의 개념과 실천

이제 시노달리타스의 개념과 실천을 다루어 보자. 먼저, 교황청 국제신학위원회 문헌 『교회의 삶과 사명 안에서 시노달리타스』를 통해 시노달리타스의 개념을 살펴보자.

문헌에 나타난 시노드 정신이란 정치적 차원의 '의회주의'와 다른 것이다. "예수님의 복음으로부터 유래하여 오늘의 역사 안에서 거룩한 성전에 대한 충실성 안에 육화되어야 하는 교회의 모습"(9항)을 실현하고자 한다. 거기에는 교회의 모든 구성원이 능동적 주체가 되어 교회생활(삶과 사명 수행)에 참여하는 교회상이 담겨 있다. 교회가 역사와 세상 안에서 살아가며 사명을 수행하는 방식에서 자신을 친교로 드러내는 교회상이다.

거룩한 성전에 대한 창조적 충실성: 친교, 참여

시노달리타스의 어원인 시노드는 '쉰'(~와 함께)과 '호도스'(길)가 합성된 단어로, '함께 걷는 교회'를 의미한다. 문헌에 따르면 시노달리타스는 시노드적 교회의 구성적 차원(5항)이며, 하느님 백성의 생활 방식과 활동 방식의 고유한 특성(6항)이다. 시노달리타스는 교회가 삶과 사명을 살아가는 방식이며 자신을 친교로 드러내는 것이다. 세례받은 모든 신자가 '신앙 감각'을 바탕으로 복음화의 주역으로 능동적으로 참여(9항)하는 교회상이다.

이처럼 시노드적 교회란 친교로서의 교회의 본질과 사명을 드러내는 교회다. 세례받은 모든 신자가 공통된 품위와 사명, 은사와 소명, 직무에 따라 능동적으로 복음화 사명에 참여하는 교회이며(6, 40항), 그 기원은 삼위일체적 친교에 있다(43항). 교회는 하느님과 결합하는 동시에 그리스도 안에서 형제자매들과 일치하며 자신을 내어 줌으로 친교를 실현한다. 성령의 활동이 시노달리타스의 원리로 작용하여(46항) 삼위일체적 사랑을 교회에 전해 주시어 모든 이에게 다양한 형태의 선물이 드러난다. 교회는 성체성사로 형성되고 양육되며, 시노달리타스는 성찬례를 통해 특별히 드러난다(47항).

역사 안에 육화하는 교회: 사명, 식별

시노달리타스는 구체적으로 교회가 삶과 사명 실천을 통해 역사와 세상 안에 현존하는 방식과 상관한다. 사명 수행을 위해 식별이라는 과제가 주어진다. 식별의 방식은 하느님 백성 전체를 경청하는 데 그 특징이 있다. 하느님 백성 전체의 경청을 통한 공동체적 식별의 중요성은 "하느님께서 특정한 역사적 상황에서 들려주시는 부르심"(113항)을 발견하기 위해서다. 역사 안에 육화하는 교회와 신앙이기 위해서는 공동체적 식별, 상호적 대화와 경청이 필수다.

"식별은 성령의 목소리에 귀를 기울이기에 필요한 기도, 묵상, 성찰, 연구의 공간 안에서 전개되어야 한다. 이러한 식별은, 형제자매들과 진솔하고 평온하고 객관적인 대화를 함으로써 체험들과, 각 공동체와 각 상황의 실제 문제들에 주의를 기울이고, 그리스도의 몸을 건설하고 복음을 선포하고자 선물들을 교환하고 모든 힘을 모으는 가운데 이루어져야 한다."(114항)

하느님 백성 전체를 경청해야 하는 이유는 성령께서 활동하시는 곳이 신자들의 삶이기 때문이다.

실천: 교구와 본당에서

이상의 고찰을 바탕으로 개별 교회인 교구와 본당에서 시노달리타스가 어떻게 실현되는지 살펴보자. 시노달리타스는 우선 개별 교회인 교구 시노드를 통해 구체적으로 실현된다. 교구 시노드와 회의의 설립 취지는 다음과 같다.

"한 개별 교회 안에 사는 하느님의 백성이 사목적 도전들을 식별하고, 사명에서 걸어가야 할 길을 함께 찾으며, 성령께 귀를 기울여 적절한 결정들을 내리도록 능동적으로 참여하고자, 그리스도의 이름으로 주교의 주재로 소집해 모이는 은총의 사건이 된다."(78항)

시노드란 복음화 사명을 성취하기 위해 교회의 현주소를 진단하고, 사목적 도전을 식별하며, 사명 수행을 위해 교회가 가야 할 길을 함께 결정하기 위해 하느님 백성이 함께 모여 대화하고 경청하는 것이다. 교구 시노드와는 별도로 교구 내 시노드적 기구로 사제 평의회, 교구 사목평의회가 있고, 본당에는 사목평의회와 재무평의회가 있다.

그러나 더욱 근본적으로 시노달리타스는 본당의 모든 삶에 그리고 신자들의 일상생활에 '라이프 스타일'로 스며들어야 한다. 시노달리타스가 교회의 구성적 요소, DNA라면 시노드 정신은 제도적 차원뿐 아니라 교회의 일상 삶의 차원에서도 생활화되어야 한다. '식별'하는 신앙이란 주어진 상황에서 그리스도인으로 살아갈 길을 모색하는 신앙이다. 이에 식별하는 신앙의 생활화가 요청된다.

본당에서 시노달리타스를 어떻게 수용할 수 있는가? 가령 사목평의회의 경우 사제와 신자 양쪽의 어려움이 목격된다. 아무리 말해도 본당 신부님이 들어주지 않을 수도, 아무리 신자들에게 의견을 물어도 신부님 명령만 기다릴 수도 있다. 내 의견이 무슨 소용이 될까? 나는 내 의견을 피력하고 있는가? 이는 양쪽이 똑같이 사고와 인식에 변화가 필요하다는 의미다. 또한 누구나 접근하고 의견을 표명할 수 있는 제도가 되어야 할 것이다. 특히 내 이야기가 실질적으로 경청되고 수용되어 교회 사명 수행에 반영되어야 한다.

시노달리타스 실현을 위해 먼저 세상의 변화를 읽어야 하며, 그러기 위해 교회가 복음 선포 사명에서 겪는 어려움을 의식할 수 있어야 한다. 무엇보다 중요한 것은 개별적 의견 수렴이 아닌 공동체적 식별이며, 이는 성찬례를 중심으로 행해져야 한다. 신자들의 생각은 공동체 안에서, 신앙 안에서 하나로 모아지며 공통된 방향으로 나아가게 된다. 각자 자신의 체험에 비추어 솔직하고 진솔한 이야기를 나눌 수 있을 때 그것을 모아 교회의 현주소를 진단하고 사목 방향과 구체적 실행 계획을 수립할 수 있다.

이를 위해 실질적으로 다음과 같은 질문이 도움을 줄 것이다. 교구장님의 사목 방침에 따라 각 본당이 복음화의 주역이 되기 위해서 요청되는 변화는 어떤 것인가? 먼저 우리 본당이 변화된 시대 안에서 선교 복음화 사명을 충실히 행하고 있는가? 선교를 위해 열린 교회인가? 이웃에 개방되어 있는, 이웃을 향해 나아가는, 그들 안에 현존하는 교회인가? 선교 쇄신을 위해 요청되는 변화는 어떤 것인가? 교회 내적으로 신앙 전수에서 겪는 어려움은 어떤 것인가? 교회의 삶은 하느님의 자비를 드러내며 만나도록 하는가? 교회는 세상 속에서 하느님 자비를 실천하며 증언하는가? 교회가 자비의 얼굴인 그리스도를 드러내기 위해 요청되는 변화는 어떤 것인가? 교회의 전체 삶(전례 거행, 말씀 선포, 신앙교육, 세대별 사목, 공동체 사목, 애덕 활동, 선교 사명 등)은 하느님 자비의 역동성을 반영하는가? 교회 내에서 가장 취약한 부분은? 가정과 혼인, 청소년 사목, 어르신 사목 등은? 본당이 더욱 '선교적'이 되기 위해 요청되는 변화는 어떤 것인가? 각 본당이 지역사회 안에서 이웃이 되어 자비를 실천할 방법은? 개인, 각 가정, 각 단체와 공동체들은 어떻게 자비를 반영하고 실천할 것인가? 이 모든 활동에서 하느님 백성 전체는 자신을 '친교'로 드러내는가?

조금 더 넓은 차원에서 함께 던져야 할 질문은 다음과 같다. 가톨릭 교회는 오늘의 한국 사회에서 어떠한 이미지를 갖고 있는가? 교회가 하는 말은 사회에서 어떻게 받아들여지나? 사람들은 가톨릭 교회의 공적인 가르침이나 개별 신자들의 말에 관심과 신뢰를 갖고 귀를 기울이는가? 교회가 선포하는 복음과 실제 삶은 일치되어 있나? 교회는, 교구와 대리구, 지구와 본당은 '선교적'인가? 세상 속에서 세상 사람들의 관심사를 함께 나누고 함께 고민하는 교회인가? 지금 가장 시급한 교회의 과제는 어떤 것인가?

3. 총정리

시노드적 변화의 핵심은 복음의 원천, 초대교회의 정신으로 돌아가는 것이다. 기존의 교회 중심적, 성직자 중심적 교회를 개편하고자 하는 것이다. 세상, 평신도, 교회 자신에 대한 교회 인식의 근본적인 변화가 담겨 있다. 여기에는 진리에 대한 근본적인 인식 변화도 자리한다. 교회는 나그네처럼 지상 여정을 걷는 길 위에 있으며, 진리는 소유해야 할 것이 아니라 경청해야 할 대상이다. 교회는 세상 속에서 진리를 증언하는 증인의 정체성을 지닌다. 위에서 아래로 그릇된 것을 계도하거나 진리를 일방적으로 가르치는 것이 아니라, 인류와 함께 길을 걸으며 진리를 찾아가는 존재인 것이다.

다른 한편, 평신도를 가르쳐야 할 대상이 아닌 복음화의 주체, 대화 상대로 인식한다. 그동안은 '가르치는 교회'와 '배우는 교회'로 경직되게 구분해 놓고, 위에서 가르치면 아래서 배우고 위에서 시키면 아래서 선교를 행하는 방식이었다. 그런데 원천으로 돌아가면 처음부터 그랬던 것은 아니었음을 보게 된다. 교회마다 자주권이 있었으며, 신자들은 세례성사를 통해 성령께로부터 받은 다양한 은사를 지니고 있었고 다양하게 교회 안에서 봉사하였다.

이러한 내용은 새로운 것이 아니라 이미 우리가 교회 안에서 살아온 것이다. 의식하지 못했을 뿐 교회의 모든 구성원은 저마다의 은사에 따라 함께 교회의 삶과 사명에 참여하며 봉사하고 있다. 이를 통해 세례성사로 부여받은 사명과 '공동책임'을 수행하는 것이다. 경청의 역동성에 따라 함께 이야기를 나누고 서로 경청하다 보면 놀라운 경험을 하게 된다. 따라서 소신 있게 자신의 경험을 신앙에 비추어 이야기하는 것이 중요하다. 현시대에 교회가 처한 상황과 어려움, 특히 신앙 전수에서 겪는 어려움을 누구보다 평신도가 잘 알고 있으며, 그에 대한 해결책도 신앙 감각을 통해 이미 알고 있다. 그 누구보다 각자 살아온 신앙과 경험을 통해 알게 된 것들을 진솔하게 나누는 것이 중요하다.

"교회란 무엇이며 어떤 일을 하는 존재인가?"

하느님의 백성으로서 부여받은 사명은 구원의 기쁜 소식을 세상에 온 삶으로 증언하는 것이다. 하느님의 자비와 사랑이 구원하신다는 것, 가엾이 보시고 돌보시며 보살피시는 사랑이 구원하신다는 것, 그것을 세상에 알리고 그렇게 살라는 초대인 것이다.

이처럼 원천으로 돌아가는 것은, 지금까지 살아온 교회를 근본적으로 진단하고 새롭게 방향을 찾아가는 엄청난 변화를 내포한다. 제도나 조직만이 아닌 사고방식, 인식의 변화가 요구된다. 복음화는 위에서 아래로가 아닌 성령의 주도하에 아래서부터 시작되는 것이며, 성령께서 활동하시는 곳은 교회 내부만이 아닌 신자들의 구체적인 삶의 현장인 것이다. 사제와 신자 양편 모두의 회개가 필요하다. 성직자의 권위주의를 내려놓고 힘과 권위를 십자가의 힘, 섬김의 권위로 이해해야 한다. 신자들 모두 보편사제직, 신앙 감각으로 교회 삶에 능동적으로 참여해야 한다.

전망: 한국 교회에 맡겨진 과제

한국 교회가 마주해야 할 가장 큰 사명과 과제는 어떤 것일까? 최근에 개최된 세계주교시노드의 주제들을 통해 볼 때(13차: "그리스도 신앙 전수를 위한 새로운 복음화" 14차: "교회와 현대 세계에서의 가정의 소명과 사명" 15차: "젊은이, 신앙과 성소 식별") 그것은 '신앙 전수'를 위한 교회의 전적인 쇄신이어야 하지 않을까? 이들 주제는 아직 한국 교회가 시노드 과정을 통해 숙고하지 못한 과제로 남아 있다. 해가 갈수록 어려워지는 청소년, 청년 신앙 문제는 이것이 한 단체의 문제가 아닌 공동체 전체의 문제임을, 해법은 공동체 전체가 찾아가야 하며, 그 책임은 교구 공동체 전체에 있음을 말해 준다. 시대의 흐름도 파악해야 하며, 그 안에서 겪는 청소년, 청년의 사정을 직접 들어보아야 한다. 시대에 맞는 교수법과 내용, 새로운 비전을 담은 교리교재를 만들고 교사를 양성하고 주일학교를 운영하는 것만으로는 부족하다. 신앙교육의 책임은 전체 공동체에 있다. 공동체 전체가 교육한다. 공동체 전체 구성원이 교육의 대상이다. 공동체 전체가 함께 모여 요람에서 무덤에 이르기까지 신앙교육을 어떻게 할 것인지 구상하라는 말이다. 가정과 혼인 사목은 공동체 전체의 책임이다. '학교' 중심의 신앙교육을 넘어서는, 공동체 전체가 주체가 되고 대상이 되는, 가정에서 노년에 이르기까지 각 시기에 부합하는 신앙 전수 방식의 창출이 요청된다.

이 모든 것이 의회주의에 머물지 않고 진정한 의미의 시노드적 교회를 실현하기 위해서는 근본 중의 근본인 '자비'로 다시 돌아와야 한다.

"너희 아버지께서 자비하신 것처럼 너희도 자비로운 사람이 되어라."
(루카 6,36)

'정치적'으로 변질되지 않도록 '자비'가 무엇보다 강조되어야 할 것이다. 시노달리타스 실현은 평신도에게 권한을 부여하는 문제도, 평신도를 경청하는 문제도 아닌, 자비를 반영하는 교회, 자비를 증언하는 교회가 되는 것이 중심에 있어야 한다. 자비를 증언하는 교회란 세상과 동떨어진 혹은 세상 '앞에' 서 있는 교회가 아니라 세상 '안으로' 들어가는 교회, 세상 '안에' 현존하는 교회, 세상 속에서 상처 입은 인류에게 다가가 상처를 싸매 주고 치유해 주며 자비로운 아버지의 사랑을 전하는 교회를 말한다.

"하느님 백성인 교회는 오늘날 하느님의 자비를 세상 사람들이 실제로 만날 수 있도록 증언하는 삶을 살고 있는가? 그러한 교회를 만들기 위해 성직자와 평신도, 신자들이 서로 친교를 이루고 서로를 신뢰하며 살고 있는가?"

시노달리타스 실현을 위해 교회가 그리고 교회 구성원들이 자신에게 던져야 할 질문이다.

3장

제2차 바티칸 공의회에서 시노달리타스까지

　시노달리타스는 제2차 바티칸 공의회의 맥락과 연속성상에 자리한다. 공의회는 서구 사회의 그리스도교 중심적 세계관 및 사회질서로부터의 탈피를 의미하였다. 교회가 세상을 바라보고 자신을 바라보며 평신도를 바라보는 방법의 전환이었다. 이는 새로운 것이 아니라 원천으로 돌아가는 움직임이었다. 신약 성경을 보면 오늘과 같은 성직자 중심적 교회가 아닌 세례받은 모든 신자가 성령의 은사를 받고 교회 공동체 전체에 봉사하는 은사 중심의 교회였다. 그 안에 내포된 신학은 세례성사 신학, 평신도 사도직, 보편사제직, 신앙 감각, 성령의 은사 신학 등이다. 오랜 시간 준비된 공의회이기에 그 정신을 한국 교회에서 수용하기 위해서는 시간과 준비가 필요하다.

　전 세계 교회가 시노달리타스 실현을 위한 여정 중에 있는 지금, 미래의 복음 선포를 새롭게 구상하기 위해 제2차 바티칸 공의회의 개최 배경에 대해 숙고하는 것은 시의적절하다고 본다. 직접적인 비교는 금물이지만, 지금 한국 교회가 처한 상황이 제2차 바티칸 공의회를 개최하기 전의 교회 상황과 여러 면에서 닮았기 때문이다. 공의회를 통해 교회가 추구한 쇄신과 변화는 모린 설리반의 『제2차 바티칸 공의회로 가는 길』[43]에 잘 나타나 있다. 이 책의 전반적인 내용을 짚으며 시노달리타스 수용을 위해 한국 교회에 요청되는 방향 전환에 대해 숙고하고자 한다.

신학 패러다임의 변화

설리반은 제2차 바티칸 공의회를 통해 이루어진 변화, 곧 교회가 '세상'을 바라보고 '평신도'를 바라보며 '교회 자신'을 바라보는 방식에서 이룬 변화를 「사목헌장」과 「교회헌장」을 중심으로 살핀다. 특이할 점은 이러한 변화를 공의회 직전에 행해진 신학 패러다임의 전환에서 비롯되었다고 본다는 점이다. 저자는 '신신학(新神學)'을 중심으로 행해진 신학의 패러다임 전환이 어떻게 공의회에서 수용되었고 문헌에 반영되었는지 일목요연하게 제시한다. 세 가지 패러다임 전환이란, '고전주의적 세계관에서 역사적 세계관으로' '연역적 방법에서 귀납적 방법으로' '호교론적 접근에서 토대적 접근으로'의 전환이다.(1장) 이들 전환은 모두 계시 진리에 대한 새로운 인식을 기반으로 한 것으로, 교회가 신앙 진리를 동시대 사람들에게 믿을 수 있고 이해할 수 있는 방식으로 말하기 위해 새로운 신앙 언어가 필요하다는 인식의 바탕에서 행해졌다.

---

43 모린 설리반, 『제2차 바티칸 공의회로 가는 길』, 이창훈 역, 성바오로, 2012.

세상과 화해

저자는 신학 패러다임의 전환이 특별히 「사목헌장」에 반영되어 있다고 본다(2장). 헌장은 교회와 미래를 이해하는 기존의 이원론, 방어적 자세와 고전주의적 사고에서 벗어나 현대사회와 대화하려는 교회의 새로운 의식과 입장을 표명한다. 이는 세상을 향한 교회의 태도가 전적으로 변해야 한다는 의미다. 공의회가 구상하는 교회는 세상을 '향한' 교회가 아닌 세상 '안의' 교회로, 인류 가족 전체와 현실 전체, 선한 세상이라는 인식을 바탕으로 세상 안의 잠재적 문제들에 관심을 기울이는 교회다.

공의회는 가톨릭 사상이 신뢰할 만한 것으로 제시되기 위해 세상과 폭넓은 대화가 필요함을 인식하였다. 기존의 불신과 경멸, 단죄의 역사에서 벗어나 세상과의 화해를 시도한 것이다. 저자는 이러한 관점의 변화가 하느님께서 창조하시고 지탱하시는 세상이 본래 선하다는 인식에 기반을 두며, 이 인식이 세상을 바라보고 돌보며 봉사하는 새로운 방식을 모색하도록 했다고 본다. 여기서 「사목헌장」이 담고 있는 '사목'의 의미가 드러나는데, 현대인의 어려움을 진지하게 받아들이고 그들의 질문에 답하려고 노력하는 방식이 그것이다.

평신도의 달라진 위상

저자는 평신도에 대한 공의회의 변화된 입장을 살피기에 앞서 공의회 이전의 교회 내 평신도의 위상을 소묘한다(3장). 성직자와 평신도, 성과 속, 영원과 현세 사이의 구분에 따라 성직자와 평신도를 별개의 신분으로 구분하였고, 이는 지배적 교회 모델인 피라미드 모델로 강화되었다. 피라미드 꼭대기에 이를수록 거룩함과 진리에 가깝다고 여겼으며, 교회 사명은 교계가 맡는 것으로 여겼다. 공의회 이전의 교회는 교계적 교회, 성직자 역할에 중심을 둔 교회로, 평신도가 주변에 밀려난 교회였다.

이러한 상황이 교회의 본래 모습이 아니라는 인식하에 신앙의 원천으로 돌아가 신약 성경에서 영감을 얻고자 하였다. 신약 성경에서 발견한 교회 모델은 피라미드 모델이 아닌, 성령께서 각 교회 구성원 안에 현존하심에 뿌리를 둔 친교의 교회 모델이었다. 세례를 통해 각 지체에 주어지는 성령, 신자의 개별 은사와 카리스마로 그리스도의 몸을 이루는 하느님 백성 교회관은 교회 사명에서 평신도에게 맡겨진 역할을 명확히 인식하도록 하였고, 이러한 인식은 제2차 바티칸 공의회의 문헌인 「교회헌장」, 「사목헌장」, 「평신도 교령」에 두루 반영되었다.

교회 자신에 대한 새로운 인식

공의회의 변화와 쇄신의 결정적 계기가 된 것은 교회 자신에 대한 변화된 인식이었다(4장). 제1차 바티칸 공의회 이후 교황 중심의 피라미드 교회 모델은 제도를 중심으로 하는, 성직자와 수도자에 집중된 특전이나 규칙과 예식을 강조하는 모델이었다. 외부 세력에 맞서 자족적이고 모든 답을 지닌 권력 구조 뒤로 교회 자신을 격리하려는 경향을 지니고 있었으며, 교회와 신앙은 변하지 않는 무시간적이며 영원한 실재라고 믿는 고전주의적 세계관을 바탕으로 율법주의적, 사법적, 성직주의적 교회의 모습을 견지하고 있었다.

이러한 상황에서 변화를 향한 목소리가 고조되었고, 이에 따라 「교회헌장」은 개선주의, 성직주의, 사법주의적 성격을 지닌 초안을 뒤로 하고 사법적 시각에서 신학적 시각으로의 전환을 이루었으며, 세상의 심원한 목소리에 대한 답변으로 예수 그리스도를 '인류의 빛'으로 제시하고자 하였다. 헌장은 교회의 신비로부터 출발하여 성사, 친교로서의 교회를 강조하였다. 특히 친교 교회론은 제도보다는 교회의 성사적, 역사적 차원을 강조하였으며, 교회의 내적 본성 및 세상 내 교회의 사명으로 초점이 옮겨 가도록 하였다. 성령께서 모든 지체에게 주신 카리스마의 역할을 새로이 식별하였으며, 교황 수위권과 주교들의 단체성 관계, 지역 교회와 보편 교회의 관계, 지역 교회의 적법성과 타당성 등을 재발견하였다. 또한 종말론적 교회 이해를 통해 순례하는 하느님 백성으로서 교회를 새로이 인식하였고, 교회는 과정 중에 있는 실재로, 그 자체가 목표가 아니며 그리스도의 영의 도구로 봉사할 뿐이라는 인식을 가능케 하였다. 또한 자신의 거룩함이 불완전함을 인식하고 지속적 개혁과 쇄신을 요구하는 교회관을 제시하였다.

시노드적 교회를 위해 요청되는 변화와 쇄신

제2차 바티칸 공의회를 준비하던 시기인 지난 세기 상반기 교회의 모습과 오늘 한국 교회의 모습을 직접 비교하는 것은 불가하지만, 오늘의 쇄신을 위해 교훈으로 삼기에는 충분해 보인다.

공의회 이전의 교회가 지녔던 성직주의, 사법주의, 개선주의는 비록 모습은 다르지만 여러 측면에서 한국 교회에 존재하고 있다. 세상을 대화 상대라기보다는 의심의 눈초리로 바라보고, 세상이 제기하는 물음들에 대화와 소통으로 응답하기보다는 신앙의 가르침을 일방적으로 통보하는 태도가 여전히 남아 있다. 평신도는 세속에 묻혀 산다는 이유로 거룩함과 진리에서 멀리 떨어진 존재로 여겨지며, 교회 내 대부분의 중요한 사안의 결정은 사제에게 맡겨져 있다. 세상을 향해 문을 활짝 연 교회라기보다는 교회 울타리 안에 머물며 우리만의 생활에 집중되어 세상이 돌아가는 흐름과 무관히 살아가는 경우가 많으며, 타인을 향해 열려 있고 환대하며 특히 가난한 이들을 위한 가난한 이들의 교회가 되지 못하고 있다. 세상 사람들의 삶 안으로 들어가 그들과 운명을 같이하며 그들의 상처를 싸매 주고 치유하는 교회, 교회가 존재하는 바로 그 지역에 육화하고 현존하는 교회의 모습을 보기 어렵게 되었다. 이와 같은 진단은 공의회가 변화와 쇄신을 위해 행해야 했던 오랜 기간의 노력과 싸움이 우리 안에서도 재현되어야 함을 의미한다.

공의회를 통해 발전된 평신도 신학은 시노달리타스의 근거가 된다. 피라미드 모델에서 친교의 모델로의 전환을 위해 엄청난 인식 변화가 필요했고 많은 반대를 마주해야 했다. 이는 한국 교회에서 시노달리타스를 실현하기 위해 세상, 평신도, 자신에 대한 인식 변화와 함께 그것에 반하는 걸림돌과 싸움이 필요하다는 것을 말해 준다.

이러한 변화의 출발점은 공의회 준비 과정이 보여 주는 것처럼 신앙의 원천인 복음으로 돌아가는 것이다. 저자가 지적한 세 가지 패러다임 전환은 신자들과 신학자들의 영적, 지적 양심과 신앙 진리에 대한 탐구를 통해 행해진 것으로, 그 출발점에는 자비의 복음에 대한 새로운 인식이 자리한다. 자비의 복음은 세상 '밖이나 위'가 아닌 세상 '안'으로 들어가 사람들과 운명을 함께하도록 한다. 공의회의 정신을 살려 한국 교회가 시노달리타스를 계승하기 위해서는 자비의 복음에 대한 재인식이 동반되어야 한다. 오늘의 한국인의 물음과 고민, 어려움 등에 답하기 위해 자비의 복음을 오늘의 언어로 새롭게 이해하고, 그 복음이 요구하는 바를 구체적 삶으로 증언할 수 있어야 한다.

시노달리타스는 하느님 백성 전체의 인식 변화와 실천의 변화를 요구한다. 지금의 교회 모습이 현시대의 도전에 응답할 수 있는지 묻는다. 시대의 도전에 응답하기 위해 세상 안으로 더 깊이 들어가 경청하고 대화하라고 한다. 동시에 신앙의 원천으로 돌아와 거기서 다시 물을 길으라고 한다. 자비의 복음이 지닌 역동성을 가로막는 관념, 관습, 제도, 생활 방식 전체를 근본적으로 개혁하라고 한다. 공의회를 가능케 한 다양한 신학자, 신자들의 영적, 지적 노력이 한국 교회에서도 행해져 시노달리타스를 한국적으로 구현하는 데 일조할 수 있기를 희망해 본다.

4장

시노달리타스의 전형, 제2차 바티칸 공의회

시노달리타스는 한국 교회의 쇄신을 위해 찾아온 절호의 기회다. 그런데 제16차 세계주교시노드의 주제를 "시노드 정신을 살아가는 교회를 위하여"로 선정하고 전 세계적으로 시노드 과정에 들어갔지만, 한국 교회는 교구별 시노드 이후 시노달리타스에 대한 관심이 많이 퇴색된 듯하다. 시노달리타스의 본격적 실천은 2024년 가을총회 이후이지만, 총회가 끝나고 최종문헌이 반포된다고 지금의 현실이 변할지는 의문이다. 이러한 답보 현상은 오늘날 시노달리타스가 대두되고 있는 교회의 현실과 시대적 도전에 위기의식을 절실하게 공감하지 못한 데서 기인하는 것이 아닐까 한다. 이러한 상황에서 시노달리타스의 전형인 제2차 바티칸 공의회의 정신을 새롭게 살피고 우리 것으로 하는 것은 매우 시급한 과제다.

재조명되어야 할 공의회 정신

공의회 정신을 한 마디로 요약하자면, 현시대의 도전 앞에서 교회의 선교 사명을 새롭게 인식하고 회개와 쇄신을 통해 새로운 방법으로 전 구성원이 능동적으로 교회 사명에 참여하는 것이다. 다시 말해 시대의 도전에 대한 진지한 경청이자 교회의 선교 사명에 대한 새로운 인식이며 실천이다.

이러한 측면에서 공의회는 문헌 이전에 하나의 '역사적이며 영적인 사건'이다. 즉 과거에 일어난 사건이면서 역사의 매순간 새롭게 일어나야 할 사건이다. 공의회는 교회가 자기 자신을 바라보고 세상을 바라보며 평신도를 바라보는 방식에 근본적인 변화를 가져온 사건이었다. 특히 그리스도교 중심적 세계관에서 벗어나 다원적이며 급변하는 세상과 대화하기 위해 세상 속으로 투신한 사건이었다. 이는 한 사람의 생각이나 한순간의 결정으로 이루어진 것이 아니라 오랜 시간의 준비와 영적 싸움과 각고의 노력이 가져온 결과다. 여기에는 교회가 새로운 세상의 도전에 응답하기를 바라는 하느님 백성의 기대와 희망도 함께 작용하였다.

교회는 근대 계몽주의의 도전 앞에서 오랫동안 피상적으로 혹은 권위주의적으로 대응해 오다 제2차 바티칸 공의회를 기점으로 전적인 변화와 쇄신을 도모했다. 그동안의 경직된 호교론적 자세, 곧 방어적이고 소극적이며 대화를 회피하는 자세에서 벗어나, 복음 진리가 모든 시대의 물음에 답한다는 확신을 바탕으로 벽을 허물고 세상과 대화에 나섰으며, 세상 사람들의 문제와 어려움, 고민과 갈등 등을 함께 고민하며 복음 안에서 그에 대한 진정한 해결책을 모색하고자 하였다.

교회 자신에 대한 새로운 인식

여기에는 근본적으로 교회 자신에 대한 새로운 인식이 작용하였다. 공의회는 교회를 하느님 나라에 대한 약속된 표지라는 종말론적 전망에서 이해하였고, 교회가 그 자체로 존재 의의를 지닌 것이 아니라 세상에 봉사하기 위해 존재함을 인식하였다. 교회는 완성된 실체가 아닌 하느님 나라의 완성을 향해 인류와 함께 걷는 여정 중에 있는 순례자다.

이러한 인식 변화는 교회와 세상의 관계에도 변화를 가져온다. 공의회는 교회를 세상을 '향한' 교회에서 세상 '안'의 교회로, 세상 안에서 세상과는 다른 삶을 살며 세상을 변화시키는 존재로 인식하였다. 세상을 향해 가르치고 계도하는 자세가 아닌 세상 속에서 세상 사람들의 고민과 갈등, 어려움과 문제를 함께 고민하며, 이에 대한 답을 함께 찾고자 하였다. 교회의 존재 이유는 세상 속에서 사람들과 함께 살아가며 그들과 삶을 나누고 신앙의 증언을 통해 봉사함으로써 어두운 세상에 구원의 희망을 전해 주는 것에 있기 때문이다.

육화하는 진리

이러한 변화는 그리스도의 복음이 인간 문제에 대해 궁극적으로 답한다는 확신과 더불어, 신앙 진리를 동시대 사람들이 믿고 이해할 수 있도록 전하기 위해, 곧 소통하기 위해 새로운 신앙 언어가 필요하다는 인식을 통해 가능했다.

또한 여기에는 그리스도 신앙 진리에 대한 새로운 인식이 자리하고 있다. 신앙 진리는 역사와 동떨어진 채 존재하는 것이 아니라 역사 안에 그리고 인간 삶 안에 육화하는 진리다. 그리스도의 복음은 인간 삶이나 문화와 동떨어진 채 존재하는 것이 아니라 삶과 문화를 관통하며 자신을 관철한다. 교회의 사명은 바로 이 복음을 인간 삶의 모든 분야를 관통하는 진리로 제시하는 것이다. 그러기 위해서는 동시대 사람들과 대화하고, 그들의 물음과 문제에 관심을 기울여야 하며, 그리스도의 복음을 그에 대한 답으로 제시할 수 있어야 한다.

이는 궁극적으로 세상과 교회의 관계를 성속이원론이 아닌 신앙의 눈으로, 곧 창조 질서 안에서 새롭게 이해한 것이며, 이에 따라 평신도의 '세속성'이 구원의 역사에서 갖는 위상을 새롭게 인식한 것이다. 이는 평신도만이 아닌 교회 자신이 갖는 '세속성'에 대한 인식이기도 하다.

변화된 세상에 대한 인식과 교회의 자기반성

공의회가 현대화와 쇄신, 개방과 대화를 핵심 가치로 내걸었지만, 궁극적으로는 변화된 세상에 대한 인식과 그에 따른 자기반성이 출발점이었다. 공의회 이전의 교회는 세상과 소통하지 못하는 폐쇄된 교회였다. 세상의 변화에 닫힌 채 자족하려는 교회였으며, 시대적 도전에 진지하게 귀를 기울이지 않는 교회였다. 그러나 그러한 자세는 교회에 맡겨진 선교 사명 수행에 적합하지 못하다는 인식이 교회 내에 팽배하였다. 과거의 전통적 신학 방법에 바탕을 둔 복음 선포가 더는 동시대 사람들의 삶과 사고방식에 부합하지 않으며, 과거의 획일적이고 중앙집권적인 교회 통치는 다원화된 세상에서의 선교 사명 수행에 적합하지 못하다는 것이다.

공의회가 가져온 '선교적 쇄신'은 이러한 폐쇄적 자세에서 벗어나 문을 열고 세상과 대화하며, 세상 안으로 들어가 담대하게 복음을 선포하는 '선교하는 하느님 백성'의 모습을 회복하는 것이었다. 과거의 그리스도교 중심적 세계관에서 벗어나, 탈그리스도교적이고 다원적인 세상에서 제기되는 사목적 도전에 진지하게 대응하기 위해서였다. 이러한 상황을 시대적 도전으로 받아들이고 내적 쇄신을 기하기 위해서는 교회의 살을 깎는 자기반성과 예언자적인 용기가 필요했다. 그러나 그것은 교회를 향한 사랑이 있기에 가능했다. 교회에 대한 사랑과 열정이 참으로 교회다운 교회를 찾아가도록 한 것이다.

교회의 선교 사명에 대한 새로운 인식

공의회의 정신을 충실하면서도 창의적으로 계승하기 위해서는, 공의회를 통해 일어난 교회의 선교적 쇄신과 변화가 교회가 믿고 고백하는 신앙 내용에 대한 인식에서 기인하였음을 기억할 필요가 있다. 공의회는 신앙의 핵심 내용인 계시 사건을 하느님께서 인류 전체와 함께 하시는 소통으로, 인류의 역사 안에서 구체적으로 실현되며 역사를 변화시키는 구원 업적으로 인식하였다. 그것은 인간 역사 안에 현존하시며 강한 힘으로 활동하시는 하느님께 대한 체험이라는 확신에서 비롯되었다. 이 시대에도 활발히 활동하시며 세상을 새롭게 창조하시는 성령께 대한 강한 체험과 확신이 있었기에 오순절의 사도들처럼 담대하게 세상 안으로 들어갈 수 있었다.

공의회가 새롭게 발견한 계시 진리란 역사 안에 육화하는 진리며 세상과 소통하는 진리다. 살아 있는 인간 주체와 소통하고, 소통을 통해 인간의 역사와 세상을 변화시키는 진리다. 그 진리란 한 마디로 세상을 향한 진리로, 새로운 표현과 사고방식으로 소통해야 할 진리다.

이러한 재발견은 교회 자신에게 맡겨진 사명을 새롭게 인식하게 하였다. 교회는 모든 것을 갖춘, 모든 물음에 답할 준비가 되어 있다는 의미에서는 '완전한 사회'가 아니다. 교회는 계시 진리가 역사와 세상 안에 육화하도록, 그로써 세상을 변화시키고 종말론적 완성으로 이끄시도록 봉사하는 존재다. 그렇기에 교회가 있어야 할 곳은 세상 사람들의 구체적인 삶이며, 바로 거기서 하느님 나라 복음을 현실성 있게, 곧 세상 사람들의 언어와 문화, 사고방식, 체험의 영역에서 '증언'해야 하는 것이다.

요청되는 회개

공의회 정신을 계승하기 위해서는, 공의회를 통한 개방과 대화의 자세가 저절로 행해진 것이 아니라 교회의 내적, 외적 회개의 결과였음을 기억할 필요가 있다. 여기서 회개란 자족하는 교회에서 탈피하고, 세상 속에서 자신의 선교 사명을 새롭게 인식하는 것이다. 자기가 있어야 할 곳이 바로 세상 속임을 깨닫고 자기 자리를 떠나 밖으로 나가는 것이다. 시노드 정신을 실현하는 교회는 자기 것을 고수하지 않고 대화를 통해 새로운 내일을 모색하는 교회다. 세상을 향해 가르치고 훈계하는 자세에서 벗어나, 세상 사람들의 삶에서 출발하여 그 안에서 그들이 겪는 고통과 괴로움, 어려움과 문제에 귀를 기울이고, 그에 대한 답을 함께 찾아가는 교회다.

교회가 공의회를 통해 전적으로 개방과 대화의 자세로 돌아서기까지 오랜 시간이 필요했다. 그것은 공의회 개최와 함께 단숨에 이루어진 것이 아니라 오랜 시간 서서히 준비되고 전개된 변화였으며, 여러 반대와 회의를 넘어야 하는 영적 싸움이기도 했다. 이는 공의회 정신을 한국 교회의 것으로 삼기 위해서는 그와 같은 준비, 각고의 노력, 시간 그리고 회개가 필요하다는 의미다.

시노드 정신을 구현하고자 노력하는 한국 교회는 이러한 영적 여정에서 어디쯤 와 있는가? 세상 속에 현존하는 교회로서 자기 자신을 실현하고 있나? 한국인의 삶, 거기서 제기되는 문제, 갈등 등에 얼마나 많은 관심을 두고 함께 고민하며 그리스도의 복음과 신앙을 삶으로 증언하고자 하는가? 모든 이가 선교 사명의 주역이라는 인식, 세상 속에서 선교하는 제자로 파견되어 살아가는 신자로서의 신원을 명확히 인식하고 있는가? 하느님 백성 전체가 함께 던져야 할 질문이다.

새롭게 하느님을 찾는 여정으로

시노달리타스의 수용이 개념이나 제도적 측면에만 머무르거나 의회 민주주의적 협의 절차로 오해받지 않기 위해서는, 그것이 궁극적으로 신앙의 범주에 속함을 잊지 말아야 한다. 공의회는 이 점에서 매우 중요한 영감을 준다. 공의회는 역사 안에 활동하시는 하느님을 찾고, 그분께 대한 신앙을 새롭게 고백하며, 교회가 선교 사명을 위해 세상 안으로 투신하도록 한 사건이었다. 시노달리타스 역시 궁극적으로는 새롭게 하느님을 찾고 그분께 대한 신앙을 고백하며 선교 사명을 위해 투신하는 것과 다르지 않다. 이는 한국 교회가 하느님을 찾는 신앙 여정을 새롭게 출발해야 한다는 의미다.

그렇다면 어떻게 하느님을 새롭게 찾는 여정을 떠날 수 있을까? 그 답은 세상 사람들의 삶 안으로 들어가 그들과 삶을 나누는 것에 있다.

예수님께서는 가장 비천한 이들, 보잘것없는 이들과 당신을 동일시하셨다. 우리가 하느님을 새롭게 만날 수 있는 길은 바로 가장 가난하고 소외된 이들에게 다가가 그들에게 하느님 자비를 전하며, 그들과 운명을 같이하고 구원의 길을 찾아 함께 걷는 것이다.

오늘 한국 교회가 시노달리타스를 통해 추구하는 선교적 쇄신의 기준은 우리가 얼마나 예수 그리스도를 닮아 가고 있느냐에 있을 것이다. 교회의 진정한 미래와 희망은 바로 여기에 있다. 이 시대에 희망을 주고 신뢰를 줄 수 있는 교회란 예수님을 닮은 교회, 섬김을 받으러 온 것이 아니라 섬기러 온 예수님과 더 일치하여 세상 사람들과 어울려 살면서 그들을 섬기고, 그들 안에 있는 하느님 자녀로서의 고귀함과 거룩함, 품위를 드높이는 교회일 것이다. 이를 위해 가난하고 고통받고 헐벗고 굶주리는 이들에게 무관심한 우리의 무뎌진 마음을 먼저 고백해야 할 것이다.

착한 사마리아인처럼

프란치스코 교황의 선교적 쇄신의 흐름에서 시노달리타스는, 현대 세계 안에서 가톨릭 교회의 선교 사명을 새롭게 인식하고 실천하기 위한 쇄신과 개혁의 원동력이다. 이러한 교회 쇄신을 위해 제2차 바티칸 공의회에 주목하는 이유는, 공의회가 변화하는 시대 안에서 교회의 정체성과 사명을 새롭기 인식하고자 했던 사건이며, 신앙의 원천으로 돌아가 복음의 순수성을 회복하려는 움직임이었기 때문이다. 시노달리타스는 바로 이러한 공의회의 정신을 새롭게 계승하려는 것이다. 한국 교회가 시노달리타스를 비판적으로 수용하기 위해서는, 지금의 한국 교회 상황과 매우 닮은 공의회 당시의 교회 상황에 주목해야 하며, 쇄신과 개혁을 가능케 했던 공의회를 계속해서 연구하고 그 정신에서 지속적으로 영감을 얻어야 한다.

시노달리타스의 전형인 공의회가 우리에게 주는 교훈은, 한편으로 시대의 변화와 새로운 사목의 도전 앞에서 눈을 가리지 않고 복음 선포의 시급함을 인식하는 것이며, 다른 한편으로 우리 자신이 선교 사명을 수행하기 위해 파견된 존재임을 인식하는 것이다. 복음을 선포하는 이의 발걸음은 늘 즐겁지만은 않다. 구원의 기쁜 소식을 간절히 기다리는 사람이 처한 상황의 절박함을 잘 알기 때문이다. 복음 선포의 시급함을 아는 사람은 착한 사마리아인처럼 재난 상황에 빠진 사람을 보고 '가엾은 마음'이 들어 즉시 가서 상처를 싸매 줄 것이다. 오늘날의 한국인은 그러한 가톨릭 교회를 만나고 싶어 한다. 시노달리타스는 바로 이 기대에 부응해야 한다.

5장

'위드 코로나' 시대의 시노드적 교회

길었던 '코로나 시국'을 뒤로 하고 '위드 코로나' 시대가 열렸다. 이 도전과 희망의 때에 지난 수년 간의 코로나 시국이 일깨워 준 교회의 현주소를 재검토하고, 시대의 요청에 부응하기 위해 변화와 쇄신의 길을 함께 모색해야 할 것이다.

'시노드적 교회'의 맥락

보편 교회가 함께 논의하는 '시노드적 교회'는 변화와 쇄신을 위한 좋은 전망을 열어 주는 듯하다. 코로나로 명백히 드러난 가톨릭 교회 내의 문제, 곧 신앙과 삶, 전례와 삶의 괴리에 대한 성찰은, '전례 거행'과 '신앙 고백' 그리고 '일상의 삶' 사이의 선순환을 회복하기 위해 교회 삶에 대한 전방위적 재검토가 필요하다는 것을 일깨웠다.[44]

---

44 참조: 한민택, "삶을 거행하라!", 『사목정보』 14(1), 2021년 1-2월, 15-19.

시노드적 교회에 대한 논의가 대두되는 맥락은 어떤 것이며, 그 안에 담긴 정신은 어떤 것일까? 이와 같은 질문을 던져야 하는 이유는 시노드적 교회를 한국 교회의 상황에서 비판적으로 수용하기 위함이다. 그렇지 않으면 한국의 고유한 시노드적 교회를 창출하기보다 다른 교회가 만들어 놓은 것을 겉모양만 따라 하는 꼴이 되고 말 것이다.

시노드적 교회가 위치하는 맥락은 프란치스코 교황이 교황직 즉위 직후 오늘까지 줄곧 추진해 온 교회의 선교적, 사목적 쇄신일 것이다. 교황은 특별히 교회 안의 '영적 세속성'과 '성직자의 권위주의'를 타파하고, 성직자와 평신도가 유기적으로 협력하여 함께 교회 사명을 식별하며 수행하는 교회를 지향한다.[45] 나아가 더욱 큰 부조리와 불의 그리고 인간성 위기로 점철된 현대사회에서 교회가 하느님의 자비를 더욱 구체적으로 드러내고, 진정한 사회 발전과 인간 완성의 길을 제시할 수 있도록 자비를 통한 교회의 근본적인 쇄신을 촉구하고 있다.

이러한 쇄신 방향은 프란치스코 교황이 종종 언급하시는 교회의 '역삼각형 구조'에서 잘 드러난다.[46] 이 구조는 교회 안에서 권위를 행사하는 이들을 '봉사자들(ministri)'로 인식하도록 하며, 권위가 섬김의 권위로, 힘이 십자가의 힘으로 드러나도록 한다. 이는 한국 교회가 시노드적 교회로 거듭나기 위해서 우선 해결해야 할 문제가 성직자의 권위주의임을 일깨워 준다. 그러나 권위주의 타파는 겉으로 드러나는 사제

---

45 참조: 프란치스코 교황, 권고 『복음의 기쁨』, 76-134항.
46 참조: 프란치스코 교황, "주교대의원회의 제정 50주년 기념 연설", https://cbck.or.kr/Documents/Pope/20210621?pope=P0266&gb=title&search=50.

들의 권위주의적 행태를 비난하는 것에 그쳐서는 안 되고, 그것의 근본 원인에 대한 신학적 숙고가 뒤따라야만 할 것이다.

이분법적, 권위주의적 사고를 넘어

신앙과 삶, 전례와 삶의 분리로 어려움을 겪는 한국 교회의 상황에서는 '진리'와 '선교'에 대한 이분법적 혹은 권위주의적 사고방식의 극복이 더욱 큰 과제로 대두된다. 그것은 평신도에게 더 많은 역할과 자리를 부여하는 것, 성직자와 평신도가 권한을 나누는 것을 훨씬 넘어서는 것으로, 공동체 전체의 사고방식과 행동양식에서 근본적 전환과 제도적 쇄신을 요청한다.

대체로 사람들은 신앙 진리를 삶과는 동떨어져 '저 위에' 따로 존재하는 것으로, 자신의 삶은 그 진리가 실현되는 '여기 아래에' 존재하는 장소로 간주한다. 문제는 이러한 이분법적 사고와 권위주의가 만날 때 신자들의 삶은 수동적이 되고 영적 활력과 선교 열망은 수그러든다는 점이다. 신자들은 거룩한 전례에서 거행하는 구원의 신비를 자신의 세속 삶과 너무나 멀리 떨어져 있는 것으로 느낀다. 전례에서 선포되는 신앙 진리(신경)는 일상의 삶과는 크게 상관없는 것처럼 다가온다. 미사의 파견예식에서도 자신은 성직자에게 선교 사명을 부여받는 수동적 존재로만 여긴다.

신앙 진리와 선교에 대한 이러한 이분법적 혹은 상명하달식의 권위주의적 사고가 신자들의 신앙을 수동적이며 소극적으로 만드는 이유는 그것이 신자들이 세례를 통해 부여받은 그리스도의 삼중직무에 참여하도록 초대받은 자신의 신원과 정체성에 대한 인식을 가로막기 때문이다.

하느님 말씀을 선포하는 예언자직은 성직자에게만 맡겨진 것처럼, 평신도는 성직자가 선포하는 말씀을 삶에 적용하면 되는 것처럼 여긴다. 성찬례에서도 신자들은 수동적 방관자로 머물게 되는데, 그 이유는 성찬례를 거행하는 사제직이 사제들에게만 맡겨져 있다고 생각하기 때문이다. 또한 왕직을 세상 속에서 봉사하는 직무가 아닌 윗사람이 아랫사람을 다스리는 직무로 보기 때문이다. 이러한 사고방식은 신자들의 신앙 감각에 대한 몰이해와 그로 인한 수동적, 피상적 신앙생활을 조장하는 것으로, 시노드적 교회를 실현하기 위해 반드시 넘어야 할 장애물이다.

성경이 열어 주는 새로운 비전

시노드적 교회로 변화하고 쇄신하기 위해서는 교회 삶의 원천인 성경으로 눈을 돌릴 필요가 있다. 복음서에 따르면, 진리는 바로 예수 그리스도 자신이시며, 그분은 몸소 인간이 되어 오신, 인간 삶 가장 깊은 곳에 들어오신 하느님 아드님으로서, 인류와 고통과 죽을 운명을 당신 것으로 하시며, 극진한 사랑으로 우리 삶 한가운데에 구원의 길을 열어 주신 분이시다. 그분이 가르치신 것은 하느님 아버지와 함께하는 삶, 자녀로서 아버지와 사랑의 관계를 맺는 길로서, 하느님 진리는 사람들의 삶과 동떨어진 것이 아닌 바로 그 삶 안에서 실현되는 하느님 사랑의 다스리심이었다. 그렇기에 예수님은 먼저 사람들의 삶 안으로 들어가셨고, 바로 거기서 믿음과 희망과 사랑을 회복시키시고 용기를 북돋아 주셨으며, 그들 또한 하느님 아버지의 사랑받는 자녀임을 일깨워 주셨다.

또한 신약 성경은 성령께서 선교사보다 먼저 오시어 활동하시는 분으로 알려 준다. 사도행전에 나오는 카이사리아의 코르넬리우스라는 백인대장은 베드로 사도를 만나기 전부터 온 집안과 함께 하느님을 경외하는 사람이었다.(사도 10,1-8 참조) 티아티라 출신의 자색 옷감 장수 리디아 역시 바오로 사도를 만나기 전부터 하느님을 경외하는 사람으로 소개된다.(사도 16,11-15 참조) 한국에 그리스도 신앙을 처음 받아들인 조선의 유학자들 역시 선교사가 조선에 도착하기 전부터 하느님을 열렬히 찾고 갈망하였으며, 그 믿음의 출발은 성령의 도우심에서 비롯된 것이었다.

　이는 우리의 삶을 바라보는 눈을 새롭게 뜨도록 한다. 전례에서 거행되는 구원의 신비, 선포되는 신앙 진리가 따로 있고, 이어서 그 신비와 진리가 신자들의 삶에 적용되는 것이 아니다. 구원의 신비와 신앙 진리는 성령의 활동을 통해 이미 신자들의 삶 안에서 실현되고 구체화되고 있으며, 전례에서 거행해야 하고 선포해야 할 신앙 내용은 각자의 삶 안에서 구현되는 구원의 신비며 하느님 나라의 복음이다. 이러한 생각의 전환은 신자들이 전례 거행이나 복음 선포에서 방관자가 아닌 능동적 주체가 되어 자신의 삶 안에서 하느님의 현존과 구원 활동을 식별하는 눈을 갖도록 한다.

복음화의 새로운 길

　복음화의 방향은 위에서 아래로가 아니라 아래에서 위로 향한다고 해야 할 것이다. 신자들의 삶과 신앙은 과거의 구원 역사를 실현하는 장소 혹은 위에서 결정한 것을 적용하는 장소가 아니다. 복음화의 출발점은 성령께서 활동하고 계시는 사람들의 삶이며, 교회가 존재해야 할 곳은 바로 그곳이다. 이는 또한 시노드적 방식의 본뜻을 일깨운다. 하느님 백성을 경청하라는 말은 어떤 사안에 대해 신자들의 의견을 수렴하는 것에 그치라는 말이 아니다. '공동체적 식별'은 대화와 경청을 그 자체로 자신의 과정 안에 포함시킨다. 식별해야 할 것은 삶 안에서 열어 주는 은총과 구원의 길이며, 식별이 행해지는 장소는 바로 교회 공동체와 인류 공동체 안에 살아가는 각자의 삶의 역사다. 함께 모여 함께 기도하고 대화하는 가운데, 그동안 보지 못했던 문제의 핵심과 그것을 넘어서기 위한 하느님의 계획이 어느 순간 신자들의 공통된 의견으로 드러나게 될 것이다. 이러한 공동체의 신앙적 식별을 도외시할 때 시노드적 교회를 마치 의회 민주주의의 결정 방식으로 오해할 위험이 매우 크다.

시노드적 방식은 모든 상황에 적용할 수 있는 만병통치약과 같은 해법을 도출하자는 것이 아니다. 각 지역 공동체가 성직자와 수도자와 평신도가 주교 아래 서로의 협력과 친교를 바탕으로 현실을 진단하고 복음적 해법을 찾으라는 말이다. 가령 청소년 사목의 경우, 교구에서 찾은 해법을 각 본당에 천편일률적으로 적용하는 문제가 아니라, 교구장 주교님이 제시하시는 사목의 큰 방향 아래 각 공동체(지구, 본당, 지역 등)의 청소년과 부모님뿐 아니라 신자 공동체 전체가 함께 모여 기도하고 대화하고 경청하면서 함께 문제를 진단하고 신앙의 해법을 찾으라는 말이다. 따라서 시노드적 구조와 운영은 교구 시노드만이 아닌 각 지구와 본당 공동체로 퍼져야 할 것이다. 이러한 시노드적 교회 안에서 하느님 백성 전체는 서로 협력하는 가운데 친교로써 자신을 드러낼 수 있을 것이다.

6장
시노드적 교회와 그리스도인의 선교 사명

"시노드 정신을 살아가는 교회는 "출발'하는 교회', 곧 '문을 활짝 열어 놓은'(『복음의 기쁨』, 46항) 선교하는 교회이다."(제16차 세계주교시노드 『예비 문서』, 15항)[47]

시노드적 교회는 한 마디로 선교하는 교회다. 시노드적 교회의 '선교적' 방향성은 국제신학위원회의 문헌 『교회의 삶과 사명 안에서 시노달리타스』에서 이미 명확히 표현되었다. 하느님 백성의 '생활 방식과 활동 방식의 고유한 특성'(6항)인 시노달리타스는 하느님 백성이 함께 걸어가며 구성원 전체가 복음화 사명에 능동적으로 참여하는 방식에서 자신을 '친교'로 구체적으로 실현한다는 것을 의미한다(7항). 시노드 정신을 한 마디로 정리하자면, 교회가 복음화 사명을 수행하는 데에서 성직자와 평신도가 함께 대화하고 협력하는 것이다.

---

[47] 앞서 각주 41에서 '출발하는' 교회보다 '밖으로 나가는' 교회가 더 적절한 번역이라고 하였다.

보편 교회가 추구하는 '시노드적 교회'를 우리 것으로 수용하려면 그것이 대두되는 맥락 그리고 그 안에 담긴 정신에 주목할 필요가 있다. 시노드적 교회를 향한 보편 교회의 여정은 프란치스코 교황이 추구하는 교회의 선교적 쇄신이라는 맥락에 위치한다. 교황에게 교회는 자기 안에 머물지 않고 세상 속에 투신하는 교회, '야전병원'이 되는 교회다.

프란치스코 교황의 이러한 선교적 쇄신의 중심에는 '영원한 새로움'(『복음의 기쁨』, 11-13항)인 자비의 복음이 자리한다. 시노드 정신은 우리가 '원천'으로 돌아가 복음의 핵심인 하느님의 자비를 새롭게 발견하고, 신앙고백을 새롭게 하며, 선교하는 제자로서 교회에 맡겨진 사명을 새롭게 인식하는 것이다.

여기서는 시노드적 교회가 구상하는 '사명'에 대한 이해를 심화하고자 그것을 먼저 교황 권고『복음의 기쁨』에서 다룬 선교적 쇄신의 흐름 안에 위치시키고, 그로부터 새롭게 이해된 선교 사명을 숙고한 뒤, 마지막으로 그것이 지향하는 선교 열정을 통한 그리스도인의 정체성 회복에 대해 성찰하고자 한다.

『복음의 기쁨』의 선교적 쇄신의 흐름 안에서

권고『복음의 기쁨』은 시노드적 교회를 추구하는 교황의 교회 쇄신 방향을 잘 드러내 준다. 그 핵심은 선교 활동이 '모든 교회 활동의 패러다임'(15항)이 되는 것을 의미한다. 이는 교회가 자기 자신을 위해 존재하는 것이 아닌 선교, 복음화를 위해 존재한다는 인식에서 비롯한다.

"교회의 관습과 행동 양식, 시간과 일정, 언어와 모든 교회 구조가 자기 보전보다는 오늘날 세계의 복음화를 위한 적절한 경로가 될 수 있

기를 바랍니다."(27항)

이 같은 교회의 선교적 쇄신 촉구 배경에는 전 세계 교회가 겪는 영적 활력의 약화(49항 참조)라는 진단이 자리한다. 권고는 교회 쇄신의 걸림돌 가운데 '영적 세속성'과 '성직주의'를 특별히 강조한다(93-109항).

영적 세속성은 주님의 영광이 아닌 인간적인 영광과 개인적 안녕을 추구하는 경향이다. 전례, 교리, 교회의 특권에 지나치게 집착하는 모습을 보이며, 복음과 세상의 도전에 무관심하게 되어 교회생활이 선택된 소수의 전유물이 되도록 한다. 성직주의는 평신도의 능동적이고 적극적인 교회생활과 선교 활동의 참여를 가로막는다. 교회의 선교적 쇄신은 이러한 걸림돌을 넘어 평신도와 성직자가 협력하는 친교의 교회 곧 시노드적 교회를 이루는 일이라 말할 수 있다.

이러한 교회 쇄신의 중심에는 복음의 핵심인 '자비'가 자리한다(112-114, 128, 164항 등). 시노드적 교회란 하느님 자비의 역동성을 복원하는 교회며, 자신의 온 삶을 통해 하느님의 자비를 증언하는 교회다. 이 자비의 복음은 복음화의 사회적 차원을 강조하며(178-181항), 삶의 차원에서 '자비의 문화'(87-92, 270-271, 288항 등)를 창출하도록 촉구한다.

시노드적 교회 실현을 위해 '식별'은 필수적인 요소인데, 역사의 순간순간 교회는 새로운 도전 앞에서 성령께서 이끄시는 대로 자신의 사명 수행을 위한 길을 찾아야 하기 때문이다(43, 45항 등). 교황은 하느님 백성 전체가 함께 하는 '복음적 식별'을 통해 각 지역 교회가 자신이 마주한 상황에서 시대의 징표를 읽고, 교회 안팎의 장애물을 진단하고, 교회가 사명을 수행할 새로운 방식을 찾기를 촉구한다.

하느님 자비로 새롭게 인식하는 교회의 선교 사명

시노드적 정신은 '바로 지금 여기' 교회가 현존하는 것으로, 교회가 세상 사람들과 함께 걸어가며 역사 안에 육화하는 교회임을 강조한다.

『복음의 기쁨』에서 선교적 쇄신 원리로 작용한 자비는 교회의 선교 사명을 새롭게 이해하도록 한다. 21세기 교회가 놓인 시대적 상황, 특히 세계화의 거대한 물결 속에서 다원주의와 상대주의가 팽배한 상황에 선교는 더는 교세를 넓히는 '양적' 차원에서만 이해되지 않는다.

프란치스코 교황이 진단하는 이 시대의 현주소는 바로 상처 입은 인간성이요 인간 존엄이다. 교회는 조직 관리나 신자 관리에 머물러서는 안 되며, 자신의 안위를 돌보지 않고 밖으로 나가는 교회, 현실 안으로 뛰어드는 교회, 야전병원이어야 한다.

교황이 추구하는 교회의 선교 사명에 대해 착한 사마리아인의 비유가 적절히 그 방향을 제시한다(『모든 형제들』, 56-86항). 기술 관료적 패러다임 속에서 개인주의와 소비주의의 만연으로 인간성이 깊이 상처 입은 현 인류의 상황에서 교회의 선교 사명은, 착한 사마리아인처럼 상처 입은 사람에게 다가가 자비를 베푸는 일, 구체적으로 상처를 씻고 싸매 주며 돌보고 보살피는 행동을 의미한다.

'착한 사마리아인 교회론'은 특별히 코로나 감염증 위기에 더욱 요청되는 교회의 선교 사명을 일깨운다. 코로나는 가장 취약한 상태에 있는 사람이 누구인지 보도록 하였으며, 국가와 사회의 보살핌이 다다르지 못한 어두운 곳에 교회가 적극 투신할 것을 호소하였다.

따라서 시노드적 교회를 위해 다음과 같은 질문을 던질 필요가 있다. "교회생활 전반에 하느님의 자비가 배어 있는가? 자비가 '교회생활의 토대'(『자비의 얼굴』, 10항)로 자리하는가? 그것을 가로막는 장애물들 그리고 그것을 극복하기 위한 정화와 쇄신의 길은 어떤 것인가?"

선교 열정을 통한 그리스도인의 정체성 회복

새로운 선교 사명의 인식 원리인 자비는 그리스도인 정체성의 쇄신 원리이기도 하다. 그리스도인은 전례 가운데 거행된 파스카 사건에서 구원하시는 하느님의 자비를 구체적으로 만나고, 그 사랑의 친교로 모든 이를 인도하고자 파견된 존재다.

교황이 『복음의 기쁨』 마지막 장에서 제시하는 '성령으로 충만한 선교하는 제자 공동체의 삶의 방식'은 교회의 영적 쇄신을 위해 특별히 심사숙고해야 할 내용이다.

먼저, 교황은 선교 열정의 동인을 구원하시는 예수님의 사랑과 갖는 인격적 만남에서, 그분의 사랑과 그분께 구원받은 경험에서 찾는다(264항 이하). 그분의 복음이야말로 생기 없고 피상적인 신앙생활에 생기를 불어넣어 주며, 우리 삶을 더욱 인간답게 만들고 새롭게 한다.

다음으로, 한 백성이 되는 영적 기쁨 또한 선교 열정의 동인으로 작용한다(268항 이하). 그리스도인은 홀로 존재하지 않고 주님께로부터 함께 부름을 받아 모인 공동체로 존재한다. 주님께서는 모든 백성을 향하시기에 그분을 따르는 제자들도 세상 사람들의 삶 안으로 깊이 들어가 함께 삶을 공유하며, 그 삶으로 복음을 증언하게 된다.

마지막으로, 부활하신 그리스도와 성령의 활동에서 선교 열정의 동인을 찾는다(275항 이하). 죄와 죽음을 물리치신 전능하신 예수 그리스도께서 희망의 원천이 되시며, 그분 부활이 세상에 스며든 성령의 힘으로서 새로운 어려움을 넘도록 하기 때문이다.

시노드적 교회란 선교하는 교회와 다르지 않으며, 이 시대의 선교 사명을 식별하고 수행하기 위해 성직자와 평신도가 협력하며 친교를 이루는 교회다. 선교 사명의 원천에는 예수 그리스도의 사랑과 맺는 인격적 만남이 자리하며, 그 만남으로 새롭게 발견한 하느님의 자비는 이 시대의 새로운 선교 열정의 동인이 되어, 교회가 이 시대의 상처 입은 사람들에게 이웃이 되도록 '다그친다'(2코린 5,14).

7장
신앙 전수를 위한 시노드적 교회

시노드 여정, 지금 어디쯤 와 있나?

제16차 세계주교시노드의 '교구별 시노드 단계'가 지난 후 다양한 모임, 대화와 경청의 기회를 통해 하느님 백성 전체의 의견이 종합되어 희망의 단서를 보여 주었지만, 의견 수렴 과정에서 대화와 경청을 위한 준비 부족, 코로나로 인한 변화된 상황에 대한 고려 부족, 사제의 미온적 반응, 주제의 불명확함 등으로 인한 어려움도 목격되었다. 이 과정에서 '위드 코로나' 시대에 한국 교회가 가장 중점적으로 다루어야 할 과제가 어떤 것인지 드러나야 할 것이며, 이에 대응하기 위해 하느님 백성 전체가 힘을 집중해야 할 것이다. 시노드 정신이 현시대에 교회의 '선교 사명'을 새롭게 하고 하느님 백성 전체가 '친교' 안에서 함께 '참여'하며 협력하여 그 사명을 수행하는 것이라면, 하느님 백성의 '선교적 회개'를 위해 어디서부터 무엇을 어떻게 해야 할 것인가?

세 차례의 세계주교시노드

최근 개최된 세 차례의 세계주교시노드가 그 물음에 답을 준다고 본다. 먼저 프란치스코 교황의 재위 기간에 개최된 두 차례의 주교시노드가 '가정과 혼인' 그리고 '청소년과 성소'를 차례로 다룬 것은, 현시점에서 전 세계 교회가 함께 다루어야 할 시급한 사안으로 인식되었기 때문일 것이다. 그런데 이 두 주제는, 프란치스코 교황의 교회 쇄신 방향에서 볼 때 서로 동떨어진 분야라기보다는 하나의 큰 방향성 안에서 서로 유기적으로 연결된 것으로 보아야 한다. 그리고 그 방향성은 베네딕토 16세 교황의 재임 기간 말에 개최된 제13차 세계주교시노드의 주제인 "그리스도 신앙 전수를 위한 새로운 복음화"일 것이다. 신앙 전수는 신앙 '교육'의 차원을 넘어 교회의 삶 전반에 걸친 신앙 전달, 신앙인 양성과 상관하는 주제다. 최근 개최된 세 차례의 주교시노드의 주제들은 결국 교회의 모든 활동의 초점이 '신앙 전수'로 집약되어야 하며, 무엇보다 가정과 혼인, 청소년과 성소 사목에 매진해야 한다는 사실을 일깨우는 것이 아닐까? 이번 시노드는 우리 교회가 다시금 '신앙 전수'를 위한 하느님 백성 전체의 의식과 열정을 새롭게 하고, 본당의 모든 활동을 '신앙 전수'라는 한 방향으로 집중하는 절호의 기회로 보인다.

토마스 그룹의 '신앙교육' 패러다임에 비추어

이러한 문제의식에서, 미국 보스턴대학의 종교교육학자 토마스 그룹의 저서 『신앙은 지속될 수 있을까?』[48]는 매우 흥미로운 성찰을 제시

---

48 토마스 그룹, 『신앙은 지속될 수 있을까?』, 가톨릭대학교출판부, 2014.

한다. 저자는 현대의 신앙교육이 성공적이지 못하다는 진단을 내리며, 그 원인을 세속화의 흐름에서 종교와 신앙에 대한 사회의 부정적 인식으로 인해 신앙인들조차 신앙에 대해 확신을 갖지 못하는 현실에서 찾는다. 이러한 상황에서 저자는 신앙교육이 교회에서 앞으로 더욱 중요한 책무가 될 것으로 예견하며, 그에 대한 신앙교육의 새로운 방향을 시급히 모색해야 한다고 주장한다.

그의 문제 제기와 주장에서 주목할 점은, 기존의 '학교' 중심의 신앙교육 패러다임이 포스트모던 시대에 더는 적합하지 못하기에 신앙교육의 주체와 대상을 교회 공동체 전체로 확장하는 새로운 패러다임이 필요하다고 주장한 점이다. 그의 진단에 따르면 '학교'라는 틀에 신앙교육을 맞추면서 부모를 포함하여 학교에 포함되지 않은 공동체의 구성원들이 신앙교육의 책임에서 벗어난 것으로 오해하는 결과를 낳았다. 그러나 신앙교육은 신앙 정체성을 형성시키는 양성이어야 하며 이는 가정에서 시작될 수밖에 없는 것이기에, 그룹은 신앙교육의 주체를 가정으로 확장하여 가정에서 신앙교육이 이루어질 수 있도록 교구와 본당이 보조해 주어야 한다고 주장한다. 나아가 유아, 청소년만이 아닌, 포스트모던 시대의 급속도로 변화하는 사회에서 신앙을 삶 안에서 살기 위해 생애 주기에 따라 차별화된 신앙교육이 노년기까지 이루어져야 한다고 주장한다.

한국 교회의 상황에서

그룹이 처한 미국의 상황이 우리와 크게 다르며, 그의 진단과 주장에는 신학적으로 검증되어야 할 점들이 많지만, 그가 제안하는 신앙교육 패러다임의 전환은 우리 교회가 진지하게 받아들여야 할 것이다. 한국 교회 역시 포스트모던의 흐름 속에서 신앙의 위기를 겪고 있으며, 신앙 전수에서 큰 어려움을 겪고 있기 때문이다.

무엇보다 '학교' 중심의 신앙교육 패러다임을 넘어 공동체 전체가 주체요 대상이 되는 새로운 패러다임을 진지하게 고려할 필요가 있다. 현재 주일학교 중심의 신앙교육 시스템이 오늘의 한국 상황에 더는 효과적일 수 없음을 인정해야 하며, 과거 가정과 공동체(교우촌, 공소) 중심의 신앙교육이 본당의 '주일학교' 중심으로 변화되면서 신앙교육에 대한 가정과 공동체 전체의 관심과 책임 의식이 약해진 것도 인정해야 한다. 신앙은 주일학교 교육을 통해 일정 부분 전수되지만, 신앙은 지식만이 아닌 삶이며 삶의 다양한 차원에서 전달되는 것이기에, 신앙 전수에서 가정뿐 아니라 공동체 전체의 역할이 그 어느 때보다 강조되어야 할 것이다.

그룹의 제안에서 특별히 관심을 끄는 부분은, 교회의 모든 활동이 신앙교육을 중심으로 집약되어야 한다고 본 점이다. 더 나아가 그룹은 교회 공동체의 구성원 전체가 신앙교육을 위한 의식을 늘 갖고 있어야 하며, 교회의 모든 활동이 신앙교육에 기여해야 한다고 주장한다. 다양한 사목 활동 속에서 한국 교회가 그 모든 활동을 집약시킬 하나의 방향을 잃어버린 것은 아닌지 자문하게 되는 대목이다.

'신앙 전수'를 중심으로 한 통합적 삶과 선교

교육학자로서 신앙교육에 초점을 맞춘 그룹의 제안에 영감을 얻어, 한국 교회의 공통된 방향을 '신앙 전수'로 설정하고, 모든 사목 활동을 그 방향에 유기적으로 집약시키면 어떨까? 사실 예수님께서 제자들을 불러서 하신 것은, 사목 분야를 세분화해서 맡기신 것이 아니라, '사람 낚는 어부', 곧 예수님을 믿고 따르는 예수님 닮은 제자를 양성하신 것이다. 선교란 다름 아닌 예수님의 인격을 전하는 것이며, 그분과의 관계로 초대하고 그 관계 안에서 성장하도록 동반하고 양성하는 것을 의미한다. 이는 오늘날 '신앙 전수'라는 이름으로 계승될 수 있을 것이다.

초점을 '신앙 전수'에 맞추는 것은 그리스도 신앙의 근본적 특수성에 따른 것이다. 복음은 선포되어야 하고, 삶으로 증언되어야 하며, 실천으로 드러나야 한다. '신앙 전수'는 교회의 내적, 외적 활동의 내용과 선교 방향을 명확히 드러내 준다. 신앙은 나누기 위해 있는 것이지 혼자 간직하기 위해 있는 것이 아니다.

최근의 세 차례 주교시노드는 지역 교회 특히 한국 교회에서는 미완의 과제로 남아 있다. '위드 코로나' 시대에 '신앙 전수'(신앙교육, 교리교육 등을 모두 포괄하는)는 교회의 모든 삶, 활동, 선교를 하나로 모아 줄 수 있는 주제로 여겨진다. 신앙 전수 중심의 교회로 거듭나기 위해 '학교' 중심의 신앙교육을 넘어서는, 공동체 전체가 주체가 되고 대상이 되는, 가정에서 노년에 이르기까지 시기에 부합하는 신앙 전수 방식이 새롭게 마련되어야 하지 않을까 한다.

시노달리타스에서 해법을

이 문제의 해법을 시노달리타스에서 찾는 것은 어떨까? 우리가 여전히 위만 바라보며, 현장에서 적용할 프로그램이나 교리서를 내려주기만을 기다리는 것은 여전히 과거의 생각과 습성에 머무는 것이다. 우리에게 필요한 것은 만들어진 답이 아니라 하느님 백성 전체가 함께 협력하여 신앙 전수의 길을 모색하는 것이다. 오늘 우리가 추구해야 할 교회의 선교적 쇄신은 관료화의 유혹에 맞서 신앙을 전달하는 새로운 방법을 모두가 함께 찾기 위해 협력하는 교회로 거듭나는 것이다. 답은 이미 만들어진 것이 아니라 함께 찾는 길 위에 있다. 여기서 함께 던져야 할 질문은 이것이다.

"신앙 전수를 위해 교회는 어떻게 변화해야 하는가?"

중요한 것은 의식의 변화다. 모든 그리스도인에게 선교 사명 의식을 고취시키는 것이 가장 큰 과제다. 복음 선포와 선교 사명에서 그 어떤 그리스도인도 제외되지 않는다. 사명 의식의 고취는 신앙인 정체성을 새롭게 하는 방식이기도 하다. 정체성과 사명 의식의 고취 그리고 시노드적 방식은 따로 가지 않는다. 시노드적 절차에 참여함으로써 자연스럽게 정체성과 선교 의식이 함양되며, 그럴수록 시노드적 제도와 절차에 적극적으로 참여하게 된다. 그러나 무엇보다 중요한 것은 우리가 하느님 자비의 복음을 선포한다는 의식이며, 성찬례 등을 통해 하느님의 자비와 성령의 활동을 개인적이며 공동체적으로 체험하는 것이 우선시되어야 한다.

제도적 보완도 구체적인 과제 중 하나일 것이다.

"각 본당에서 사목평의회의 틀을 넘어서 신자 전체가 참여하는 시노드 실현의 장을 어떻게 마련할 것인가? 현재의 공동체 사목(소공동체, 단체 사목)이 대안이 될 수 있는가? 된다면 어떤 변화가 필요할까?"

8장

하느님의 자비를 반영하는 시노드적 교회

코로나가 일깨운 신앙의 공공성

코로나 시국 중에 몇몇 종교단체가 보여 준 비상식적이고 비이성적인 행태(불법 집회 등)는 신앙이 사사롭고 내면적인 영역에만 머무는 사안이 아님을 인식시켜 주기에 충분하였다. 또한 종교가 사회에서 어떠한 위상을 갖고 있으며, 어떠한 공적 역할을 하도록 요청받는지 자문하게 하였다. 코로나를 기점으로 한국 사회에서 종교에 대한 인식이 새롭게 형성될 것이라고 한다면, 가톨릭 교회 역시 한국 사회에서 어떤 위상을 갖는지, 어떤 신뢰를 받는지 진지하게 물어야 할 것이다.

종교가 사회에서 신뢰를 얻는 길은 자신이 가르치는 내용을 실제 삶에서 얼마나 살아 내느냐에 있을 것이다. 하느님 나라의 복음을 선포하면서 사회에 해를 끼치거나 자기들만의 이익 집단으로 머문다면 혹은 어떤 정치 이념이나 정당과 배타적으로 이해관계를 공유한다면 교회는 사람들로부터 신뢰를 얻지 못할 것이다. 종교가 가진 진정한 힘은 이해

관계에 얽매이지 않고 순수성을 갖고 진리를 추구하며, 사람들에게 이웃이 되어 주고 고통을 나누며 헌신하고 봉사하는 것에 있을 것이다.

시노달리타스가 주는 기회와 도전

이러한 상황에서 시노달리타스가 큰 기회가 될 수 있는 이유는, 교회가 선포하는 자비의 복음과 그 복음을 사는 교회의 삶이 얼마나 일치하고 있는지 비판적으로 숙고하도록 요청하기 때문이다. 시노드적 교회 실현을 위한 급선무는 케리그마의 중심 내용인 하느님의 자비에 대한 재인식이라 할 것이다. 사실 이것이 프란치스코 교황이 시노드적 교회를 통해 추구하는 쇄신의 핵심이다. 시노드적 교회의 실현은 자비로 우신 하느님과의 만남을 통한 정체성 회복과 선교적 회심의 맥락에서 이해할 필요가 있다. 프란치스코 교황도 『복음의 기쁨』에서 시작하여 최근 회칙인 『모든 형제들』에 이르기까지 자비의 역동성을 복원하며 자비의 사목을 전개하는 교회를 추구하고 있다. 곧, 시노드 정신을 실현한다는 것은 단순히 함께 모여 협의하고 결정하는 것이 아닌 하느님 백성 전체가 함께 자비로운 하느님을 새롭게 인식하고, 그분께 대한 신앙을 새롭게 고백하며, 그 자비를 온 세상 사람들에게 전하기로 다짐하고 실제로 그렇게 투신하며 사는 것을 말한다.

그런데 한국 교회가 겪는 가장 큰 어려움 역시 이 지점에 자리한다는 점은 아이러니가 아닐 수 없다. 현재 세계주교시노드 실현 과정이 어려움을 겪는 이유는 케리그마, 곧 선포되는 '내용'의 심화보다는 시노드 '절차'에 치중되어 있기 때문은 아닐까? 그런데 프란치스코 교황이 강조하듯이 시노달리타스가 단순히 의사결정 과정을 위한 제도 마련이나 시스템 운영이 아닌 하느님 백성의 삶의 방식이요 행동 양식이며, 그 원리가 하느님의 자비에 있다면, 시노달리타스의 핵심을 케리그마의 중심인 '자비'에 두어야 하지 않을까? 자비에 중심을 둘 때 하느님 백성 전체, 곧 평신도, 사목자, 로마의 주교가 '함께 걷는' 시노드적 방식은 서로를 존중하고 경청하며 서로에게 배우는 친교의 교회를 이루는 '자비의 방식'이라고 할 수 있을 것이다.

『복음의 기쁨』에 나타난 자비의 방식

프란치스코 교황은 『복음의 기쁨』에서 자비의 방식을 교회 쇄신의 길로 제시하였다. 그것은 복음의 핵심인 하느님의 자비를 하느님 백성 삶 전체에 관통시키는 것이다. 교황은 자비를 하느님 백성의 신앙 쇄신의 열쇠로 간주하며, 예수 그리스도와의 인격적 만남을 통해 신자 개개인과 하느님 백성 전체가 자비를 입은 백성으로, 한 백성을 이루는 기쁨을 전하는 주체로 거듭날 것을 촉구한다. 자비는 교회가 선포하고 실천해야 할 복음의 중심으로, 하느님 백성 전체가 복음 선포의 주체가 된다. 또한 자비는 복음의 사회적 차원을 부각시켜 교회가 사회의 가난한 이들을 위해 우선적으로 선택하고 그들을 위해 투신하도록 한다. 나아가 자비는 하느님 백성의 삶의 방식으로, '자비의 문화'를 창출하고 그것을 사회 안에 퍼뜨리도록 한다.

프란치스코 교황이 촉구하는 자비를 통한 교회의 선교적 쇄신은 시노드적 정신을 실현하는 것과 다르지 않다. 교황은 하느님 백성 전체가 선교하는 제자 공동체임을 강조하며, 영적 세속성과 성직주의를 넘어 성직자와 평신도가 서로 협력하고 경청하며, 하느님의 자비를 온 삶으로 증언하는 교회가 될 것을 촉구한다. 이러한 쇄신을 위해 요청되는 것은 바로 '시노드적 회심'이다. 그것은 자비로운 하느님을 새롭게 만나는 것이며, 자비하신 아버지 하느님처럼 자비로운 자녀로 사는 삶의 방식을 새롭게 식별하는 것을 의미한다. 이를 위해 교회의 모든 활동이 자기 보전보다는 선교 사명을 위해 행해지고 있는지, 하느님 백성이 세상 사람들에게 자비로우신 하느님을 만나도록 실제로 살고 있는지 물을 필요가 있다.

요청되는 시노드적 회심

시노드적 회심을 위해 먼저 성직자 편의 회심, 곧 성직주의 내지 권위주의에 대한 비판적 성찰과 극복이 요청된다. 시노드가 한국 교회에서 난관에 부딪힌 이유는 시노드적 정신을 가로막는 권위주의적 교회 운영 방식 때문일 것이다. 권위주의적 운영 방식은 일부의 성직자가 모든 결정을 하고 나머지 평신도에게 그 결정을 따르도록 하는 방식이다. 또한 성직자만을 복음 진리를 가르치는 주체로 여기며 나머지 구성원에게 그 진리를 믿어야 할 의무로 부과하는 방식이다. 이러한 성직주의 때문에 교회의 삶과 사명 수행에서 평신도는 외면당하거나 수동적인 참여자로 머물 수밖에 없다.

프란치스코 교황은 시노달리타스가 교계 직무를 이해하는 가장 적합한 틀이며, 교계를 봉사하는 직무로 선언하고 하느님 백성을 섬기는 직무임을 강조한다. 교도권은 봉사자요 섬기는 사람이며, 권위는 십자가의 권위라고 천명한다. 이는 자비의 복음이 성직자들의 삶에, 직무와 권위를 이해하고 수행하는 방식에, 평신도를 대하고 협력하는 방식에 스며들어야 한다는 의미다. 자비는 가르치기에 앞서 경청하도록 한다. 섬김의 리더십과 경청의 역동성을 요청한다. 무엇보다 성직자는 평신도의 이야기에 귀를 기울이도록 초대된다. 하느님 백성을 경청한다는 것은 단순히 의견을 수렴하는 것만이 아니라 그들 안에서 말씀하시는 성령의 메시지를 듣고 배우는 것이다.

평신도 편의 회심도 요청된다. 평신도의 시노드적 회심이란 자신이 세례성사를 통해 성령으로부터 고유한 은사를 선물로 받았음을 명확히 인식하고, 그 은사에 따라 교회 삶과 사명 수행의 주체로 능동적으로 참여하는 내적, 외적 변화를 의미한다. 특별히 평신도는 가장 구체적인 삶의 현장에서 살고 있기에, 세례성사를 통해 부여받은 신앙 감각에 따라 현재 사회에서 교회가 어떤 모습으로 비치는지 그리고 교회에 맡겨진 소명이 어떤 것인지 구체적으로 식별할 수 있는 위치에 있다. 또한 신자들이 겪는 신앙 전수의 어려움이 어떤 것인지 잘 알고 있다. 평신도의 중요한 역할 중 하나는 교회가 처한 위기 상황을 직시하고, 그에 대한 위기의식과 해결책을 성직자와 공유하는 것이다.

케리그마를 심화하는 시노드적 교회

프란치스코 교황이 『복음의 기쁨』 이래 추진한 교회의 선교적 쇄신의 중심에는 하느님의 자비가 자리한다. 시노드적 교회란 하느님의 자비가 교회의 온 삶을 관통하는 교회, 자비를 반영하는 교회다. 시노드 정신의 초점은 하느님 백성 전체의 의견을 수렴하는 것에 있지 않고, 하느님의 자비를 교회의 삶 전체에 관통하도록 하는 것에 있다. 자비를 선포하고 실천하는 것이 교회의 선교 사명이며, 그 사명을 식별하고 수행하는 방식, 곧 함께 경청하고 함께 식별하는 방식이 시노드적 방식인 것이다.

우리가 이루어야 할 교회의 쇄신 혹은 변화란 단순히 의사결정 과정을 위한 제도 마련이나 시스템 운영이 아닌, 교회를 살고 세상 속에서 교회의 본질을 실현하는 새로운 방식이다. 그 방식이란 다름 아닌 자비의 방식으로, 교회가 세상 속으로 들어가 가까운 이웃이 되어 주는 것이며, 썩는 밀알이 되어 사랑으로 이웃과 하나 되는 삶이다. 교회가 선포하는 자비의 복음과 교회가 실제로 사는 자비로운 삶의 방식이 서로 일치할 때 교회는 사회에서 다시 신뢰를 얻을 수 있을 뿐 아니라 어두운 시대에 희망의 등불이 될 수 있을 것이다. 그러기 위해서는 하느님 백성 전체가 하느님의 자비를 깊이 체험하고 뜨거운 신앙 열정으로 자신의 신앙을 새롭게 고백하도록 하는 케리그마의 심화가 절실히 요청된다고 하겠다.

IV

시노달리타스를 넘어 시노드적 삶의 방식으로

1장

한국 교회의 '전적인 시노드화'를 위하여

'전적인 시노드화'를 향한 발걸음

　벨기에 교회법 학자이며 시노달리타스 분야 전문가로 제16차 세계 주교시노드에 신학위원으로 참여하고 있는 알퐁스 보라스는 교황령 「주교들의 친교」을 분석하며, 개별 교회에서 지역 교회를 거쳐 보편 교회에까지 펼쳐지는 교회생활 전반에 걸친 '전적인 시노드화'를 주창하였다.[49] 시노달리타스가 단순히 제도적 측면에만 머무르는 것이 아니라 교회의 '구성적 요소'이며 하느님 백성의 '생활 방식'이자 '활동 방식'이라면, 교회의 '전적인 시노드화'란 다만 제도적 차원의 시노드 절차만이 아닌 시노드적 정신과 삶의 방식이 교회 운영 전반에 그리고 하느님 백성 전체와 신자 개인의 신앙생활에까지 스며드는 것, 나아가 시노드 정신에 입각한 새로운 윤리 의식과 실천 및 문화의 창출까지 나아가는 것

---

49 보라스, 앞의 글, 331-337.

을 의미한다. 시노드 과정에 있는 한국 교회에 주어진 과제는, 시노드라는 행사의 '성공적 개최'나 부과된 과제에 대한 '의무 방어'가 아니라 교회가 처한 위기의 현실을 직시하고, 교회의 시노드 정신을 계승하여 이 시대의 도전에 당당히 응답하는 '시노드적 교회'로 거듭나는 것이다.

시노달리타스의 실천적, 구체적 접근

수원가톨릭대학교에서 2022년 5월 3-4일 "시노달리타스와 한국 교회의 수용"이라는 주제로 개최된 국제학술대회[50]는 여러 면에서 한국 교회의 '전적인 시노드화'를 위한 기틀을 마련해 주었다고 평가할 수 있다.

그에 앞서 2020년 1월 파리에서 행해진 필자와 유럽 신학자들 사이의 준비 모임은 한국에서 시노달리타스를 다루기 위해 다음과 같은 방향을 설정하도록 하였다.

"시노달리타스는 매우 현실적이며 구체적인 주제다. 이는 유럽 교회에서도 실현하기 쉽지 않은 주제이며, 교회의 현실 안에서 긴 시간 동안 실현되는 무엇이다. 시노달리타스는 문화적으로 예리하게 다루어야 할 주제이기도 하다. 같은 단어가 한국에서와 유럽에서 매우 다르게 인식될 수 있다. 이와 관련하여 던져야 할 질문은, 한국의 정서에서 신자들이 의견을 개진할 여건이 마련되어 있는가, 그것이 가능한 성직자와 평신도 사이의 관계가 형성되어 있는가 하는 것이다. 또한 사제들 사이에 그러한 경험이 있는지, 교구장 주교와의 관계에서도 그러한 경험이 있는지도 고려해야 한다."

---

50 국제학술대회에서 발제된 글들은 『이성과 신앙』 72호(2022년 여름)에 게재되었다.

시노달리타스는 교회가 실제로 살아온 방식이다. 따라서 이론적이고 개념적인 차원만이 아닌 실제 행해지는 실천적 차원의 이야기를 나누는 것이 중요하다. 유럽 교회가 구체화한 시노드적 교회, 한국에서 행해진 시노드적 교회에 대한 구체적인 이야기, 구체적으로 제기되는 문제와 어려움들은 어떤 것인지를 나눌 필요가 있다. 이러한 문제의식 아래 다음과 같은 문제 제기를 수립하였다.

"시노달리타스는 교회의 출발과 함께 언제나 존재한 교회의 실존 방식이었으며, 시대와 역사적 상황에 따라 다양한 모습을 취해 왔다. 오늘날 프란치스코 교황에 의해 새롭게 대두되는 시노달리타스는 이 시대의 문화와 교회의 요청에 부응하고자 한다. 그 요청은 어떤 것이며 그것을 한국의 상황에서 수용할 때 고려해야 할 문화적, 교회적 상황은 어떤 것인가? 그에 대한 신학적, 사목적 숙고는 한국 교회의 어떤 쇄신을 요구하는가?"

학술대회 성과

크게 3부로 이루어진 학술대회에서 먼저, 시노달리타스가 어떤 것이고 어떻게 구체화되며 어떤 교회적, 사회문화적 배경에서 대두되었는지 살피는 작업이 진행되었다. 교회론적으로 시노달리타스는 제2차 바티칸 공의회를 기점으로 행해진 교회 쇄신의 연장선상에서, 특히 성직 중심이 아닌 하느님 백성 중심의 교회론, 믿는 이들의 신앙 감각의 중요성, 복음화의 주역으로서 지역 교회와 개별 교회의 중요성, 지역 교회에서 주교들의 단체성 등이 강조되는 흐름에 부응한다. 또한 이 시대를 특징짓는 세계화, 자유주의, 개인화, 주관화하는 문화, 나아가 대화와 공동체, 만남의 문화 등의 도전에 응답하기 위한 교회의 제도적 형태로 이해될 수 있다. 이러한 고찰은 시노달리타스가 교회의 구성적 요소이며 시대의 도전에 따라 다양한 방식으로 구현된다는 것과 시노달리타스는 결코 포기할 수 없는 것임을 일깨워 주었다.

다음으로, 수년 전 개최된 프랑스 크레테이 교구의 시노드에 대한 성찰은 앞서 고찰한 시노달리타스의 개념과 실천이 어떻게 교구 시노드를 통해 구체화하는지 보여 주었다. 시노달리타스가 단순히 의사 결정 방식이 아니라 교회의 구성적 차원이라면, 그것은 주교직의 수행뿐 아니라 교회의 선교 사명 수행을 위해 하느님 백성이 함께 모여 기도하고 대화하고 결정하며 교회의 미래를 위해 쇄신하는 방식이다. 여기서 관건은 신뢰와 애덕으로, 성직자와 평신도 사이의 신뢰 관계(신자들의 신앙 감각에 대한 전적인 신뢰), 경청의 의무는 애덕에서 비롯되며, 경청의 의무만이 아닌 들은 것에 대한 책임도 사목자에게 부과된다. 교구 시노드에서 문헌 반포보다 중요한 것은 하느님 백성 전체의 '시노드적 회개'이며, 대화와 경청을 통해 작성한 문헌에 담긴 정신이 구현되도록 제도적, 법률적 장치까지 마련하는 것이다.

마지막으로, 한국 교회의 시노달리타스 실현 역사에 대한 고찰은 시노달리타스가 외부나 위로부터 의무로 부과되는 것이 아니라 이미 교회가 살아온 삶이라는 것을 인식시켜 주었다. 또한 시노달리타스는 단순히 의사 결정 방식이 아니라, 변화하는 시대적, 역사적 상황에서 교회가 현실을 인식하고, 거기에서 제기되는 문제를 파악하며, 교회적 대응을 함께 마련하는 과정임을 확인시켜 주었다. 특히 오늘의 한국 교회가 처한 교회적, 문화적 상황에 대한 고찰은 교회 안팎에 존재하는 고착된 위계적 질서에 입각한 권위주의적 문화뿐 아니라, 교회 사명 수행에서 평신도들의 미온적, 피동적 태도를 넘기 위해 하느님 백성 전체의 '시노드적 회개'가 절실히 필요함을 또 한 번 일깨워 주었다.

남겨진 과제

학술대회는 한국 교회에서 시노달리타스가 매우 시급히 요청된다는 강한 확신을 심어 주었다. 그것은 선택사항이나 의무사항이 아니라 교회의 살아온 그리고 살아갈 방식인 것이다. 또한 시노달리타스가 긴 시간에 걸쳐 실현되는 매우 어려운 것이라는 점도 확인해 주었다. 하느님 백성 전체의 '시노드적 회개'를 요청하기 때문이다. '회개'라는 표현에서 볼 수 있듯이 시노달리타스 실현은 영적 싸움의 형태로 드러난다. 반발과 오해, 무관심과 방관하는 태도는 자연스럽게 따라오는 과정이다. 그러나 더는 늦출 수 없는 시대적 사명 앞에서 시노드적 교회를 위한 결단은 우리에게 맡겨진 사명이기에 하느님 백성 전체의 시노드적 회개를 위한 다양한 계기가 마련되어야 할 것이다. 특별히 시노드적 교회 실현을 위해 교구마다 법률적, 제도적 장치가 점검 및 보완되어야 하며, 성직자와 평신도를 포함한 전 신자를 대상으로 한 양성 과정이 교구마다 지속적으로 운영될 필요가 있다. 제도적 협력과 지속적 양성은 시노달리타스에 대한 오해와 무관심을 넘어 교회의 미래를 준비하는 시노드적 교회로 거듭날 수 있는 밑거름으로 작용할 것이다.

시노달리타스 실현에서 가장 큰 걸림돌은 성직자 권위주의뿐 아니라 기존의 사목 방식에 대한 무비판적 반복과 시대의 도전에 대한 무관심 내지 미온적 반응이었다. 교회의 '전적인 시노드화'란 단순히 성직주의나 권위주의를 극복하려는 것이 아니라, 끊임없이 변화하는 현실에서 제기되는 다양한 문제를 교회가 진지하게 고민하고 그에 대해 적극 대응하며, 기존에 해 오던 성직자 중심적 방식을 탈피하여 하느님 백성 전체가 모여 이 시대의 문화와 현실과 사람들과 끊임없이 대화하면서 이 시대의 도전이 무엇인지 식별하고, 동시대 사람들과 대화하며 사람들의 삶 안으로 들어가는 교회로 변모하는 것을 의미한다. 여기에는 모든 교회적 제도와 사목이 시대적 산물이라는 것 그리고 한 시대를 풍미하던 제도와 사목은 변화된 시대에 재고되고 쇄신되어야 한다는 인식이 깔려 있다. 이는 시노달리타스가 단순히 교구 시노드나 몇몇 시노드 제도에만 국한된 것이 아니라 사목과 교회의 운영 방식을 새롭게 하고, 성직자와 평신도 사이의 관계를 새롭게 설정하며, 신앙 전수와 복음화를 위한 공동체 전체의 책임 의식을 강화하고 이를 뒷받침하기 위한 제도적, 법률적 장치를 마련하는 데까지 나아가야 함을 의미한다. 특히 교구장 주교의 사목 방침에 따라 일관성 있는 사목이 전 교구에서 이루어질 수 있도록, 그리하여 본당 주임 사제의 성향에 따라 좌우되거나 인사이동으로 인한 혼선과 마찰이 빚어지지 않도록 제도적 장치의 마련이 시급하다.

그렇다면 우리에게 주어진 가장 시급한 과제는 현시대의 흐름에서 시대의 도전이 어떤 것이며, 교회는 어떻게 응답해야 할 것인지 함께 식별하는 것이다. 기존에 해 오던 사목 방식, 성직자와 평신도의 관계와 역할, 시노드 제도들의 효과 등에 대해 비판적으로 묻는 것도 포함된다. 다른 한편, 지금 닥친 현실이 위기임을 함께 인식하면서도 늘 새로운 길과 가능성을 열어 주시는 성령의 손길을 의식하고, 신뢰에 찬

의식으로 보다 나은 교회와 세상의 내일을 위해 투신하는 것이다.

2장

일상에서 시노달리타스 살아가기

시노드를 향한 회의적 시선을 넘어

"제16차 세계주교시노드 정기총회 한국 교회 종합 의견서"[51]의 서론에서는 한국 교회 안에서 시노드가 겪는 어려움을 언급하며 '소극적 태도, 의무감, 주저, 귀찮음' 등에 담긴 회의적 시선을 지적하고 있다. 특별히 앞서 시노드를 경험한 교구에서 시노드를 해도 변화하지 않는 교회 현실에 회의감이 크게 작용했다고 분석하였다. 이러한 현실은 시노달리타스를 일상에서 실현하는 것이 얼마나 어려운 과제인지를 짐작하게 한다. 실제로 한국 교회 안에 시노드적 제도들(가령 본당 사목평의회)이 존재하고는 있지만 형식적으로 운영되는 경우가 많으며, 시노드 정신이 교회생활 전반에 이르기까지 펼쳐지지는 못하고 있다.

교회 안의 모든 전통이 그러하듯이 시노달리타스 역시 제도나 형식

---

51 참조: https://cbck.or.kr/Notice/20221041?page=2&gb=K1200.

만이 아닌 그 안에 담긴 정신을 새롭게 계승하는 것이어야 할 것이며, 하느님 백성 전체의 생각과 정신, 말과 행동, 일상의 생활 방식 속에 육화되어야 할 것이다. 시노달리타스가 '하느님 백성의 생활 방식과 활동 방식의 고유한 특성'이라고 할 때 그 안에는 어떤 정신이 담겨 있으며, 어떤 구체적 생활 방식으로 현실화할 것인가?

다시 주목하는 제2차 바티칸 공의회

여기서 세계주교시노드 제정(1965년 9월)의 기원이 된 제2차 바티칸 공의회가 추구한 교회의 쇄신, 변화에 다시금 귀 기울일 필요가 있다. 프랑스 스트라스부르그 교구장을 역임한 도레 대주교는 "이전과 같은 것은 아무것도 없을 것이다."라는 표현으로, 공의회를 통해 '이전'과 '이후'가 명확히 갈리게 되었으며, 교회 안에 적어도 세 가지 차원에서 내적인 변화가 이루어졌다고 지적한다.

"인간학적 차원에서는, 한 인간이 그의 권위나 직무의 고귀함을 떠나 다른 사람이 멘 가마를 타고 지나친 공경의 표시에 둘러싸여 있는 것을 더 이상 보고자 하지 않았습니다. 교회론적 차원에서는, 교회가 세속적 권력과 그 속성들을 포기하였습니다. [...] 신학적 차원에서는, 그리스도와 더욱 일치하려는 노력이 이루어졌습니다. 그리스도께서는 높은 영광에 둘러싸여 예루살렘에 입성하신 것이 아니라, 주님께서 보내신 분, 곧 섬김을 받으러 오신 것이 아니라 섬기러 오신 분으로 입성하셨기 때문입니다."[52]

---

[52] 조제프 도레, "제2차 바티칸 공의회와 오늘", 권정애 역, 『사목』 324집, 2006년, 144.

도레 대주교의 지적은 오늘 우리가 시노달리타스 실현을 위해 우선 고려해야 할 것이 어떤 것인지 일깨운다. 시노달리타스는 단순히 의사 결정을 위한 의견 수렴의 방식이 아닌, 현대사회 안에서 가톨릭 교회가 보다 '교회다운 교회'가 되기 위해 걸어야 할 정화와 쇄신의 길을 일컫는 것이며, 그것은 제도만이 아니라 인간과 교회 그리고 그리스도를 바라보는 우리의 정신과 의식, 삶의 방식까지도 아울러야 한다는 것을 말해 준다.

　나아가 시노달리타스 실현을 위해 현실 진단과 함께 필요한 회개와 단절의 과정을 거쳐야 함을 의미한다. 공의회는 분명 이전과는 다른 교회를 구상하였고, 이전 교회의 사법주의, 권위주의적 모습에서 탈피하고자 하였으며, 많은 저항과 장애물을 넘어야 했다. 한국 교회는 시노드 정신을 구현하기 위해 넘어서야 할 '이전 교회'의 모습을 지니고 있으며, 시노달리타스는 어떻게든 이러한 회개와 단절의 과정을 거치는 것이어야 하겠다. '이전 교회'의 모습이란 성직자와 평신도를 상하로 나뉜 신분처럼 구분하는 것, 사제에게 모든 권한과 책임을 집중시키는 것, 가장 미소하고 가난한 이의 목소리를 외면하는 것, 교회가 자기 울타리 안에 갇혀 밖으로 향하지 못하는 것 등일 것이다.

새로운 에토스(ethos) 창출로 실현되는 시노달리타스

　파리가톨릭대학교의 술르티 교수는 포스트모던 사회에서 시노달리타스를 구현하자면 현대 문화 안에서 타당성을 지닌 시노드적 에토스(공동체를 특징짓는 관습 내지 특징)를 창출하는 것이 필요하다고 지적한다.⁵³ 여기서 말하는 시노드적 에토스란 어떤 것일까?

무엇보다 시노달리타스에 내포된 인간학적 함의에 귀를 기울일 필요가 있겠다. 그것은 세례성사를 통해 새로운 지위와 품위를 부여받은 하느님 백성 전체가 그 품위와 행위에서 평등을 누린다는 인식이다. 특별히 시노달리타스는 교회 안에서 가장 미소한 이의 목소리에 귀를 기울일 것을 요청한다. 그것이 가장 작은 이와 당신 자신을 동일시하신 예수 그리스도와 동화하는 길이기 때문이다.

세상과 구별되는 이러한 인간 인식에서 시노드적 에토스가 창출된다. 이에 따르면 세상의 이해관계나 인간적 기준이 아닌 하느님 자녀로서 지니는 품위에 의거한 인격적인 관계가 형성된다. 우리는 이러한 예를 한국의 박해시대 교우촌 신자들에게서 발견한다. 그들은 사회의 신분이나 학식 혹은 재산 등을 기준으로 삼지 않고, 서로를 하느님의 고귀한 자녀요 거룩한 품위를 부여받은 존재로 대했다. 그들은 세상에서는 경험하지 못한 인격적인 관계를 맺는 법을 배웠고, 자신이 얼마나 고귀한 존재인지를 인식하였으며, 공동체 안에서 천국을 경험하였다. 이처럼 그들은 신앙을 통한 인간 인식으로 새로운 공동체를 창출하였고, 그들만의 고유한 삶의 방식과 윤리적 삶을 창출할 수 있었다.

시노달리타스는 이러한 인간 인식과 인격적 관계를 중심으로 하는 공동체 형성과 새로운 윤리적 삶의 창출로 구체화할 수 있다. 가장 미소한 이를 예수님으로 맞이하고 환대하는 공동체, 인간이 지닌 고유한

---

53 장-루이 술르티, "포스트모던 문화 안에서 주교직의 교회론과 시노달리타스", 『이성과 신앙』 72호, 2022년 여름, 73.

품위와 존엄을 지키고 돌보는 공동체, 그들의 이야기에 귀를 기울이며 보살핌을 실천하는 공동체, 세상 안으로 들어가 사람들의 삶에 현존하는 '선교하는 제자 공동체'를 요청하는 것이다.

제도 쇄신을 통해 구체화하는 시노달리타스

하느님 은총의 경험을 바탕으로 한 이러한 공동체 형성과 윤리적 삶의 창출은 제도를 통해 구체화해야 할 것이다. 그러기 위해서는 어떤 변화가 필요할까?

본당에서 조직의 중심축이자 시노드적 제도는 사목평의회다. 그러나 현재 본당 내에서 중요한 역할(봉사, 선교 등)을 하는 소공동체 그리고 레지오를 비롯한 여러 단체는 시노달리타스를 실현하고 구체화하는 데 중요한 역할을 할 수 있는 조직들이다. 여기서 시노달리타스는 단순한 의견 수렴 방식이 아니라 교회 공동체의 고유한 삶의 방식이며 문화라는 점을 다시 한번 강조해야 하겠다. 그런데 이들 공동체와 단체에서 과연 앞서 말한, 사회와 차별화되는 교회 고유의 공동체 모습과 인격적 관계 및 윤리적 삶을 만날 수 있는가? 이들의 운영 방식이 행정 조직 관리나 상명하달식의 지시사항 전달이 아닌, 세상에서는 경험할 수 없는 인격적 관계가 가능한 진정으로 따뜻하고 환대하는 공동체로 성장시키는 것이도록 변화가 필요하지 않을까? 그럴 때 하느님 백성의 시노드적 에토스는 하느님 자녀로 사는 기쁨과 인격적 관계를 맺으며 환대하는 삶이 주는 기쁨을 나누는 삶을 살며, 서로의 고귀한 품위와 존엄을 지켜 주고 보살피며 인간적인 결점과 나약함을 수용하고 용서하고 화해하는 윤리적 규범을 창출하는 모습으로 구체화할 것이다. 나아가 '시노드적 방식'으로 함께 모여 기도하고 식별하며 함께 답을 찾고 책임을 지는 선교하는 제자 공동체로 발돋움할 수 있을 것이다. 여기에는 구역반 소공동체뿐만 아니라 교리교육, 주일학교, 각종 단체 등 교회 내 존재하는 모든 모임, 단체, 활동이 해당한다.

그러나 이 모든 것이 향해야 할 대상은 바로 그리스도일 것이다. 시노달리타스를 향한 한국 교회의 모든 노력이 예수 그리스도와 더욱 동화되고, 그분의 마음을 더욱 닮으며, 그분의 마음과 눈으로 세상을 바라보는 법을 익혀서 세상에 자비의 복음을 더욱 담대히 전하는 계기가 되어야 할 것이다.

3장

코로나 이후 소공동체와 시노달리타스

다시 기지개를 켜는 소공동체

　코로나 이후 미사와 교회 내 모임이 정상화되면서 교회 공동체가 깨어나 가장 먼저 기지개를 켠 것 중 하나는 소공동체일 것이다. 교회의 가장 중요한 조직 가운데 하나인 동시에 코로나로 인해 가장 큰 피해를 본 것도 소공동체가 아닐까 한다. 길었던 박해시대, 무서운 박해가 끝나고 선교사와 평신도 지도자가 가장 먼저 한 일은 상처 입고 무너진 교우촌 공동체를 재건하는 일이었다. 코로나 이후 교회에 주어진 가장 시급한 과제 중 하나는 상처 입은 공동체를 회복시키는 것이며, 본당의 기초가 되는 소공동체를 돌보는 일일 것이다. 코로나 이후 멀어진 신자를 어떻게 찾아가 보살필 것인지, 코로나로 인해 와해 직전인 소공동체를 어떻게 살리고 운영할 것인지, 각 교구와 본당에서는 얼마나 관심을 두고 해법을 찾고 있는지 묻게 된다.

소공동체와 시노달리타스의 공통분모

코로나 이후 소공동체 사목의 쇄신은 보편 교회의 시노드적 쇄신 과정과 동떨어져 있지 않고 그 안에 자리 잡고 있다. 사실 소공동체 사목은 시노달리타스와 매우 큰 공통분모를 갖고 있다. 한국의 소공동체 사목이 제2차 바티칸 공의회의 교회론을 표방한 당연한 귀결이라 할 수 있지만, 그것이 공의회 교회론의 단순한 차용이 아니라, 당시 교회 자신의 복음 선포 사명 수행을 위한 쇄신의 필요성에 의해 대두된 것이며, 교회가 쇄신을 위해 넘어야 할 걸림돌에 대해 공의회와 공통된 문제의식에서 비롯된 것이기 때문이기도 하다.

수원교구 제1차 시노드에 대한 필자의 연구에 따르면,[54] 소공동체 사목이 처음에는 산업화와 도시화, 본당의 대형화 등으로 제기된 사목적 문제를 해결하는 대안으로 제시되었지만, 기본 방향은 시노드적 교회 실현이 목적이었다. 곧, 신자들이 공동체 생활을 통해 공동체 의식을 높이고, 능동적으로 함께 교회 삶에 참여하여 친교를 이루고, 선교 사명과 사도직 의식을 고취시켜 신앙 성숙을 이루게 하려는 것이었다. 한국의 소공동체 사목은 시노드적 교회 실현의 길을 공동체 쇄신에서 찾은 것이었다.

그런데 모든 정화와 쇄신에 늘 걸림돌이 존재하듯이 소공동체 사목과 그 안에 담긴 시노드 정신도 이후 난항을 겪고 많은 어려움에 봉착하였다. 또한 소공동체 사목이 제도적 측면에 치중한 것도 시노드 정신

---

54 참조: 한민택, "수원교구 시노드(2000-2001)를 통해 본 한국 교회의 시노달리타스 실현의 노력: '구역·반 공동체 활성화'를 중심으로", 『이성과 신앙』 72호, 2022년 6월, 332-336.

이 신자들의 삶에 깊이 뿌리내리지 못한 원인이기도 했다. 소공동체 사목의 가장 큰 한계는 그것이 제도와 조직의 차원을 넘어 하나의 문화 창출로 이어지지 못한 것이라 하겠다. 함께 경청하며 식별하는 신앙의 문화, 서로 한 형제로 살아가는 친교의 문화를 창출하지 못하고 제도와 형식의 구속과 틀에 얽매여 공동체의 특성인 자발성과 자율성이 빛을 발하지 못하였다. 또한 공의회의 하느님 백성 교회론이 전제로 하는 사목의 변화, 세상과 대화하고 세상 안으로 들어가 육화하는 교회의 의미를 충분히 실현하지 못하였다.

이런 상황에서 보편 교회의 시노달리타스에 대한 최근의 다양한 논의와 제16차 세계주교시노드 과정은, 소공동체 사목이 시노달리타스라는 보다 넓은 전망에서 새롭게 쇄신되어야 함을 강조하는 것으로 이해할 수 있다. 시노달리타스와 소공동체 사이에는 분명 공통분모뿐 아니라 서로를 격려하고 보완하는 상관관계가 존재하기 때문이다.

시노달리타스에 담긴 복음의 정신

코로나 이후 소공동체 사목이 계승해야 할, 시노달리타스가 담고 있는 정신이란 과연 어떤 것일까?

조제프 도레 대주교에 따르면 공의회의 교회 쇄신은 세 가지 측면, 곧 인간학적 측면, 교회론적 측면, 신학적 측면의 새로운 자각과 그에 따른 변화를 수반하였다.[55] 인간학적 측면에서는 교회 내 모든 사람이 동등한 존엄과 품위를 지닌다는 사실에 대한 자각, 교회론적 측면에서

---

55 도레, "제2차 바티칸 공의회와 오늘", 144.

는 교회가 세속적 권력과 그 속성들을 포기해야 한다는 자각, 마지막으로 신학적 측면에서는 교회는 섬김을 받으러 오신 것이 아니라 섬기러 오신 주님과 더욱 깊이 일치해야 한다는 자각이 그것이다.

이 지적은 교회 공동체 쇄신에서 제도적 개혁보다 더 중요한 것이 내적 회개, 특히 인간에 대한 인식, 교회와 그리스도께 대한 인식의 변화임을 뜻한다. 그리고 이러한 인식의 변화는 공동체를 이루며 살아가는 실천의 변화로 연결되어야 한다.

그런데 잊지 말아야 할 것은, 이러한 변화가 단순한 행동 강령이 아닌 세상 안에서 교회의 교회됨을 새롭게 실현하기 위한 방편, 곧 '세상 안에서 세상과는 다른 방식'의 삶을 살며 세상 사람에게 복음의 새로움을 선포하기 위한 것이라는 사실이다. 복음은 인간을 바라보고 인간과 역사의 완성을 바라보는 새로운 방식을 담고 있다. 곧, 하느님의 모상대로 창조된 인간은 존재하는 그 자체로 존엄과 품위를 지니며, 인간은 공동체 안에서 타인과의 인격적 친교를 통해서만 자신의 본질을 실현한다는 것으로, 이는 동시대 사람들에게 매력적인 것으로 선포되고 증언되어야 한다. 시노드적 교회 쇄신이란 현시대의 구체적인 맥락에서 세상에 새로운 희망을 주는 복음의 새로운 방식을 삶으로 실천하는 것과 다르지 않다.

사실 이러한 정신은 단순한 이론이 아닌 구체적 삶에서 증언의 형태로 드러난다. 특별히 한국의 초대교회 교우들의 삶의 모습에서 발견된다. 세상에서 발견하지 못한 인간 사이의 관계, 신분과 학식과 재산 등의 구분을 뛰어넘어 서로가 이루는 친교와 일치, 무상의 관계와 인격적 친교를 통한 인간에 대한 새로운 인식, 교회 공동체가 성장하도록 자기 몫을 수행하는 경험 등이 그것이다. 그리고 이러한 공동체적 친교의 삶은 하느님을 같은 아버지로 모시고 그분의 보호 아래 산다는 부성애 체험을 바탕으로 한다. 결국 시노드 정신을 계승할 삶의 방식은 하느님을 모든 이의 아버지로 선포하며 그분의 자비와 사랑을 증언하는 공동체적 삶인 것이다.

코로나 이후 회복해야 할 공동체성

1980-1990년대 도시화와 산업화로 인한 시대적 도전 앞에서 하느님 백성은 공동체에서 희망을 보았으며, 그것은 단순히 과거의 교우촌이나 공소 공동체로 돌아가는 것이 아니라 소공동체 사목을 통해 시노드적 교회를 실현하는 것이었다.

코로나 이후 교회 공동체는 새로운 도전 앞에 서 있다. 코로나는 신자들이 공동체에서 멀어지는 원인이 되었으며, 신앙생활에서 공동체의 중요성을 잊게 하였다. 그러나 역설적으로 공동체 없는 신앙과 삶이 얼마나 피폐한 것인지 일깨우기도 하였다. 이러한 코로나의 도전 앞에서 시노달리타스에 대한 논의는 신앙의 교회성과 신앙에서 공동체의 중요성을 일깨우는 방향으로 나아가야 하지 않을까 한다. 소공동체와 시노달리타스는 서로를 보완하며 함께 가는 존재다. 그리고 그것은 복음에 따른 새로운 문화와 전통, 에토스 창출을 통해 가능하다. 곧, 복음만이 가능케 하는 삶의 방식을 창출하고, 세상에서 발견하지 못하는 환대하는 공동체, 친교의 공동체, 서로를 인격적인 주체로 대하는 공동체를 창출함으로써 가능하다. 그리고 그러한 공동체의 창출을 가능케 하는 하느님 아버지의 무상의 은총에 대한 인식과 체험을 통해서만 가능하다.

소공동체 사목이 한국 교회에 기회가 되기 위해서는 그것이 제도와 조직 차원을 넘어 세상과는 다른 인간 인식과 관계의 방식, 곧 세속의 잣대가 아닌 존재 그 자체로 고귀하고 품위 있는 존재임을 서로가 인식하고 서로를 섬기는 공동체 창출로 드러나야 할 것이다.

박해시대 교우촌 공동체의 삶은 우리에게 묻는다.

"과연 우리가 속한 공동체는 세상에서는 볼 수 없는 특별함을 만나도록 하는가? 거기서 진정 삶의 의미와 가치를 발견하는 소중한 경험을 하도록 하는가? 거기서 무상의 은총으로 자녀를 반갑게 맞아 주고 보호하며 길을 안내해 주는 자비로운 아버지를 만나도록 하는가? 아니면 세속의 잣대가 그대로 적용되는 세속 모임과 별반 다름없는 모임인가? 세상 사람들이 교회 공동체 안에서 세상에서는 볼 수 없는 무언가를 만나게 하려면 우리는 어떠한 새로운 삶의 방식을 창출해야 할 것인가?"

4장

시급한 사안인 젊은이 신앙 전수

실천적 시노달리타스

제16차 세계주교시노드 절차에서 교구별 시노드 단계가 끝나고 지역 교회 차원에서 종합안이 마련된 후 제1차 의안집[56]이 작성되었다. 이 의안집을 중심으로 개최된 제1차 회기가 막을 내린 후 지역별, 대륙별 교회 회의를 거쳐 제2차 의안집이 마련되면 2024년 10월 로마에서 세계주교시노드 총회를 거쳐 최종 문헌이 반포된다.

그런데 이러한 시노드 절차는 각 본당에서 행한 시노드 모임이 최종 문헌 작성을 위한 의견 수렴의 단계로만 비칠 위험이 크다. 세계주교시노드가 시노달리타스를 주제로 삼은 이유가 현시대에 큰 위기를 겪고 있는 가톨릭 교회의 근본적 쇄신책, 해결책을 교회의 전적인 시노드화에서 찾았기 때문이라면, 이번 시노드 절차는 단순한 의견 수렴이 아닌

---

56 제1회기 의안집은 다음을 참조: https://cbck.or.kr/Documents/Curia/20230370.

교회의 전적인 시노드화를 위한 마중물의 성격을 지녀야 할 것이다.

지금까지 한국 교회에서 시노달리타스에 대한 관심을 고조시키고, 그 개념과 역사를 함께 공부하면서 실제로 시노드 모임을 통해 그 실천까지 경험했다면, 이제는 더욱 구체적이고 실천적인 시노달리타스 실현을 구상해야 할 시기다.

선교 사명 수행의 주체인 지역 교회

시노달리타스가 자신의 삶과 사명을 시대의 변화에 따라 늘 새롭게 하기 위해 '함께 걷고 함께 식별하는 교회'를 표방한다면, 그것은 단순한 제도적 절차가 아닌 사목의 방법으로 구체화되고 실천될 필요가 있다. 시노달리타스는 교회 공동체의 사목적 사안에 하느님 백성 전체의 관심과 투신을 요청한다. 현시대의 흐름에 귀를 기울이고 거기서 제기되는 문제와 도전을 진지하게 고민하며, 그에 대한 대응책을 찾도록 한다.

이 작업은 중앙집권적인 방식으로는 온전히 수행될 수 없다. 교회의 선교 사명은 세상의 목소리에 귀를 기울이고 거기서 제기되는 문제들을 경청하지 않고는 수행할 수 없으며, 복잡 다변하는 세상에서 문제를 식별하고 해결책을 모색하는 것은 바로 그 지역에 존재하는 교회 공동체일 수밖에 없기 때문이다. 세계주교시노드는 주교들이 모여서 전 세계 교회의 문제에 공통의 해결책을 찾고 결정하는 자리가 아닌, 지역 교회와 개별 교회가 시노달리타스를 구체적으로 경험하고 시노드 정신을 실현하도록 하는 제도적 장치이며, 결국 선교 사명 수행은 각 지역 및 개별 교회에 맡겨진 것이다.

청소년 사목과 시노달리타스

오늘날 한국 교회가 시노드적 교회로 변모하기 위해, 공동체 전체가 선교 사명의 주체가 되기 위해 가장 시급히 다루어야 할 사안은 청소년 사목으로 보인다.

"젊은이에 관하여 그리고 젊은이를 위하여 성찰하라는 요구와 격려는 우리 모두에게 주어지는 것이기 때문입니다."(프란치스코 교황, 권고 『그리스도는 살아 계십니다』, 3항)

제15차 세계주교시노드의 주제는 "젊은이, 신앙과 성소 식별"이었다. 이 문제는 서구 교회뿐 아니라 한국 교회를 비롯한 전 세계 교회가 공통으로 안고 있는 문제다. 그런데 교구와 청소년 사목 연구소들을 중심으로 진행되어 온 청소년 사목은 여전히 그 실마리를 찾지 못하고 있는 것으로 보인다. 이는 한국 사회의 독특한 점도 있지만, 논의 과정에 공동체 전체가 참여하지 않으며, 특히 당사자가 배제되었다는 문제도 작용했을 것으로 보인다.

시노달리타스는 이전의 사목 방식의 틀을 근본적으로 바꾸도록 한다. 본당은 그저 교구에서 결정한 것을 실행하는 장소가 아니다. 각 본당 공동체는 그 지역에서 제기되는 사목적 문제들을 진단하고 그 해결책을 모색해야 할 선교적 주체다. 그 지역에 사는 청소년들에게 신앙을 전수하기 위한 주체요 전문가는 바로 그 지역에 사는 공동체다. 따라서 함께 모여 같은 문제를 고민하고 거기서 각자 자신에게 맡겨진 몫이나 책임을 인지하는 과정에서 시노드적 공동체로 거듭날 필요가 있다.

시노드 방식은 먼저 경청하고 대화하는 것이다. 누가 참여하는가? 모든 사람이다. 특별히 젊은이 신앙 전수와 관련해서 일차적 당사자인 청소년과 부모 및 교리교사가 함께 청소년 사목에 참여해야 하며, 그들의 이야기가 먼저 경청되어야 한다. 거기에서 출발하여 문제와 어려움을 진단하고, 그에 대해 대응하고 응답할 방법을 찾고 결정하게 되는 것이다. 함께 경청하는 과정에서 생각이 바뀌고 비전이 새롭게 열리며, 즉각적인 답보다는 문제의 본질에 다다르게 되고 공통된 문제의식을 바탕으로 공동 책임을 지는 결정을 내릴 수 있게 된다. 해결책은 위에서 내려주는 지침이 아니라 공동체가 함께 찾는 과정에서 식별되는 것으로, 그 안에서 각자에게 주어진 책임을 의식하고 애덕이 담긴 무언가를 함께 결정한다.

그들이 '성당을 끊은' 이유

부모와 교리교사들의 증언에 따르면 청소년 사목에서 가장 큰 어려움은 학생들이 성당에 나오지 않는 현실이다. 특히 대부분의 부모님들이 경험하는 걸림돌은 사교육이다. 자녀들에게 학원에 가기 전에 성당에 가서 교리 듣고 미사 봉헌하기를 권유하기가 힘든 시대가 된 것이다. 심지어는 학생들 스스로 "성당 끊었다."는 말까지 공공연히 하는 상황이다. 혹자는 성당에서 학원을 운영하면 어떨까 하고 농담 삼아 이야기한다.

사실 그것은 근본적인 문제가 아니다. 무엇보다 학생들이 왜 성당을 '끊었고' 성당을 떠나는지 그 이유를 물어야 한다. 청소년들 입장에서, 자신이 처음부터 바라지도 않았고 스스로 선택하지도 않은 부모님의 가톨릭 신앙을 의무로 살아야 한다는 것에서, 그에 대한 해명을 부모님이 해 주지 않는 것에서 큰 불만을 가질 수 있다. 또한 가톨릭 교회는 매우 권위주의적이고 고리타분한 구시대적 종교로 보일 수 있다. 성당은 '의무'로 가야만 하는 곳, 성당은 자기들이 처한 상황에는 별 관심이 없고 성당에 불러 모으는 것만 관심이 있는 곳으로 여겨질 수 있다. 그러나 더 근본적인 이유는 케리그마, 곧 교회가 선포하는 신앙 고백의 내용이 그들 삶과 무관하게 느껴지거나 전혀 흥미롭지 않기 때문일 수도 있다.

그렇기에 청소년 사목의 쇄신을 위해 가장 먼저 만나 이야기를 청해야 할 대상은 학생들이다. 문제는 그들과 대화할 자리가 있느냐 하는 것이다. 이는 소통 영역에서 교회가 갖고 있는 가장 큰 어려움을 그리고 가장 먼저 쇄신해야 할 영역임을 말해 준다.

하느님 자비의 원리에 따라

청소년 신앙 전수, 나아가 청소년 양성과 관련하여 한국 교회가 경험하는 어려움과 문제는 어떤 거대한 사회적, 문화적 움직임에서 온다. 이는 각 가정이나 본당이 감당하기에는 너무나 거대한 문제다. 그렇다고 전혀 방법이 없는 것은 아니다. 함께 모여 경청하고 대화하며 해결책을 모색하는 시노드적 방식은, 그동안 인식하지 못했던 근본적인 문제와 그에 대한 해결책을 신앙의 눈으로 식별하도록 도우며, 각자가 자신에게 주어진 역할을 찾고 함께 책임지도록 한다. 여기서 관건은 신앙의 고유한 해결책을 찾는 것으로, 그를 위해 '자비'의 원리에 따르는 것이 중요하다. 교회 안에서 돌봄과 보살핌이 가장 필요한 이들은 아직 정체성이 온전히 형성되지 않은, 양성 중에 있는 청소년일 것이다. 그런데 한국 사회에서 그들은 여러 면에서 가난을 경험하고 있다. 물질적, 사회적 가난, 영적 가난이 그것이다. 자비의 원리는 그들을 달리 보게 한다. 우리가 그들을 돌보는 방식을 재고하도록 한다.

신앙의 핵심인 자비는, 청소년 신앙 전수에서 관건이 그들의 인격 양성과 돌봄이라는 것을 일깨워 준다. 한국과 같은 상황에서 그들을 주일학교 틀에 가두는 것은 답이 아니다. 자녀 교육도 마찬가지다. 그들을 학교와 학원에 보내는 것으로 해결될 일이 아니다. 더 근본적으로 자녀의 인성 양성과 신앙 양성에서 그들이 어떤 상황에 처해 있으며, 가정과 교회에 어떤 역할이 맡겨졌는지 인식하는 것이 중요하다. 또한 그들이 청소년기를 잘 보내도록 돕고, 그 과정에서 교회가 그들에게 관심을 가지고 동반하고 있음을 인식시키는 것이 중요하다. 교회는 아이들을 성당에 끌고 오려는 생각보다는 어떻게 하면 이 상황에서 아이들이 인간다움을 회복하며 인격적으로 성장할 수 있을지 고민하고 도울 방향을 찾아야 한다. 사회를 향해 청소년 입장에서 목소리를 내야만 한다.

청소년 사목을 통한 시노드적 교회로의 변화

청소년 사목이 시노드적 교회로 변화하기 위한 마중물이 될 수 있는 이유는, 그것이 신앙 전수의 책임이 교회 공동체 전체에 있음을 인식시키며, 인격 형성이라는 가장 중요한 시기에 있는 청소년들에게 모든 것을 집중할 때 각 세대가 청소년을 위해 행할 수 있는 역할을 인식하고 그에 응답하도록 결단을 내리게 하기 때문이다.

청소년 신앙 전수 문제는 시노드적 교회 실현이 오늘날 왜 요청되는지 일깨울 수 있는 매우 중요한 주제다. 이는 청소년 신앙 전수 문제를 위한 교구별, 본당별 시노드를 개최하는 것이 오늘날 교회의 선교적, 사목적 쇄신을 기하는 데 매우 중요한 계기로 작용할 수 있음을 시사하는 것이다. 제15차 세계주교시노드는 여전히 진행 중이다. 아니, 아직 시작되지 않았다.

5장

유아세례를 통해 본 청소년 신앙교육

코로나 이후 청소년 신앙교육 문제

코로나 여파의 가장 큰 영향을 받은 사목 분야는 아마도 청소년 사목일 것이다. 체계적인 조사와 연구가 필요하겠지만, 코로나 전에 진행되던 청소년과 청년의 교회 이탈 현상이 가속화했을 것은 쉽사리 짐작할 수 있을 것이다. 길었던 코로나 상황에서 굳이 성당에 나가지 않고 혼자 신앙생활을 해도 되겠다는 생각이 퍼졌고, 그로 인해 많은 신자가 성당에서 멀어졌으며, 다시 교회로 돌아갈 이유를 발견하지 못하고 있다.

이러한 상황은 그동안 신앙으로 갈등하며 부모와 줄다리기하던 청소년들에게 성당을 "끊을" 충분한 명분이 될 것이다. 자녀가 어렸을 때는 가정과 성당에서 자연스럽게 신앙교육이 이루어지지만, 자녀가 크면서 학교 교육과 다양한 매체를 통해 반종교적, 무신론적 생각을 접하게 되고 신앙에 반감을 갖는 경우가 잦아진다. 자유주의적 이념과 주관화하는 오늘의 문화에 따라 의식의 자유로운 성찰과 참여를 열망하고,

규범이나 제도보다는 자유로운 선택에 따른 개인 여정을 중시하는 현대인의 생활 방식은 탈전통, 탈조직화 흐름으로 이어져 종교 특히 그리스도 신앙을 상대화하게 된다.[57]

코로나 이후 시대에 부모나 교회가 겪는 청소년 신앙교육의 어려움은 이러한 포스트모던적 상황과 무관하지 않다. 그런데 교회의 모든 문제가 그러하듯 이 분야도 결국은 신앙을 선포하고 삶으로 사는 방식과 상관한다. 교회는 2천 년 동안 시대마다 믿어야 할 이유, 믿음으로 사는 삶의 의미와 가치를 새롭게 제시하고자 하였다. 사회와 문화의 급속한 세속화 흐름에서, 코로나로 가속된 젊은이들의 탈종교, 탈교회 움직임 속에서 오늘의 교회는 복음 선포와 신앙 전수 사명을 위해 시대에 맞는 새로운 방식을 어떻게 찾아야 할 것인가?

이에 대한 실마리로 유아세례에 주목하고자 한다. 교회가 무슨 이유로 유아에게 세례를 베풀게 하는지, 그것이 갖는 사목적 함의는 어떤 것인지 숙고해 보는 것은 청소년 신앙교육 문제의 해법을 찾기 위한 시의적절한 주제라고 여겨지기 때문이다.

유아세례의 어려움

유아세례는 교회의 오랜 실천이었다. 그러나 유아에게 세례를 주는 이유에 대해서는 많은 이의제기와 논의가 이어져 왔고, 오늘도 여전히 진행 중이다. 교회 교도권도 시대 흐름에 따라 유아세례의 의미와 가치에 대한 가르침을 지속적으로 천명해 왔지만, 포스트모던 사회에 사는

---

57 참조: 장-루이 슐르티, 앞의 글, 73-78.

젊은 부부에게 유아세례는 여전히 매우 어려운 문제다. 그리고 이에 대한 설득력 있는 답변도 찾기가 쉽지 않다. 세례가 아기의 죄를 사해 준다고 할 때, 아기가 무슨 죄를 지었기에 죄를 씻어야 한다는 말인가? 또한 자녀의 자유로운 선택 없이 부모의 신앙을 부과하는 것이 정당한 것인지 묻게 된다. 다른 한편, 유아세례를 받도록 하는 부모의 경우, 그 의미나 이유를 묻지 않은 채 그리고 그에 따라 부과되는 책임을 고려하지 않으면서 부모가 신자라는 이유만으로 자녀에게 세례를 받게 하는 현실도 고려해야 할 사항이다. 사실 유아세례는 단순한 예식만이 아니라 자녀를 낳아 신앙 안에서 양육하는 전 과정과 상관하는 것이다.

유아세례와 원죄

성사론 분야 전문가인 루이-마리 쇼베 신부는 "유아세례와 원죄"[58]라는 글에서 유아세례가 교회의 오랜 전통이면서도 교부 시대에도 납득할 만한 이유를 제시하는 데 어려움을 겪은 문제라고 지적하며, 교회 안에는 적어도 유아세례에 대한 두 가지 근거가 있음을 밝히고 있다. 하나는 그리스도와 일치하는 데 나이의 제한이 있을 수 없다는 것이며(갈라 3,26-28 참조), 다른 하나는 영원한 생명을 얻기 위해 죄의 사함이 필요하다는 것이다. 전자의 경우 유아세례는 하느님의 은총이 인간의 공로나 죄과에 달려 있지 않으며, 나이나 다른 조건에도 의존하지 않음을 나타낸다. 후자의 경우 유아세례는 '원죄' 교의와 상관하는데, 원죄는 아담의 죄로 인해 모든 이가 태어나면서부터 죄 안에서 온 인류와

---

58 루이-마리 쇼베, "유아세례와 원죄", 『이성과 신앙』 73호, 2022년 겨울, 223-248.

연대하여 살아가게 되는 인간 조건을 의미한다. 여기서 유아세례는 죄 안에서 아담과의 연대보다 구원 안에서 예수 그리스도와의 일치가 더 크다는 교회의 장엄한 선언으로 드러난다.

다른 한편, 저자는 원죄를 유아와 성인의 경우에 동일하게 적용해서는 안 되며, 유사성과 비유사성을 함께 고려해서 '유비적으로' 적용해야 한다고 주장한다. 유사성의 측면에서 원죄는 아담의 죄 안에서 모든 인간(유아와 성인)이 서로 연대되어 있음을 표현한다. 비유사성에서는 유아가 안고 태어날 상태로서의 원죄[유죄(遺罪), peccatum originatum]는, 아담 안에서의 실존론적 상황과 죄를 통한 실존적 승인[실제로 죄를 짓는 행위] 사이의 관계가 수립되어야만[실제로 죄를 지어야만] 이해 가능하다고 본다. 여기서 원죄는 유비적으로 이해해야 하는데, 유아가 세례를 통해 신자가 되는 것이 부모와 교회로부터 '양도된 신앙'에 따른 것이라면, 세례로 사해지는 죄는 '양도된 죄'라고 할 수 있다는 것이다. 아이는 크면서 부모와 교회의 신앙을 자기 것으로 할 것이며, 이로써 세례 때 실현된 '새 인간'으로 새로 태어남을 자신의 신앙 안에서 실현해 나갈 것이다. 따라서 유아세례는 아이가 하느님의 자녀로 신앙의 길을 걸어갈 수 있도록 지속적으로 양육하겠다는 부모의 의지와 책임의식도 함께 담고 있는 것이다.

새롭게 발견하는 신앙교육의 책무

쇼베 신부의 글은 유아세례에 대해 사목적으로 숙고하는 데 많은 교훈을 준다. 먼저, 유아세례를 베푸는 이유를 '원죄의 사함'에만 두지 않도록 하여 유아세례에 긍정적 동기부여를 촉진하는 데 도움을 준다.

동방의 교부들이 제시했던 그리스도와 일치하는 데에 나이의 제한이 있을 수 없다는 논거는, 유아세례가 다만 원죄의 씻김만이 아니라 자녀에게 영원한 생명의 길을 마련해 주고, 하느님 자녀로 사는 거룩하고 복된 삶을 선물로 준다는 의미로까지 확장될 수 있다. 만약 자녀에게 세례를 주지 않는다면 자녀가 세상에서 하느님의 자녀로 고귀하고 고결한 삶을 살아가는 길을, 한 인격적 주체로 건전한 윤리적 삶을 살아갈 수 있는 길을 박탈하는 것일 수 있다는 것이다.

다른 한편, 자유에 대한 현대인의 과도한 환상도 교정할 필요가 있다. 자녀가 나중에 커서 스스로 종교를 선택할 때까지 기다리겠다는 생각은 인간이 처한 본연의 처지에 대한 무지 그리고 자유에 대한 환상에서 비롯된다. 어느 인간도 스스로 자유의지로 이 세상에 들어오지 않았다. 인간의 실존적 조건 자체가 그러하다. 인간의 자유는 양성 과정에서 습득되고 계발되는 것이지 처음부터 완성된 것으로 주어지지 않는다. 가령 사제 성소에 온전한 자유로 응답하려면 7년 이상의 긴 양성 과정이 필요하다. 혼인도 마찬가지다. 온전한 자유로 서로를 배우자로 선택하려면 서로를 알아 가는 시간이 필요하다. 서로를 알아 가면서 배우자로 선택할 자유를 얻게 되는 것이다. 그리스도 신자로 사는 것이 무엇인지도 모르는 채 그리스도 신자의 삶을 스스로 선택하라는 말은 어불성설이다. 그리스도 신자로 사는 삶을 알려 준 다음, 그 삶을 가치 있고 의미 있는 것으로 스스로 선택하도록 도와야 하는 것이다.

유아세례를 일종의 심리적 위안으로 선택하는 경향도 있다. 그럴 경우 유아세례를 통해 부모에게 주어지는 중요한 책무를 망각할 위험이 있다. 이 점에서도 쇼베 신부의 글은 중요한 통찰을 준다. 유아에게 주어진 신앙이 부모에게서 '양도된 신앙'이라면 그리고 유아에게 씻길 죄가 앞으로 살면서 실존적 삶을 통해 재가할 '양도된 죄'라면, 유아세례는 단순히 죄를 씻는 예식이 아닌, 아이가 앞으로 삶에서 죄와 악에 저항하며 그리스도의 빛 속에 사는 신앙의 길을 걷기 시작하는 예식이다. 거기서 부모에게 맡겨진 책무는 중요하다. 자녀에게 주어진 신앙은 매우 연약한 것으로, 부모가 함께 지켜 주지 않으면 꺼질 수 있는 촛불과 같다. 부모가 함께 걸으며 그 신앙을 지켜 주고 성장하도록 돕는다면 그 신앙은 자녀가 죄와 악을 분별하고 선한 길을 찾으며, 하느님의 자녀가 누리는 진정한 자유를 체득하도록 도울 것이다.

유아세례에는 교회가 갖는 신앙교육의 전반적인 비전이 자리한다. 교회가 유아에게 세례를 베풀도록 한 것은 전근대적인 강요도 아니고 마법에서 벗어나게 하는 주술 행위도 아닌, 한 인간이 태어나면서부터 맞게 되는 죄의 현실에 맞서 진정한 자신을 찾고 실현하도록 교회 공동체와 부모에게 거룩하고 기쁨 넘치는 책무를 부여하기 위해서다. 이 책무에 대한 각성은 오늘의 청소년 신앙교육을 대하는 우리의 태도를 교정하도록 한다. 청소년 자녀를 성당에 보내는 부모의 마음이 유아세례를 주며 일단 할 도리는 다했다고 생각하는 마음과 다르지 않다면, 자녀가 커서 부모로부터 물려받은 신앙에 불만을 품거나 학원 핑계를 대며 성당을 끊겠다고 말할 때, "그럼 기도는 내가 할 테니 너는 공부만 열심히 해."라는 말밖에는 할 수 없을 것이다. 그런데 유아세례에서 기쁨 넘치는 자녀 신앙교육의 책무가 부모에게 주어진 것임을 깨달을 수 있다면, 청소년 신앙교육에서도 부모는 자신의 고유한 책무를 새롭게 발견할 수 있을 것이다. 다만 그 구체적인 방법은 교회 공동체와 함께 찾아야 할 과제로 남는다. 신앙은 삶을 매개로 전수된다. 자녀를 성당에 보내는 것만으로 신앙교육은 불충분하다. 신앙으로 사는 삶을 구체적으로 살아 낼 때 그리고 거기서 진정한 삶의 의미와 가치를 자녀가 스스로 검증하여 자기 것으로 하도록 도울 때 신앙은 살아 있는 삶의 형태로 자녀에게 전수될 것이다. 결론적으로 자녀의 신앙교육을 위한 첫걸음은 부모가 신앙 안에서 쇄신하는 것이다.

6장
'재난 상황'과 한국 교회의 선교 사명

프란치스코 교황이 인식하는 '재난 상황'

오늘의 가톨릭 교회는 전 세계적으로 매우 큰 위기에 봉착해 있다. 프란치스코 교황이 갖고 있는 위기의식은 교회의 테두리 안에만 한정되지 않는다.

"경제 위기가 아닙니다. 문화의 위기도 아닙니다. 위기에 빠진 것은 인간입니다. 파괴되고 있는 것은 인간 자신입니다."[59]

프란치스코 교황이 종종 사용하는 표현인 '야전병원'은 교회가 있어야 할 곳이 세상 속이며, 교회에 맡겨진 선교 사명이 상처 입은 사람을 돌보는 것임을 일깨우는 것만이 아니다. 지금 상황이 '재난 상황'임을 일깨우는 동시에 구호와 원조, 돌봄과 보살핌이 얼마나 시급한지를 일깨우는 것이다. 교황의 이 위기의식은 첫 권고인 『복음의 기쁨』에서 최

---

59 2013년 성령 강림 대축일 강론 중.

근의 회칙 『모든 형제들』까지 일관되게 고조되어 왔다. 재난 상황에서는 이전의 평온한 상태에서 하던 모든 것이 재고되어야 한다. 구호와 도움이 필요한 현실을 시시각각으로 파악해야 하며 즉각적으로 응답해야 한다. 교회가 처한 현실은 바로 그렇게 급박하다.

한국 교회가 처한 '재난 상황'

프란치스코 교황이 일깨우는 '재난 상황'에 대한 위기의식을 한국 교회가 처한 현실에 적용하는 것이 지나친 무리는 아닐 것이다. '재난 상황'은 지난 코로나 위기 시대의 텅 빈 교회, 아무것도 할 수 없던 무기력한 교회의 모습을 떠오르게 한다. 코로나 위기를 지낸 지금 교회는 '정상화'되었는가? 사람마다 느끼는 온도차가 다르겠지만 필자가 느끼는 한국 교회의 현실은 매우 심각하다. 현재 대부분의 교구에서 경험하는 사제성소 지원자 수의 급감은 실은 성소 문제만도 저출산 문제만도 아니다. 그것은 현재 교회가 처한 위기의 일면을 드러내는 빙산의 일각일 뿐이다. 어떤 문제인가?

여러 문제가 있겠지만 현재 가톨릭 교회의 가장 큰 문제는 '신뢰성'의 상실이다. 군사 독재 시절, 산업화와 도시화 과정에서 가난하고 소외되고 불의로 고통받는 이들 편에서 함께 싸우던 교회의 모습은 당시 사회에 빛을 밝히기에 충분했다. 이렇게 쌓인 공신력은 이후 교회의 외적 성장으로 이어졌다. 그러나 모든 종교 집단이 그러하듯이 사회 내 주류가 되고 부유하게 되면서 본질에서 멀어질 위험에 노출될 수밖에 없다. 세상 사람의 고통과 소외된 현실과는 무관히 '그들만의 잔치'에 만족하는 집단에서는 가난한 이들이 설 자리를 찾지 못하고 실망하고 교회를 떠나기 마련이다. 통계적으로 보아도 가난한 지역의 신자 수가 부유한 지역보다 훨씬 적다. 특히 교회의 성직자 중심의 권위주의적이고 폐쇄적인 운영은 젊은 세대의 교회 이탈을 부추기고 있다. 그들은 포스트모던적 사회 문화의 흐름에 편승하여 성당에 나오지 않는 것이 더 현대적이고 더 합리적이라고 생각한다. 이와는 별도로 교회는 늘 나오는 사람을 중심으로 운영된다. 대부분의 교구와 본당은 기존 사목 체계에 머물며 이전에 해 오던 일을 그대로 반복하고 있다. 그러는 사이 세상의 흐름은 급박하게 변하며, 계속해서 사람들은 교회를 떠날 것이고, 이대로 가다가 교회는 점점 더 사회 흐름에서 도태될 것이다.

시노달리타스를 넘어 시노드적 삶의 방식으로

이러한 상황에서 시노달리타스는 한국 교회에 가뭄의 단비와도 같다. 재난 상황에서, 이전의 신학과 사목 체계로는 대응할 수 없는 새롭고 급박한 문제들 앞에서 돌파구를 열어 줄 것으로 기대되기 때문이다. 문제는 현시대를 재난 상황으로 인식하지 못하고, 시노달리타스를 현시대의 도전에 그 해결책으로 수용하지 못하는 것에 있다.

최근의 논의와 실천 과정을 보면, 시노달리타스에 대한 접근이 개념과 역사-제도적 측면에 머물러 있어 여전히 낯설고 어렵고 막연한 '남의 것'처럼 느껴지고 있으며, 각 본당이나 개인의 실생활 차원에서 어떻게 실천될 수 있는지를 제시하지 못하는 실정이다. 그런데 시노달리타스가 한국 교회에서 잘 수용되지 못하는 더욱 실제적인 이유는 시노달리타스가 요청하는 기존의 사목과 신앙생활에 대한 비판적 검토가 미비하기 때문이 아닐까 한다. 이는 다만 성직자 중심의 권위주의적 교회 운영하고만 상관하는 것이 아니다. 신앙 전수, 선교 사명 등에 책임 의식을 갖지 못하고 주로 개인 신앙에 만족하는 하느님 백성 전체의 문제인 것이다. 동시에 교회 내 전반적으로 퍼져 있는 '이대로도 괜찮다'는 무사안일한 태도도 원인이다. 세상은 급변하고 사람들은 교회를 떠나는데 여전히 교회에 나오는 사람들만을 상대하며 만족해하고 있다.

이러한 상황에서 시노달리타스를 삶의 방식으로 접근할 필요가 있다. 말만 할 것이 아니라 그것을 실제로 실현하는 문화, 생각, 삶의 방식 창출과 전파에 관심을 기울여야 한다. 시노달리타스의 가장 중요한 가치는 대화와 만남, 친교와 일치 그리고 가장 가난하고 미소한 이들을 향한 관심과 경청이다. '새 술은 새 부대에'라는 표현처럼, 모든 사목을 시노드적 문화를 통해 새롭게 구상할 필요가 있다. 이전에는 사목자를 중심으로 이미 구비된 사목 구조 안에서 대부분의 일이 수행되었다면, 지금은 '재난 상황'으로, 현실을 더 즉각적으로, 더 깊이 있게 구체적으로 파악해야 하며, 그에 따른 진단과 함께 발 빠른 실천이 뒤따라야 한다. 그러기 위해 더욱 많은 이가 참여할 수 있고 경청 과정을 거쳐 발 빠른 대응책을 마련하도록 사목 구조가 보다 체계화, 유연화되어야 할 것이다. 시노드는 개방이다. 폭넓게 경청해야 하며 모든 사람을 향해야 한다. 특별히 가장 가난한 사람, 미소한 이의 목소리에 귀를 기울여야 한다. 가난한 이들의 목소리는 여러 목소리 중 하나가 아닌 가장 구체적인 현실에 대한 증언이다.

다시 신앙의 내용으로!

이 모든 것이 비정부기구(NGO) 활동이나 민주주의적 의견 결정 방식에 머물지 않고 진정한 신앙적, 교회적 실천이기 위해서는 다시금 신앙 내용의 중요성을 강조할 필요가 있겠다. 여기서 말하는 신앙 내용이란 고착된 가르침이 아니라 실제로 우리가 믿는 인격적 신뢰의 대상으로, 살아 계신 하느님이시며 그분의 인격화된 사랑이신 예수 그리스도이시다. 그분과의 만남을 새롭게 하는 것이 아니라면, 그분의 얼굴을 새롭게 발견하고 그분 사랑으로 구원을 새롭게 경험하며 새롭게 태어나는 것이 아니라면, 그분께 대한 신앙을 새롭게 고백하고 그에 응답하는 새로운 삶의 실천으로 표현되는 것이 아니라면 그것은 진정한 의미의 교회 쇄신과 개혁이 아니다. 교회의 선교적 쇄신, 시노달리타스도 궁극적으로는 살아 계신 하느님을 직접 만나고, 자기 자신을 구원받은 하느님의 자녀요 파견된 사도로 새롭게 인식하는 것에서 출발해야 한다. 그럴 때 교회의 온 삶이 하느님의 자비를 반영하는, 그 자비를 실제로 현존케 하는 것이 될 수 있을 것이다. 따라서 신앙의 원천인 내용으로 돌아간 발걸음은 다시 '갈릴래아'로 향한다. 사람들의 삶의 현장, 기쁨과 희망 그리고 고통과 좌절이 교차하는 바로 그곳이 교회가 있어야 할 곳이며, 사랑과 자비의 하느님 그리고 그분께서 주시는 희망을 증언해야 할 곳이다. 오순절 사도들이 성령으로 가득 차 새로운 열정으로 세상 속으로 파견되어 온 삶을 다해 복음을 전한 것처럼 오늘의 교회도 새로운 오순절을 맞아야 한다. 부활하신 예수님의 현존과 활동에 대한 확신, 그분께서 이루신 구원이 사도들의 활동과 교회 공동체를 통해 재현된다는 확신으로 가득 찬 활력 넘치는 교회 말이다.

'가난한 이를 위한 가난한 교회'

바로 가난이 프란치스코 교황이 제안하는 궁극적 해결책이다.[60] 교회가 가난한 이를 위한 가난한 교회가 되어야 하는 것은 하느님께서 가난하시기 때문이며, 가난을 통해 당신의 위업을 이루시기 때문이다. 프란치스코 교황이 자비를 통해 선교를 새롭게 이해하도록 한 것처럼(선교란 '가엾은 마음'으로 상처 입은 이에게 다가가 상처를 싸매 주고 이웃이 되어 주는 것) 가난이 교회의 본질과 선교를 새롭게 이해하도록 할 것이다. 궁극적으로는 하느님의 가난, 그리스도의 가난으로 무장해야 한다.

온유와 겸손, 다가섬, 함께 있음, 돌봄과 보살핌 등은 가난의 다양한 방식이다. 교회의 미래는 원대한 사목적 계획이 아닌 아주 작은 돌봄과 보살핌의 자비 실천에 달려 있다. 가장 가난하고 소외되고 고통 중에 있는 이를 돌보고 동반하는 것에서 기적은 일어난다. 교회는 순례자이기에, 완전한 사회가 아닌 나약하고 한계 지어진 이들의 모임이기에 진리는 소유할 수 있는 것이 아니라 순례자로서 겸손하게 찾아야 하는 것임을 인식해야 한다. 따라서 언제든 떠날 준비가 되어 있는 교회가 되어야 한다. 더 청빈하고 가난한 교회가 되기 위해 많은 것을 버리고 포기해야 한다. 가난한 교회를 꿈꾸는 것은 궁극적으로 교회의 순수성, 본질을 회복하려는 것이다.

---

[60] "가난한 사람들과 함께하는 연대는 그리스도인 생활의 필수 요소로 여겨야 합니다. [...] '가난한 이들을 위한 가난한 이들의 교회, 가난한 이들을 위한 가난한 교회'라는 사도 시대의 이상은 여러분 나라의 첫 신앙 공동체에서 그 생생한 표현을 찾아볼 수 있습니다. 이러한 이상이 미래를 향해 순례하는 한국 교회가 걸어갈 길에 계속 귀감이 되기를 바랍니다." (교황 프란치스코, 한국 주교들과 만남)

오늘 교회의 궁극적 위기는 바로 하느님을 잊은 것이다. 하느님을 잊었기에 순수성을 잃었고 본질에서 멀어졌다. 코린토 1서에서 바오로 사도의 일갈처럼,[61] 우리는 벌써 배가 불렀다. 부자가 되었고 주류가 되었다. 교회의 미래는 복음의 순수성, 가난을 회복하는 것에 달려 있다. 그리스도교는 처음부터 소수였다. 순례하는 교회, 길 위의 교회, 세상 속의 교회, 거저 받았으니 거저 주는 교회, 가난한 이들을 위한 가난한 교회였다. 이제 결단을 내릴 때다. 부유하고 주류를 위한 교회가 될 것인가, 가난하고 소외된 이들 편에 선 교회가 될 것인가.

---

61 "누가 그대를 남다르게 보아 줍니까? 그대가 가진 것 가운데에서 받지 않은 것이 어디 있습니까? 모두 받은 것이라면 왜 받지 않은 것인 양 자랑합니까? 여러분은 벌써 배가 불렀습니다. 벌써 부자가 되었습니다. 여러분은 우리를 제쳐 두고 이미 임금이 되었습니다. 여러분이 정말 임금이 되었으면 좋겠습니다. 우리도 여러분과 함께 임금이 될 수 있게 말입니다."(1코린 4,7-8)

7장

시노드 문화와 양성

시노달리타스는 그 자체로 존재하는 것이 아니라 구체적인 문화, 영성을 통해 존재한다. 아시아와 한국의 고유한 문화, 영성을 매개로 실현될 수 있어야 한다. 시노드적 양성은 시노드 문화와 영성이 신자들 삶의 방식 안에 구체적으로 녹아들고, 신자들의 사고와 삶을 변화시키는 과정으로 이루어진다. 시노드 문화와 영성에 대해 알아보고, 이를 시노드 양성과 연결하고자 한다.

1. 시노드 문화

시노달리타스에 대한 개념적, 역사적 접근은 충분히 다뤄졌다. 그러나 문화적, 영성적 접근은 그리 많이 다뤄지지 못했다. 한국 교회에서 시노달리타스가 개념에서 실제까지 어려움을 겪는 이유는 문화적,

영성적 측면에서 구체적인 모습으로 드러나지 못하기 때문일 것이다. 시노드 문화를 살피기에 앞서 시노달리타스의 취지를 살펴보자.

1.1. 시노달리타스: 취지와 방향

시노달리타스란 완전히 새로운 어떤 것인가? 이전의 것을 다 뒤집어엎을 정도의 새로움인가? '예'와 '아니오'다. 예, 그렇다. 새로운 것이다. 그러나 아니다. 이미 살고 있던 것이기 때문이다.

모든 변화와 쇄신은 언제나 반대의 벽에 부딪치기 마련이고 긴 시간을 필요로 한다. 세계주교시노드가 시노달리타스를 주제로 삼았다고 해서 모든 교회가 천편일률적으로 시노달리타스를 그대로 수용해야 한다는 것은 아니다. 각 교회 공동체는 하느님 나라를 향한 지상 순례 중에 있으며, 각자 고유한 역사와 상황 그리고 사목 방향과 과제를 지니고 있다. 시노달리타스는 각 공동체 안에서 고유한 모습으로 구체적으로 실현되는 것이지, 강압에 의해 획일적으로 부과되는 것이 아니다.

시노달리타스는 분명 획일화가 아니다. 다시 말해 각 교회 공동체가 해 온 선교 및 사목 활동을 중지시키거나 무언가를 덧붙이려는 것이 아니다. 지금까지 해 오던 선교, 사목 활동을 근본적으로 되짚어 보고 교회와 복음의 본질에 더 가까이 다가가자는 제안이다. 지금까지 살아온 지역의 교회 공동체의 삶과 활동에 대해 비판적으로 숙고하고, 전 세계적 흐름과 보편 교회의 흐름에 예의주시하며, 복음과 교회 정신에 근거한 새로운 혹은 시대와 문화에 적합한 사목 방식으로 쇄신하자는 것이다. 거기에는 지금까지 해 온 사목, 선교 활동이 어려움에 처해 있고 한계에 부딪쳤다는 인식이 깔려 있다. 그러나 그렇다고 해서 기존의 모든 것을 없애 버리는 의도를 지닌 것이 아니다. 교회는 전통 위에서 전통을 계승하며 전통으로 삶을 영위해 가고 있기에 시노달리타스도 전통이라는 큰 틀 안에서 숙고되고 수용되어야 한다.

　기존의 교회는 '마을'이라고 할 만큼 비교적 안정된 구조 안에서 선교와 사목 활동이 이루어졌다. 그러나 지금은 상황이 변했다. 먼저, 교회에 나오지 않는 신자들이 급격히 증가하였다. 특히 청소년과 청년들의 교회 이탈 현상이 두드러진다. 개인주의적 신앙으로 선교 열정이 약화되었다. 세속화 현상과 포스트모던 문화가 가속화되고 심화되고 있다. 많은 신자가 사제 중심의 교회 운영 혹은 권위주의적인 교회 운영에 불만을 표하고 있다. 사람들의 의식이 변하고 있는 것이다. 오늘의 신자는 참여와 소통을 추구한다. 건전한 의견 나눔과 합리적인 결정 방식을 기대한다. 이는 외적 상황의 변화, 그에 따른 정신과 문화의 변화를 반영하는 교회의 내적 모습이기도 하다.

　교회 자신에 대한 비판은 우선 선교와 상관한다. 과연 교회는 주어진 지역에서 그 지역 사람들의 삶 안에 '현존'하고 있는가? 이는 먼저 교회생활과 활동 방식에 대한 비판이다. 과연 교회는 선교적으로, 복음 선포를 지향하는 방식으로 생활을 영위하고 있는가? 그 지역 사람들에게 열려 있고, 소통하며, 그 지역 사람들의 삶 안에 들어가 함께 어우러져 사는가? 사람들이 삶에서 겪는 어려움과 고통에 발 벗고 나서서 동참하며 그들과 운명을 같이 하고, 사랑과 보살핌을 베풀며 살아가는가? 이 문제는 근본적으로는 신앙 내용과 상관한다. 선교가 구원의 기쁜 소식을 전하는 것이라고 할 때 구원이란 어떤 것인가? 교회는 과연 세상이 간절히 바라는 구원의 소식을 전해 주고 있는가? 사람들은 교회의 복음 선포에 관심을 갖고 희망의 메시지로 알아듣고 있는가? 아니면 사회에 물의를 일으키며 사회와 동떨어져 존재하는 폐쇄된 집단으로 바라보는가?

이러한 상황에 대한 인식만이 아닌 구조와 제도의 변화도 요청된다. 무엇보다 교회의 삶에서 능동적인 주체가 되어 문제를 진단하고 해결책을 찾으며 교회 삶을 영위해 가고 있느냐는 물음이다. 시노달리타스가 추구하는 것은 그동안 살아온 교회와 신앙에 대한 자기반성이다. 지역 교회가 로마 교회와 일치하는 것만으로는, 교황청과 교황의 지시 사항을 따르는 것만으로는 부족하다. 각 지역 교회가 복음화, 선교 활동의 주체가 되어 스스로 현실을 진단하고 식별하며, 사목과 선교 방향을 수립하고 실천하라는 요청이다.

이는 하느님 백성 전체의 쇄신을 요청한다. 평신도는 지금까지의 수동적, 피동적인 삶을 반성한다. 사제는 기존의 사제 중심적 권위주의를 반성하고, 새로운 시대에 따른 새로운 사목의 필요성을 인식한다. 평신도와 협력하는 법 체득, 직무 수행의 방식 제고를 위해 고민한다. 혼자 모든 책임을 지고 자기 마음대로 한다는 생각을 버려야 한다. 수도자도 기존의 활동 방식을 돌아보며, 특별히 교구와의 관계 안에서 카리스마를 수행해야 하는 원리를 새롭게 인식하는 계기로 삼는다.

한 마디로 하느님 백성 전체가 살아온 삶을 돌아보며 새로운 전기를 마련하자는 것이다. 특히 공동체적 식별에 대해 배우도록 한다. 함께 현실을 진단하고 하느님의 뜻을 찾는 법을 함께 배운다. 그 과정에서 자기 생각을 버리고 남의 생각과 경험에 귀 기울이고 자신의 생각과 경험의 편협함을 넘어 활동하시는 성령의 더 큰 현존과 활동에 눈을 뜨고, 더 큰 교회의 생각을 갖는 법을 배우게 된다. 획일화에 반대되는 자율성은 아무렇게나 하라는 것이 아니다. 공동체가 스스로 함께 모여 기도하고 대화하며 식별하라는 말이다. 식별은 단순히 하느님의 숨은 뜻을 찾는 것이 아니다. 함께 대화하고 경청하며 합의를 도출하는 과정에서 자기 생각을 바꾸고 교회 공동체의 입장에서 생각하는 법을 배우는 것이다. 성령께서 활동하시는 방법, 그분께서 안내하시는 새로운 길이 어떤 것인지 함께 찾아가는 것이다. 그것은 신자들에게만 해당하는 것이 아니다. 오히려 사제에게 더 필요한 덕목이다. 사제는 평신도와 함께 원탁에 앉아 귀 기울이고 경청하며 세상이 어떻게 돌아가는지, 선교와 사목에 어떤 어려움이 실제로 존재하는지, 세상 사람들의 고민과 관심사, 어려움과 문제는 어떤 것인지 귀 기울여 듣고 배우며, 그 안에서 성령께서 이끄시는 길을 깨닫고 배우게 된다. 그런 의미에서 사제는 가르치는 사람이라기보다 배우고 익히며, 그것을 통해 신자들과 함께 결정하고 함께 책임지도록 동반하는 동반자다.

오늘의 문제는 단순히 성직주의가 아니다. 평신도와 성직자가 각자의 은사를 바탕으로 능동적으로 함께 협력하여 교회 삶과 사명에 참여하지 못한다는 것이다. 이는 교회의 선교 사명 수행에 큰 문제를 야기한다. 무엇이 문제인가? 교회 내 세속주의, 성직주의 등이 있지만 근본적으로는 정체성을 잃은 교회의 현주소를 말한다. 시대의 변화와 흐름에 능동적, 적극적으로 대처하지 못하는 교회의 모습이다. 복음의 힘으로 세상을 변화시키지 못하고, 세상의 일부가 되어 세상의 흐름과 논리에 종속되어 살아가는 속화된 교회의 모습이다. 가난한 이들이 주체가 되는 가난한 이들을 위한 교회가 아니라 가난한 이들이 설 곳을 잃은 부유한 교회의 모습이다. 관료화와 대형화로 인해 제대로 작동하지 못하는 교회의 제도와 조직, 운영방식뿐 아니라 구성원 모두의 인식 변화와 각성이 필요하다. 그런 의미에서 모든 것이 회개의 필요성으로 귀결된다. 프란치스코 교황은 계속해서 영적 차원의 문제임을 강조하고 있다. 영적 쇄신, 회개가 아니라면 그 어떤 변화와 쇄신도 성령의 열매로 이어질 수 없다.

시노달리타스는 초대교회의 모습을 회복하자는 취지다. 물론 초대교회의 모습만을 이상화해서는 안 되지만, 지금처럼 사제 중심으로 모든 것이 이루어지지 않았다는 점도 기억할 필요가 있다. 초대교회는 함께하는 교회였다. 사도도 일반 신자도 모두 동등했다. 물론 맡겨진 책무와 권위, 역할은 달랐지만, 동등한 품위 안에서 인정받았으며 저마다의 역할을 수행했다. 함께 능동적으로 교회 삶과 사명에 참여하였다. 간단히 말하자면 나누어진 계급이 없었다. 함께하는 교회였다. 계급 같은 관념은 존재하지 않았다.

시노달리타스에 대한 적대감 등을 해소하기 위해 이미 우리 안에 살고 있던 것을 부각시킬 필요가 있다. 그런 다음 새로운 것, 변화되어야 할 것을 이야기할 수 있을 것이다. 그래야 시노달리타스가 자연스럽게 교회 구성원들의 문화와 의식 그리고 생활 방식 안으로 들어와 자리를 잡을 수 있다.

시노달리타스가 추구하는 것은 지역 교회에서 스스로 식별하는 것이다. 그렇기에 지금부터 아시아, 한국 교회에 부합하는 시노드적 교회를 구상하고 구체화해야 한다. 위에서 지시를 내리기를 기다리지 말고 각 지역 교회에서 시작해야 한다. 특히 우리만의 고유한 토양에 적합한 우리만의 고유한 이해와 표현 방식, 실천 방식을 찾아야 한다.

1.2. 아시아 교회에서 배우기

이에 대한 하나의 방법으로 필자가 참여한 아시아 주교회의연합회 (FABC) 신학위원회(OTC) 말레이시아 회의(2024년 4월 29일-5월 4일)를 예로 들고자 한다. 시노달리타스는 교회의 구체적인 삶에서 실현된다. 교회 안에 이미 실현되고 있는 시노달리타스를 식별하기 위해 특별히 파견된 이의 삶에서 이루어지는 다양한 '만남'과 그 만남에서 활동하시는 성령께 주목할 필요가 있다. 만남이 있기 위한 조건은 서로를 향한 관심과 개방, 신뢰와 사랑 그리고 배려와 환대. 아시아 지역 교회에서 발견되는 이러한 문화에 시노달리타스가 실현되고 있다. 특별히 아시아에서는 성당이나 거룩한 곳, 타인의 집에 들어가기 위해서 신발을 벗는다. 제16차 세계주교시노드「아시아 대륙회의 최종 문서」[62]에서 '신을 벗기'를 시노달리타스를 아시아적으로 표현하는 비유로 제시한다. 시노달리타스란 만남의 문화이며 만나기 위해 신을 벗고 상대를 존중하고 경청하는 문화다. 이러한 이미지는 시노달리타스를 아시아적으로 알아들을 수 있도록 돕는다.

2024년 말레이시아 OTC 모임

2024년 OTC 연례회의에는 세 분의 주교님, 다섯 분의 사제, 한 분의 수도자, 두 분의 여성 평신도가 참석했다. 이 모임의 '시노드적' 특성

---

[62] 참조: https://www.cbck.or.kr/Board/G0001/20230311.

은 다만 구성원의 다양성에만 있는 것이 아니었다. 다양한 활동(전례, 회의, 식사, 나눔, 지역 신자와 만남, 문화 탐방 등)도 시노드적 특성을 지녔는데, 그 중 백미는 지역 신자들과 만나는 시간이었다.

우리 모임은 가톨릭 신자가 중심인 부난(Bunan) 지역에 가서 지역 신자들을 만나고, 특별히 신자들이 사는 '긴 집(long house)'에 초청을 받아 그곳 공동체의 추수감사 축제에 참여하였다. 이슬람교가 국교인 말레이시아에서 드물게 그곳 지역은 80-90% 이상이 천주교 신자인 마을이었다. 그들이 사는 삶의 방식을 접하고, 그들에 대한 대주교님의 관심과 사랑을 목격할 수 있었다. 지역 문화와 공동체가 사라질 위험에 맞서 그들이 그들의 문화와 공동체를 지키도록 관심과 도움을 베풀고자 하였다. 우리는 이 마을로부터 초청을 받고, 그들 공동체 안으로 받아들여지며 환대받는 경험을 하였다. 함께 걷고, 신을 벗고 '긴 집' 마루 위로 올라 지역 신자와 한 명씩 인사하였고, 전통 춤과 음악, 아이들이 준비한 노래와 율동 등을 감상하였고, 음식을 나누었으며, 삶의 자리까지 방문하였다.

한 공동체 안으로 초대된다는 것, 소중한 손님으로 그들 삶의 자리에 머물 수 있다는 것은 마음 깊이 길이 남는 추억이 되었다. 사도들이 뿌린 씨앗이 그렇게 그곳에 아름다운 그리스도 공동체를 형성시킨 것이며 지금까지 이어진 것이다. 그 공동체는 폐쇄적인 공동체가 아니며, 지역주민을 향해 열려 있고 환대하는 공동체였다. 타종교인의 차이를 인정하고 함께 어우러져 사는 삶을 알고 있었다. 그 모든 것은 그 안에 활동하시는 성령이 계셨기에 가능했을 것이다. 성령의 활동, 사도들의 활동, 성령께서 형성시키신 공동체, 공동체 중심의 사랑의 윤리를 실천하는 삶, 그 안에서 중요한 삶의 가치와 의미를 배우고, 함께 사는 법을 익히며, 함께 우리가 사는 곳을 천국으로 만들어 가는 과정이 교회 삶의 핵심일 것이다. 특별히 개방되어 타인을 초대하고 환대하며, 가장 깊은 자리에 함께 머물며 삶을 나눌 수 있는 공동체가 되는 것이다.

모임 이후 변화된 관점

모임에 참석하여 시노달리타스를 새롭게 구체적으로 경험하면서 이전까지 시노달리타스를 너무 개념적, 추상적으로 접근한 것을 반성하게 되었다. 그러다 보니 현실을 고려하지 못하였고, 너무 큰 이상에 비추어 현실을 부정적으로만 생각해 왔다. 그러나 삶이란, 역사란 그렇지 않다. 아시아 지역에서 실현 가능한 시노드적 교회, 시노달리타스는 매우 단순하고 구체적이며, 지금까지 살아온 교회 안에 있으며, 그 교회와 연속성상에 자리해야 함을 깨달았다.

시노달리타스는 삶의 방식이다. 타인과 대화에 열린, 만남과 경청의 문화다. 환대하고 다가서며 이웃과 친구가 되는 경험이다. 이러한 나눔을 통해 자연스럽게 서로를 알고 자신을 알며 그 관계에서 자신이 기여할 점을 발견한다. 시노달리타스란 특별한 것이 아니다. 완전히 새로운 것을 도입하는 것도 아니다. 단순히 초대교회의 모습으로 돌아가자는 것이다. 선교 열망을 새롭게 하고 정체성을 새롭게 하자는 것이다. 만남과 대화의 문화, 함께하는 문화를 오늘의 상황에서 새롭게 창출하자는 것이다.

이처럼 '함께하는 문화'의 관점에서 시노달리타스에 접근할 필요가 있다. 교회가 자리한 지역의 고유한 문화, 전통을 무시할 수도 없고 무시해서도 안 된다. 시노달리타스 실현에 어려움을 겪을 수 있고, 정보나 경험 부족으로 낯설거나 힘들게 느껴질 수 있다. 그것은 당연하다. 그렇다고 해서 이론적인 교육으로 모든 문제를 해결할 수는 없다. 우리가 살아온 삶을 점검하고 변화와 쇄신을 기하는 방향이기 때문이다. 변화와 쇄신은 늘 두렵고 낯선 것이다. 그러나 하느님의 부르심에 응답하는 것이기에 기쁨이 동반되는 영적 여정이기도 하다. 지금까지 함께 하는 것을 방해하는 관념과 실천을 점검해 가며 조금씩 변화하는 것이어야 한다. 사제가 신자들의 모임에 함께하는 것, 전례 준비 모임에 함께하는 것, 그것만으로 벌써 많은 것을 바꿀 수 있다. 뒷짐 지고 방관하고 있다가 다 차린 밥상에 그저 앉는 모습이어서는 안 될 것이다. 사제를 비롯한 모든 이가 함께 식단을 구상하고 식재료를 준비하며 함께 요리하고 함께 나누는 것이어야 한다. 함께 할 때 서로를 더 잘 알 수 있고, 현실을 더 잘 알 수 있으며, 함께 할 수 있는 것들을 찾아낼 수 있다. 그렇게 조금씩 변화하며 성장하는 것이다.

신을 벗기

아시아 대륙회의 최종 문서(2023.03.16.)에서는 시노달리타스에 대한 아시아적 표상으로 '신을 벗기'를 제시하고 있다. 180-185항을 인용해 보자.[63]

180. 아시아인들 사이에 집이나 성전에 들어갈 때 신을 벗는 행위는

---

63 참조: https://www.cbck.or.kr/Board/G0001/20230311.

공통된 관행이다. 이는 아름다운 존중의 표시이며, 우리가 발을 들이는 상대방의 삶을 의식한다는 표시다. 나아가 이 행위는 거룩함에 대한 우리의 깊은 인식의 표현이기도 하다.

181. 신을 벗는 행위는 모세에게 하느님께서 하신 말씀을 상기시킨다. "네가 서 있는 곳은 거룩한 땅이니, 네 발에서 신을 벗어라."(탈출 3,5) 더욱 중요한 사실은 '우리 신을 벗기'를 통하여 우리가 보호하고 돌보도록 부름받은 지구를 인식하게 된다는 것이다.

182. '우리 신을 벗기'는 아시아 교회로서 우리가 걷는 시노드 여정의 아름다운 상징이다. 이는 아시아 교회가 문화와 종교의 다양성으로 특징지어졌고, 경청하고 대화하며 식별하고 결정할 때 모두를 존중하라는 것을 상기시킨다. 또한 진정한 경청을 의미하기에 우리는 상대방을 환대하고자 편견과 선입견을 내려놓는다.

183. 신발은 신분의 상징일 수도 있으며, 우리는 신을 벗음으로써 우리가 인간으로서 평등하다고 인식한다. 맨발로 우리는 이를 깨닫고 또한 우리 가운데 있는 가장 가난한 이들과 우리 자신을 동일시하게 된다.

184. 아울러 '우리 신을 벗기'는 토양, 곧 우리가 발을 내딛고 있는 땅을 더욱더 의식하게 만든다. 아시아의 사회 정치적 맥락은 매우 도전적이고, 이러한 맥락에서 교회가 어떻게 움직이는지는 인류와 함께 하는 여정에서 가장 중요한 사안이다. 이는 아시아 민족의 기초적 현실들을 우리가 더욱 가깝게 느끼게 한다.

185. '우리 신을 벗기'는 교회의 시노달리타스 표상으로서, 겸손과 희망으로 여정을 함께 하면서 상관관계가 있고 맥락이 있으며 사명을 지닌 교회에 대한 우리의 체험을 분명하게 표현한다.

아시아에서 신을 벗는 것은 존중의 표시이며 상대방의 삶을 의식한 다는 표시다. 거룩함에 대한 깊은 인식의 표현이기도 하다. '신을 벗기' 는 아시아적 시노드 여정의 아름다운 상징이다. 서로를 존중하며 대화와 경청, 식별을 하는 것이다. 상대방을 환대하고 편견과 선입견을 내려놓는 것이다. 신을 벗음은 서로가 평등하다는 의식을 표현한다. 신을 벗음은 인간이 지닌 거룩함에 대한 존중과 의식의 표현이다. 거룩함은 생명 그 자체에서 비롯한다. 모든 생명이 하느님에게서 비롯하며 그 존폐 여부가 하느님께만 유보된 것이기 때문이다. 그렇기에 모든 삶은 거룩하고, 모든 삶은 보호받아야 한다. 특히 범접할 수 없는 인간의 인격과 자유가 거룩함의 장소이며 특별한 돌봄을 받아야 할 대상이다. 마지막으로, 신을 벗는다는 것은 인간의 '상처 입기 쉬움'을 의식하는 것이다. 상처가 나지 않도록 조심해야 하며, 그렇기에 서로를 돌보고 보살펴야 할 존재로 인식하는 것이다.

시노달리타스 양성은 신을 벗는 법을 배우는 것이다. 개방하고 환대하며, 자신을 드러내며 대화하고 경청하는 법을 배우는 것이다. 서로가 상대를 거룩한 존재로 대하는 법을 배우는 것이다. 서로가 상처 입기 쉬운 존재, 연약한 존재임을 받아들이는 것이다. 아담과 하와에게 주어진 '금령'처럼 '선'을 넘지 않고 '손'을 대지 않는 법을 배우는 것이다.

2. 시노드 양성

시노달리타스를 통한 사회와 교회 현실의 분석, 반성과 쇄신의 과정은 어렵고도 긴 여정일 것이다. 현실, 어려움과 한계만을 지적하는 것도 힘에 부치다. 하느님 백성 전체가 함께 모여 대화하고 경청하는 것, 그 안에서 성령의 뜻을 찾아 생각을 바꾸고 전망을 넓히며 동의(consensus)를 찾아가는 것은 더욱 고된 작업이다. 이 모든 것의 밑바탕이 될 동력을 양성에서 찾고자 하는 이유다. 그런데 시노드적 양성이란 어떤 것인가?[64]

2.1. 공동체와 신앙의 재건축

시노달리타스 의식화 교육 혹은 시노드 방법(성령 안에서의 대화)의 실천과 확산만으로는 부족할 것이다. 보다 크고 본질적인 차원에서 시노달리타스를 접근할 필요가 있다. 이를 위해 우리가 이미 살아온 공동체의 삶과 역사에서 출발할 필요가 있다. 우리의 신앙은 박해시대 교우촌에 뿌리를 두고 있다. 교우촌 공동체가 공소, 본당으로 발전하여 오늘에 이르렀다. 신앙의 근본 토대는 전례였고, 전례 중심으로 공동체와 개개인의 전체 삶이 '구축'되었다. 전례 중심의 공동체 삶이 신앙을 전수하고 신앙을 지켜 내도록 하였다.

'건축'으로 교회와 신앙을 바라보자. 눈에 보이는 건물의 건축도 있지만, 각자의 삶이나 공동체의 삶처럼 살아 있는 건물의 건축도 있다. '건설적'인 눈으로 보면, 성경에서 건설과 관련된 비유를 많이 발견할 수 있다. 예수님께서는 '반석 위의 집'을 말씀하셨다. 여기서 말하는 집

---

[64] 신학생을 중심으로 한 시노드적 양성에 관하여 참조: 한민택, "'시노드적 양성'을 위한 밑그림 -신학생 양성을 중심으로-", 『이성과 신앙』 76호, 2024년 6월, 209-301.

은 각자의 인생이라는 집을 의미할 것이다. 우리는 각자의 집을 지어야 하며, 긴 양육, 양성 기간을 거쳐 각자의 집을 짓는 법을 배운다. 바오로 사도는 하느님의 은총에 따라 기초를 놓았으니 어떻게 집을 지을지 저마다 잘 살펴야 한다고 말씀하신다.(1코린 3,10 참조) 교회와 관련해서도 건축과 관련된 비유가 많이 등장한다.

"우리는 하느님의 협력자고, 여러분은 하느님의 밭이며 하느님의 건물입니다. 나는 하느님께서 베푸신 은총에 따라 지혜로운 건축가로서 기초를 놓았고, 다른 사람은 집을 짓고 있습니다. 그러나 어떻게 집을 지을지 저마다 잘 살펴야 합니다. 아무도 이미 놓인 기초 외에 다른 기초를 놓을 수 없기 때문입니다. 그 기초는 예수 그리스도이십니다."(1코린 3,9-11)

시편 저자의 다음 기도는 예수님의 입을 거쳐 사도들에게까지 이어졌다.

"집 짓는 이들이 내버린 돌 그 돌이 모퉁이의 머릿돌이 되었네."(마르 12,10)

각자 자기 삶을 다양하게 지을 수 있겠지만, 예수님을 주춧돌로 삼은 교회의 삶, 신자들의 삶은 결코 흔들리지 않는 집임을 경험하게 된다.(사도 4,11; 2베드 2,7-10 참조)

건설이라는 모티브로 각자의 삶, 각자의 신앙, 나아가 각 공동체(본당, 소공동체, 레지오 등)를 생각하면 건설이라는 말이 지닌 영적인 의미가 더 구체적으로 드러날 것이다. 우리는 각자의 삶을 어떻게 건설하고 있는가? 각 공동체는 어떻게 건설되고 있는가? 건설을 위해서는 설계와 함께 기초와 뼈대 그리고 다양한 요소들이 잘 어우러져야 한다. 어쩌면 우리는 삶이라는 건축물을 건설한다는 것을 잊고, 집을 짓다 만 채 다른 곳에 정신이 팔려 있는지 모른다.

교회가 유기체라는 말만으로는 부족하다. 유기체는 생로병사의 과정을 거친다. 그러나 교회는 나이가 들수록 늘 새로워진다. 영적 건축물로서 교회는 끊임없이 새롭게 건축되어야 한다. 또한 건축을 위한 다양한 요소들도 갖춰져야 한다. 신앙도 결국 삶이라는 건물을 건축하는 일이다. 그것은 체계적이며 긴 과정을 필요로 한다. 나는 삶을 건설하는 중인가? 그 건설에서 신앙은 어떤 역할을 하는가? 그리스도라는 기둥을 중심으로 집을 세우고 있는가? 아니면 기둥 없는 어설픈 집을 짓다 무너진 집터에서 망연자실 앉아 있는가?

시노달리타스로 다시 돌아오자. 공동체와 신앙, 삶을 구축하고 건설하는 것이 아니라면 시노달리타스는 공염불에 불과할 수 있다. 공동체와 신앙, 삶을 구축하는 것이 급선무다. 박해가 끝나고 선교사들이 가장 먼저 한 일은 회장을 중심으로 무너진 공동체를 다시 세우는 것, 곧 건축하는 것이었다. 코로나 이후 우리는 공동체 건설을 위해 어떤 노력을 기울였나? 조직 재구성, 단체와 소공동체 봉사자 선임 등만이 아니라 교회에 나오지 않는 신자를 찾아가 돌보는 일에 충실하였나? 하느님 자녀가 되고자 하는 이들을 교회에 데리고 오는 일을 게을리 하지 않았나? 코로나 이후 본당 공동체, 각 분과와 단체, 소공동체가 복음 선포 사명을 수행하기 위해 새롭게 '건설'되었나?

시노달리타스는 각 공동체에 맡겨진 교회의 선교 사명을 위한 변화와 쇄신의 일환이다. 기존의 방식, 곧 교구에서 일률적으로 내려준 사목 방침과 그것의 실천만으로 시대의 도전에 맞서기에는 큰 한계가 있었다. 시노달리타스는 각 공동체가 스스로 지역의 특수성과 시대적 상황을 잘 알기에 공동체 스스로 상황에 맞는 복음 선포 계획을 구상하고 실천하도록 하는 것이다. 그러기 위해서는 함께 모여 이야기를 나누어야 한다. 무엇이 가장 필요한 것인지, 어떻게 해야 하는지 등에 대해 대화하며 함께 식별하고 함께 해결책을 모색해야 한다.

시노달리타스는 과거의 성직자 주도적인 교회, 곧 성직자가 방향을 정하고 신자들은 따르는 그런 방식을 탈피하여 함께 모여서 대화하고 협의하며, 상황을 판단하고 사목 계획을 수립하며 실천하는 교회상이다. 이에 따른 본당의 새로운 조직화가 필요하다. 사목평의회을 비롯한 기존의 제도와 조직 등을 면밀히 살피면서 오늘의 시대적 요청에 응답할 준비를 해야 한다. 오늘 우리에게 요청되는 교회의 선교적 쇄신이란 어떤 것이며, 이는 조직을 어떻게 변화시킬 것을 요구하는가?

교회의 선교적 쇄신에서 가장 중요한 것은 하느님 백성의 선교 열정을 새롭게 인식하는 것이다. 선교는 타종교인을 개종시키거나 믿지 않는 이들을 성당으로 데리고 오는 것이 아니다(물론 그것은 교회의 선교 활동을 통해 하느님께서 몸소 이루실 일이다). 무엇보다 복음의 기쁨을 전하기 위해서는 복음을 실제로 기쁜 소식으로 인식하고 그 기쁨을 삶으로 살아 낼 수 있어야 한다. 하느님을 자비로운 아버지로 만나고, 그 만남의 기쁨을 전하는 것, 삶을 통해 자비로운 아버지를 증언하는 것이야말로 선교의 가장 중요한 핵심이다. 선교적 쇄신은 무조건 밖으로 나가서 사람들을 데려오라는 것이 아니라 교회로 오지 않는 신자들에게 관심을 기울이고 돌보며 때를 준비시켜 그들을 다시 돌아오도록 하는 것에서 출발해야 할 것이다.

동시에 신앙의 공동체성을 회복할 필요가 있다. 무엇보다 교회 공동체의 현실을 진단하고 쇄신할 필요가 있다. 초대교회와 지금의 교회를 비교해 볼 때 어떤 차이가 있을까? 개방하고 환대하며, 서로를 사랑으로 소중하게 대해 주고, 서로를 돌보고 나누는 공동체의 정신과 문화가 퇴색하지 않았나? 모두 자기 신앙생활에 바쁘지 남에게 관심을 기울이지 못하는 현실은 아닌가? 세상일이 바쁘다는 핑계로 최소한의 의무만 지키는 신앙은 아닌가? 신앙 쇄신은 무엇보다 신앙의 공동체성 회복이어야 한다. 우리는 공동체에서 태어나 공동체 안에서 봉사하며 공동체 안에서 생을 마감할 것이다. 우리에게 복음과 신앙을 전해 준 것은 공동체이며, 우리는 그 공동체의 신앙으로 양육되고 공동체를 위해 삶을 내어 주는 것이다.

이와 관련하여 소공동체 사목에 대한 평가가 요구된다. 소공동체 사목은 평신도들의 신원의식을 고취시키고 적극적인 교회 활동을 촉진하였으며, 흩어져 사는 신자들에 대한 관심을 높여 주었다. 그런데 취지는 좋았지만 제도화 과정과 그 실천에서 난항을 겪었다. 특히 사제들의 미온적 태도와 참여에서 문제가 발생하였다. 현재 사제 중심의 한국 교회 사목 운영을 전제로 한다면 결국 사제들의 마음을 움직이도록 공감대와 참여 의식을 이끌어 내는 것이 급선무다.

시노달리타스도 마찬가지다. 한편에 서서 성직자를 향해 성직주의를 비판하는 것도, 신자들을 향해 미온적 태도를 비판하는 것도 모두 문제 해결에는 큰 도움이 안 된다. 문제 제기의 초점을 평신도와 성직자의 관계에 맞춰야 한다. 본연의 책무에 대해 인식하고 협의하고 협력하며 함께 사는 방식에 대해 숙고해야 한다.

정리하자면, 현시점에서 시노달리타스를 위한 선교적 쇄신을 위해 가장 중요하며 시급한 과제는 신앙의 공동체성을 회복하는 것이다. 이를 위해 함께 물음을 던져야 할 것이다. 공동체성을 회복하기 위하여, 환대하는 교회, 초대하는 교회, 열린 교회, 밖으로 나가는 교회, 세상 사람들의 삶으로 들어가 그들에게 자비를 실천하는 교회를 어떻게 만들어 갈 수 있을까? 각자가 교회 공동체의 일원임을 의식하도록 하려면 어떤 변화가 필요할까?

2.2. '그리스도 신앙인 양성'의 기초에 따라

시노드 양성에 대해 이야기하기에 앞서 그리스도 신앙인 양성의 기초에 대해 살펴보고자 한다. 여기서는 신학교 양성에서 힌트를 얻고자 한다.[65] 비록 분야가 다르지만 원리의 측면에서 모든 신앙인 양성은 동일하기 때문이다.

시노달리타스 수용에서 가장 중요한 것은 시노달리타스와 기존 사목과의 관계를 수립하는 것이다. 그렇지 않으면 여러 어려움을 겪을 것이 분명하다. 그런데 시노달리타스와 함께, 기존에 해 오던 것을 부정하는 한편과 기존의 것만을 고수하는 다른 한편의 대립 현상이 오늘날 한국 교회에서 목격되는 것이 사실이다. 시노달리타스는 전혀 새로운 것

---

[65] 참조: 한민택, "'자유의 교육학'에 따른 신학교 인성 양성", 『이성과 신앙』 68호, 2020년 6월, 301-354.

이 아니라 기존에 해 온 것에 새로운 색을 입히는 것이라는 인식이 필요하다. 그래야 우리 역사에 전통으로 계승될 수 있으며, 일관성에 변화와 쇄신이 가능할 것이다. 그리고 그것은 양성에 있어서도 마찬가지다.

양성이란 말을 뜻하는 라틴어 단어 'formatio'는 예수 그리스도의 형상(forma)을 닮는 것, 그분 형상과 동화되는 것을 의미한다.

"우리는 모두 너울을 벗은 얼굴로 주님의 영광을 거울로 보듯 어렴풋이 바라보면서, 더욱더 영광스럽게 그분과 같은 모습으로 바뀌어 갑니다. 이는 영이신 주님께서 이루시는 일입니다."(2코린 3,18)

시노달리타스가 선교적 쇄신, 담대함을 가지고 복음을 선포하는 것을 표방한다면 가장 필요한 것은 우리가 믿는 것에 대한 확고한 신앙이다. 믿는 것을 이해하는 것, 제대로 아는 것이 필요하다. 이는 지식을 쌓는다기보다 식별할 능력을 키우는 것이다.

신앙의 대상이 인격이라는 점에도 유의할 필요가 있다.

"그리스도 신앙의 출발점에는 한 인격과의 만남이 있습니다."(베네딕토 16세 교황, 회칙 『하느님은 사랑이십니다』, 1항)

신앙은 그리스도와 관계를 맺는 방식이며, 그 관계에 따라 모든 인간, 모든 피조물과 관계를 맺는 방식이다. 양성이란 신앙의 고유한 관계맺음 방식을 배우는 것이다.

신앙은 부르심에 대한 응답이기에 식별을 전제로 하며, 식별하기 위한 내적 자유를 함양하는 것이 전제되어야 한다. 신앙은 어떠한 삶으로의 부르심에 대한 응답이다. 존재를 향한 말을 건넴, 함께 걷자는 제

안에 대한 응답이다. 부르심을 듣고 응답하기 위해서는 주님과 함께 걷는 것, 그분께서 초대하시는 삶을 사랑할 수 있어야 한다. 양성은 자신의 삶과 교회 안에서 울려퍼지는 자신을 향한 하느님의 부르심을 듣고 그 부르심에 응답하도록 준비시키는 것이다.

신앙은 그리스도와의 인격적 만남으로 이루어진다. 성경은 그리스도께서 인간을 어떻게 대하셨는지, 어떤 관계로 초대하셨는지 전해 주는 살아 있는 현실적인 이야기다. 복음서에 나타난 예수님의 다양한 인간적 모습, 사람을 대하는 디테일에 주목할 필요가 있다. 인격적 만남이 어떤 것인지는 그분께서 실제로 사람들과 맺으신 만남을 통해 명확히 드러난다. 인격적 관계란 두 자유로운 주체 사이에 오가는 친교와 일치다. 상대를 인격으로, 곧 존귀하고 고귀한, 고유하고 자유로운 인격적 존재로 대하는 것이다. 인격적 관계는 서로의 자유를 그리고 서로의 자유를 인정하는 것을 전제로 한다. 신앙이 자유인 것은 부르심에 대한 자발적인 응답이기 때문이다. 이 응답을 우리는 마리아에게서 발견한다.

"보십시오, 저는 주님의 종입니다. 말씀하신 대로 저에게 이루어지기를 바랍니다."(루카 1,38)

여기서 자유는 마음대로 하는 자유가 아닌 관계 안에서 계발하고 성장시켜야 할 자유를 의미한다. 또한 인간의 피조성으로 인해 한계지어진 자유다. 자신의 자유를 한계지어진 자유로 인정할 수 있을 때 우리는 서로의 자유를 존중할 수 있으며, 서로를 인격적으로 대할 수 있을 것이다. 신앙인 양성은 인격적 관계를 맺는 법을 체득하는 것이다.

양성에서 공동체의 중요성을 빼놓을 수 없다. 공동체 안의 말씀, 성사, 기도, 모임 등은 그리스도와 인격적 만남을 중개하는 매개요 성사들이다. 공동체 안에서 신자들 사이의 관계도 그 만남을 중개하는 성사적 실재다. 그리스도와의 인격적 관계는 말씀과 성사, 특히 신자들 사이의 인격적 관계를 매개로 한다. 양성은 공동체에 동화됨을 통해, 공동체 삶 전반에 참여함을 통해 이루어진다. 양성에서 구성원 간의 인격적 신뢰의 중요성은 아무리 강조해도 지나치지 않다. 특히 공동체 안에서 내가 신뢰받고 있다는 경험이 중요하다. 말씀과 성사뿐 아니라 신자들과의 구체적인 만남 안에서 그러하다.

또한 양성은 식별의 역동성을 기반으로 한다. 식별은 선물에 자신을 개방하고 부르심에 귀 기울이며 부르심에 자신을 동화시키는 역동적 작업으로, 내적 정화와 회개를 동반한다. 이를 위해 '자기 자신에게 솔직해지는 것'과 '내적 생활을 돌보는 것'이 중요하다. 그리스도 신앙은 단순히 의무를 준수하거나 교리를 믿는 것만이 아니라 거룩한 삶으로의 부르심을 식별하고 그 부르심에 응답하는 삶이며 실천이다.

마지막으로, 양성은 동반을 통해 이루어진다. 예수님께서는 제자들과 함께 걸으시며 제자들을 양성하셨다. 같은 방향을 향해 걸을 때 경험하는 모든 것이 양성의 재료가 된다. 이 길에서 함께 걷는다는 의식은 매우 중요하며 양성의 중요한 동력이 된다. 우리가 함께 걸어간다는 것, 서로를 필요로 한다는 것에 대한 인식은 매우 중요하다. 양성은 동반을 통해 힘을 얻고 지속되며 발전해 나간다.

'시노드적 양성'이란 이 모든 양성 요소에 시노드라는 색을 더하는 것이다. 양성의 중요 요소들은 막연하고 이상적일 수 있기에 구체적인 영성, 문화 그리고 제도를 통해 지지받아야 한다. 그리스도 신앙인 양성에 시노드적 문화, 영성을 채색해야 하며, 이를 제도화하는 것이 과제다.

2.3. 시노드 영성: 연약함[66]의 영성

공동체성을 회복한다는 것은 형제애 넘치는 따뜻한 공동체, 서로 돌보고 보살피는 공동체가 되는 것이며, 공동체적 역량을 키우는 것을 의미한다. 프란치스코 교황의 신조어 '생육성(제너러티비티)'[67]은 생명 전달의 네 단계인 '열망, 탄생, 양육, 놓아줌'으로 구성된다. 이는 그리스도 신앙인 양성의 네 단계를 구성한다. 생명은 그저 생물학적 반응을 통해 생겨나는 것이 아니다. 생명이 있기 전에 열망이 있다. 그 열망이 생명을 잉태시키고 생명을 세상에 낳는다. 생명은 양육의 단계를 필요로 하며, 다른 생명이 새롭게 시작할 수 있도록 놓아주는 과정을 거친다. 그리스도 신앙은 인간 생명과 그 전달을 가능케 하는 이 네 가지 단계 각각에 하느님의 사랑이 작용함을 인식한다. 모든 생명은 그 생명을 영원으로부터 바라시는 하느님의 열망에 의해 시작된다. 그 사랑은 세상에 생명을 잉태시키고 탄생시키는 사랑이며, 그 연약한 생명을 돌보고 보살피는 사랑이요, 그 사랑이 스스로 새로운 생명을 출산하기 위해 떠나도록 놓아주는 사랑이다. 교회 안의 생명, 곧 하느님의 자녀로 태

---

66 본고에서는 보통 사용하는 '나약(懦弱)함' 대신 '연약(軟弱)함'을 사용하였다. Vulnerability는 '상처 입기 쉬운' 혹은 '상처 입는' 인간 본성을 의미하기도 하며, 그리스도 신앙에서는 예수 그리스도께서 보여 주신 부드러우면서 상처 입을 수 있는 마음을 염두에 두기 때문이다.
67 참조: 프랑수아 부스케, "생육성, 생명을 전달하는 기쁨", 교황청 문화평의회, 『여성문화: 평등과 차이』, 한국천주교주교회의 생명운동본부, 2016, 92-109.

어나는 모든 생명도 이 네 단계를 거친다. 그 중 세 번째 단계인 '양육'은 돌봄과 보살핌의 영성으로 실현되며, 이를 구체화하기 위해서는 '연약함의 영성'에 집중할 필요가 있다. 연약함의 영성이야말로 시노드 영성을 구체화할 수 있는 핵심이다.

연약함과 한계

2024년 7월 인천가톨릭대학교에서 개최된 전국가톨릭대학교 교수신부협의회에서는 공의회 이후 지속적으로 이루어진 사제 양성의 방향 전환에 대해 공유하였다. 사제 양성이 예전에는 성품성사를 받기 위한 준비과정이었고 이상적인 사제상에 따른 정형화된 과정에 초점이 맞춰졌다면, 지금은 개인의 고유한 내적 여정에 초점을 맞춰 예비과정과 지속 양성을 포함하는 전 과정을 의미한다는 것이다. 이에 따르면 신학교는 완벽한 사제를 길러내는 곳이 아닌 스스로 양성을 지속할 수 있는 자율성과 식별력을 함양하는 곳이며, 사제는 완벽한 존재가 아닌 나약함과 한계를 안고 살아가는 존재이기에 돌봄과 보살핌 그리고 지속적인 양성을 필요로 한다.

"신학생은 한편으로는 은총으로 빚어진 재능과 선물을 드러내며, 다른 한편으로는 자신의 한계와 나약함을 드러낸다. 양성의 임무는 [...] 이러한 측면들을 통합시키는 데에 도움을 주는 것이다."(교황청 성직자성, 『사제성소의 선물』, 28항)

이는 사제뿐 아니라 모든 그리스도 신앙인에게 해당하는 보편적인 내용이다. 그리스도인은 되어 가는 존재다. 모든 인간은 '은총으로 빚어진 재능과 선물' 그리고 '나약함과 한계'를 동시에 갖고 있는 신비로운 존재며, 이 둘을 통합하는 것이 양성에서 관건이다. 이에 따르면 우리가 경험하는 삶과 신앙을 이상에 비추어 너무 부정적으로 보아서는 안 된다. 신앙은 인간의 나약함과 한계를 관통하는 것이기에 명과 암이 늘 공존하기 마련이다. 그렇기에 지속 양성이 필요하다.

사도 바오로의 약함의 영성은 코린토서에 잘 나타난다.

"나의 힘은 약한 데에서 완전히 드러난다."(2코린 12,9)

내가 약해졌을 때 오히려 나는 강해진다는 역설은, 내가 약한 존재임을 인정하고 수용할 때 하느님의 권능이 나의 약함 안에서 온전히 실현된다는 신앙 고백이다. 이것을 인정하고 수용하도록 하는 것이 양성에서 핵심이다.

연약함의 이해 심화

영어로 'vulnerable'은 상처 입는, 상처 입기 쉬운 인간 존재를 표현하는 말이다. 명사형 vulnerability는 상처 입기 쉬움, 취약성, 나약함, 연약함 등으로 번역된다. 신학자들은 이 말을 상처 입기 쉬운 불안정함이나 무력함으로 이해하지 않고, 타인의 딱한 처지를 보고 상처 입을 것을 무릅쓰고 다가가 도움을 베풀도록 하는 마음의 상태로 해석한다.[68] 타인의 처지를 자기 것으로 느끼는 민감함, 포용력이다. 이것이

---

[68] 참조: 교황청 문화평의회, 『필요한 휴머니즘을 향하여』, 수원가톨릭대학교출판부, 2023, 48-55.

인간의 윤리적 삶을 가능케 하는 바탕인 것이다.

상처 입기 쉬운 연약함은 예수님의 '가엾은 마음'으로 잘 나타난다. 착한 사마리아인(루카 10,29-37 참조)이 보여 준 마음과 행동은 상처 입은 아담을 구원하러 오신 하느님을 표현한다. 인간을 구하시기 위해 연약한 인간이 되어 오신 성자 예수 그리스도의 모습도 그러하다. 하느님께서 우리 인간을 구원하시기 위해 당신의 연약함으로 인간을 구하시기만 한 것이 아니라 인간과 하나 되기 위해 몸소 연약한 인간이 되어 오셨으며, 그것은 오직 사랑을 통해서만 이해할 수 있다. 예수님의 연약함은 사람이 되어 오신 하느님 사랑의 놀라운 신비를 드러내 주는 단어다.

연약함으로 보는 우리의 삶

연약함의 영성은 우리의 연약함과 한계를, 연약한 삶을 새로운 눈으로 보게 한다. 먼저, 우리가 입는 상처에 대해 생각해 보자. 우리는 언제 상처를 입는가? 대인관계에서 가장 많은 상처를 입게 된다. 우리는 상처 입기 쉬운 존재이기 때문이다. 이는 타인 역시 상처 입기 쉬운 존재임을 일깨운다.

다음으로, 연약함은 우리가 성장하도록 하는 버팀목, 디딤돌, 계기가 되어 준다. 우리의 사랑이 연약함을 딛고 무르익어 성장하도록 한다. 프란치스코 교황께서는 『사랑의 기쁨』 113항에서 다음과 같이 말씀하셨다.

"우리 모두는 빛과 그림자가 복잡하게 얽혀 있는 존재임을 깨달아야 합니다. [...] 저는 상대방의 사랑의 진가를 알려면 그 사랑이 완벽해야 한다고 주장하지 않습니다. 상대방은 자신의 능력껏 최선을 다하여 나를 사랑합니다. 그러나 사랑이 완벽하지 않다고 해서 그 사랑이 거짓이라거나 참되지 않다는 것을 의미하지 않습니다. 한계가 있고 현세적이라고 하여도 그 사랑은 참된 것입니다. [...] 사랑은 불완전함을 지니고 용서하며 함께 살아가는 것입니다."

사제의 삶도 마찬가지다. 약함과 한계를 안고 살아가는 것이다. 그것을 인정하고 수용할 때 우리는 다시 일어설 수 있고, 하느님의 섭리를 다시 발견할 수 있다.

이 연약함은 하느님의 모상성을 새롭게 발견하게 한다. 하느님의 모상으로 창조된 인간, 하느님의 모상성은 이성에서만이 아닌 타인의 처지를 공감하고 자기 삶을 기꺼이 내어놓는 인간의 본성에서 드러난다. 우리의 연약함은 하느님께서 인간과 하나 되기 위해 몸소 취하신 연약함이다. 예수님의 상처 입은 연약함에서 우리를 향한 사랑을 발견할 수 있어야 할 것이다. 예수님께서는 우리 존재에 새겨진 연약함을 발견하여 서로 하나 되도록 초대하고 계신다. 그것은 하나의 '성소'와도 같다. '연약하신 하느님', 연약하게 인간을 창조하신 하느님을 새롭게 이해할 수 있는 길이 열렸다. 그것은 우리의 사랑이 완성되도록, 진정한 일치를 이루도록 계획하신 섭리인 것이다. 그 길로 우리를 부르고 계신 것이다.

"주님께서는, '너는 내 은총을 넉넉히 받았다. 나의 힘은 약한 데에서 완전히 드러난다.' 하고 말씀하셨습니다. 그렇기 때문에 나는 그리스도의 힘이 나에게 머무를 수 있도록 더없이 기쁘게 나의 약점을 자랑하렵니다. 나는 그리스도를 위해서라면 약함도 모욕도 재난도 박해도 역경도 달갑

게 여깁니다. 내가 약할 때에 오히려 강하기 때문입니다."(2코린 12,9-10)

연약함을 인정하고 수용할 수 있을 때 우리는 서로를 보듬어 안아줄 수 있는 공동체로 성장할 것이다. 우리 안의 연약함을 새롭게 발견할 때 우리는 타인을 그냥 지나치는 존재가 아닌 나를 향한 목소리, 요청으로 알아볼 수 있을 것이다. 바로 이 연약함의 영성과 문화가 교회를 처음부터 오늘에 이르기까지 그리스도 닮은 모습으로 지켜온 것이다.

2.4. 시노드적 양성

『사제성소의 선물』 28항에서 언급한 '연약함과 한계' 그리고 '은총으로 빚어진 재능과 선물'을 통합한다는 것은 개인적 차원에 국한되지 않는다. 양성뿐 아니라 지속 양성이 필요한 이유는 신앙이 인간의 타고난 연약함과 한계를 관통하는 것이기 때문이다. 한국의 신앙 선조들은 계명을 자기를 이기는 길잡이로 수용하였다. 『상재상서』에서 정하상 성인은 법도 어찌할 수 없는 인간의 근본적인 한계를 신앙이 극복할 수 있다고 고백하신다.

연약함과 한계는 존재하는 실재다. 이는 신앙인의 성장과 양성에서 다루어져야 한다. 이상적인 차원에 머무르지 않기 위해서 그러하다. 한계와 연약함이란 어떤 것인가? 인간의 본성, 육과 탐욕에서 비롯한 본성이다. 그러나 더 근본적으로 '상처 입기 쉬운' 인간 본성을 의미한다. 육적으로 상처 입기 쉬운 존재인 인간이지만 동시에 정신적, 영적으로 상처 입기 쉬운 존재인 것도 인간이다.

예수님의 사랑이 신적인 사랑인 것은 인간의 상처 입기 쉬움을 당신 것으로 온전히 수용하심에서 드러난다. 나아가 인간이 받는 상처를 당신 것으로 하셨다. 겟세마니에서, 십자기 위에서 나약함을 온전히 당신 것으로 하신 하느님의 사랑을 발견한다. 상처 입기 쉬운 인간의 육신과 정신과 영혼을 발견한다. 그분의 상처는 동시에 우리를 향한 사랑을 의미한다.

그리스도 신앙인 양성은 바로 겟세마니에서, 십자가 위에서 우리를 향한 그분의 사랑을 발견하는 것에서 절정을 이룬다. 그리고 사랑의 승리인 부활의 영광에서 출발하여 예수 그리스도의 전 생애를 새롭게 읽도록 한다. 그분의 모든 행적과 말씀은 가장 소외되고 가난하고 병들고 굶주린 이에게 다가가심, 절망과 좌절 속에 버림받은 이들과 함께하시며, 그들의 한숨을 당신 것으로 하시고 그들의 울부짖음을 당신 것으로 하심, 당신을 위해서는 어떤 것도 남기지 않고 모두 내어 주심으로 요약된다.

결국 그리스도 신앙인 양성은 그리스도와 동화하는 것이며 그분과 하나 되는 것이다. 그분과 내적 친교를 나누는 존재가 되는 것이다. 그분이 경험하신 것을 경험하고, 나의 삶을 그분과 함께 경험하며, 함께 길을 걸으며 그분과 하나 되는 것이다.

나를 찾아오신 그분과 함께 나의 삶을 그분께 일치시켜 저 먼 하늘 위로 고양시키는 것이다.

"그러므로 여러분은 그리스도와 함께 다시 살아났으니, 저 위에 있는 것을 추구하십시오."(콜로 3,1)

시노드적 양성은 선교하는 제자 양성이다. 교회의 본질은 선교에 있기 때문이다. 선교란 교세를 불리는 것이 아닌 복음을 전하고 친교로 초대하는 것이다.

예수님의 양성은 두 단계로 나눌 수 있다. 먼저 하느님 나라에 관한 가르침에 중점을 두셨다면, 공생활 중반 이후 그리스도를 따르는 제자 됨의 길에 중점을 두셨다. 양성의 특징은 열두 사도를 뽑아 공동생활을 통해 양성하셨다는 것에 있다. 선교 파견을 보내시기도 하였다. 파견 활동에는 하느님 나라 선포, 하느님의 권능이 실제로 펼쳐지는 활동이 동반되었다. 오늘의 양성에서도 공동체 생활, 파견 활동은 중심축을 이뤄야 한다. 사도들은 예수님께서 떠나신 후 공동체 형성에 매진하였다. 기도하는 공동체, 나눔의 공동체, 선교하는 공동체 형성이 중요했다. 한국 초대교회는 교우촌 공동체 중심의 신앙이었다.

맺으며

오늘날 특별히 주목할 것은 교회의 '모성'이다. 프란치스코 교황은 '제너러티비티'라는 신조어를 통해 생명 전달 과정의 역동성을 표현하고자 하였다. 생명 전달의 네 단계에서 양성에 해당하는 것은 '양육'이며, 연약함의 영성으로 지지를 받는다. 이는 궁극적으로 자비를 실천하는 방식과 상관한다. 기본 바탕이 되는 연약함은 자비와 자애로운 마음의 상태를 의미한다. 개방성, 포용성, 민감성이 동의어다. 이들은 오늘의 선교를 위한 자세를 나타낸다.

연약함의 영성이 기쁜 소식인 이유는 다시 시작할 수 있다는 메시지를 담고 있기 때문이다. 그렇다. 다시 시작할 수 있다, 모든 것을. 삶에는 다시 시작할 수 없는 것들이 많다. 되돌릴 수 없는 일들이 너무나 많다. 우리 삶 자체가 그렇지 않은가. 그런데 연약함의 영성은 말한다. 우리는 다시 시작할 수 있다고, 새로 시작할 수 있다고, 우리가 살아온 삶이 실패가 아니라고.

우리에게 요구되는 것은 오늘의 시노드적 영성과 문화를 새롭게 창출하는 것이다. 또한 시노드적 양성 문화를 만들어 가는 것이다. 그것은 억지로 되는 것이 아니라 시노드 정신을 구체적인 삶으로 사는 과정에서 자연스럽게 만들어지는 것이다. '신을 벗기'처럼 우리나라 고유한 문화와 한국인의 정서에 부합하는 시노드적 문화, 영성을 계속해서 창출해 내야 할 것이다.

현대의 개인주의적 흐름에 편승하지 않고, 함께하는 문화를 만들어 갈 때다. 그러나 억지로가 아니라 개인으로 존중하면서 공동체의 가치를 나누어야 한다. 또한 세상의 흐름에 편승하지 않고, 세속화된 자신의 모습을 깊이 반성하며, 세상 속에서 세상과 다른 존재로 세상을 변화시키는 누룩으로서의 교회의 모습을 회복해야 한다. 그럴 때 우리 사회가 요청하는 새로운 모습의 교회로 발돋움할 수 있을 것이다.

이제 스스로에게 질문을 던져 보자.

"우리는 얼마나 선교적인가? 얼마나 열려 있고 얼마나 환대하는 공동체인가? 우리는 누구에게 관심을 기울이고 있나? 어떻게 다가가고 있나? 얼마나 그들과 함께하려고 하는가? 우리 신앙의 중심은 지금 어디에 있는가?"

부록1
특강 모음

1장

박해시대 공동체 안에서 공동체적 삶과 가정 전례[69]

친애하는 교수님들과 벗들이여, 저는 오늘 이번 학술대회에 발제자로 초대받은 것을 매우 영광스럽게 생각합니다. 저는 이 자리에 파리가톨릭대학교 졸업생으로서 한 증인으로 나와 있는 느낌입니다. 또한 신학자라는 증인으로 이 자리에 있습니다. 보편 교회에 커다란 봉사를 하는 연구자들의 공동체의 일원으로서 말이죠.

제가 먼저 드리고 싶은 말씀은 저에게 이 감염증 위기 시대에 프랑스 신학자들이 한국 교회에 관심을 갖는 것이 매우 흥미롭다는 점입니다. 한국 신자들이 박해시대에 어떻게 살았는지, 특별히 공동체 생활과 신자들의 신앙 실천에서 전례가 차지하는 자리에 관심을 갖고 있습니

---

[69] https://www.youtube.com/watch?v=x75u0IMGSt0. 이 발제문은 수 차례 편집 작업을 거쳐 프랑스주교회의가 발간하는 전례 전문 잡지에 게재되었다. "Vie communautaire et liturgie 'domestique' de chrétiens persécutés: l'exemple de la Corée du Sud", *La Maison-Dieu* 306(2021/4), 99-114.

다. 사실 비록 외면적이긴 하지만 둘 사이에 유사한 점이 있습니다. 박해시대를 사셨던 교우들과 전에 없는 감염증을 겪고 있는 우리 사이에 말입니다. 양쪽 모두 공적으로 모여서 미사를 봉헌하거나 모임을 할 수 없는 상황에 놓인 것입니다.

한국 교회사학자들의 몇몇 연구를 바탕으로 저는 다음의 질문에 답해 보고자 합니다. "한국의 초대교회 공동체의 삶은 어떻게 오늘의 감염증 위기를 겪는 교회의 삶에 빛을 비추어 줄 수 있는가?"

1. 교회의 시노달리타스의 도전 앞에 선 전례

수원가톨릭대학교 곧 우리 대학은 지금 국제 학술대회를 준비하고 있습니다. 이 학술대회는 "교회의 시노달리타스"라는 주제로 2021년 10월에 개최될 것입니다. 몇몇 유럽 전문가들이 이 학술대회에 참석할 것인데, 그 중에는 술르티 신부님과 가제 신부님이 계십니다.(파리가톨릭대학교 교수 역임) 학술대회의 문제 제기는 다음과 같습니다.

"시노달리타스가 교회 안에 늘 존재해 왔다면, 그것이 교회의 구성적 본성을 구성하기 때문이다. 그런데 프란치스코 교황은 세계화된 현대의 맥락에서 시노달리타스 실현의 시급성을 다시 강조하고 있다. 시노드적 교회 쇄신은 지역 교회와 그 행정조직의 절차를 통해 실현된다. 거기서 교구 시노드는 매우 중요한 수단으로, 시노드 개최 이전과 이후에 대한 신학적이고 사목적인 성찰을 요구한다."

한국에서 시노달리타스를 실현하는 데 장애가 되는 것 중 하나는 다양한 분리 현상인데, 신앙과 삶의 분리, 보편사제직과 직무사제직의 분리가 그것입니다. 우리는 오늘 이 문제를 우리가 지금 관통하고 있는 감염증 위기를 고려하지 않고는 다룰 수 없을 것입니다.

이 감염증 위기는 다른 위기와 마찬가지로 우리 교회 안에 이미 존재하고 있던 문제들을 더 명확히 드러나게 하는 힘을 갖고 있습니다. 이 문제들은 그 전까지 오랫동안 감지할 수 없는 것으로 머물러 있던 것들입니다. 한국의 몇몇 신학자들은 '방송 미사'의 성사성에 대한 전례신학적 토론에서 출발하여 그동안 성사와 전례에 너무나 집중되어 있던 신앙생활의 문제를 지적합니다. 그리고 그 문제를 격리 기간에 거의 아무것도 할 수 없었던 사목과 상관한다고 봅니다.

한국의 전례와 사목에 대해 너무 성급한 판단을 내리는 이 견해를 따르기보다, 저는 신앙과 삶의 분리라는 틀에서 문제를 보고자 합니다. 제가 여기서 제기하는 문제는 한국 신자들의 삶과 동떨어진 채 행해지는 전례와 상관합니다. 곧, 문제는 전례와 삶의 관계 혹은 전통적인 표현을 빌자면 기도의 법칙(lex orandi), 믿음의 법칙(lex credendi) 그리고 삶의 법칙(lex vivendi) 사이의 관계와 상관합니다. 이들 관계는 감염증 위기 상황에 비추어 볼 때 더욱 시급한 것으로 드러납니다.

이 문제의식 속에서 저는 혹시 문제가 성직주의에서 비롯되지 않는지, 곧 '가르치는 교회'(교도권, 성직자)와 '배우는 교회'(평신도)라는 경직된 구별에서 비롯되는 것은 아닌지, 복음화를 상명하달식으로 위에서 아래로 가는 방향으로만 생각하고 그리하여 평신도를 교회 삶의 변두리에 머무르도록 놓아두는 성직주의에서 비롯되는 것은 아닌지 묻습니다. 이러한 성직주의는 평신도의 삶을 그 삶과는 내적이며 구체적인 관련 없이 미리 확정된 진리의 실현 장소 혹은 적용 장소로 여깁니다. 그런데 평신도의 삶은 위로부터 의무로 부과되는 진리의 단순한 적용 장소가 아니라 선교사들이 도착하기 전부터 성령께서 이미 활동하시는 곳입니다. 그들의 삶은 가르치거나 교정해야 할 단순한 대상이 아니라 하느님의 활동에 대한 평신도들의 신앙의 응답이 이루어지는 장소입니다. 따라서 전례와 삶의 분리라는 문제를 해결하기 위해 위에서 아래로 내려오는 방향을 전환시켜 아래에서 위로 향하게 해야 합니다. 여기서 관건이 되는 것은 평신도의 역사적이고 구체적인 삶을 중시하는 것이며, 거기에서 하느님의 활동을 식별하는 것입니다. 앞으로 보겠지만, 이것이 바로 한국 교회의 박해시대에 사목생활을 한 선교사들이 확인해 주는 내용입니다.

이러한 전망에서 저는 1세기 가까이 박해를 받던 한국의 그리스도인 공동체와 선교사들의 사목 활동을 다시 방문하도록 여러분을 초대합니다.

2. 박해시기 한국 교회의 간략한 역사

한국 교회는 긴 박해시대를 겪었으며 네 차례의 큰 박해를 경험하였습니다. 1801(신유), 1839(기해), 1846(병오), 1866(병인)년에 일어난 박해가 그것입니다. 첫 신자인 이승훈 베드로가 1784년에 세례를 받은 때부터 8천 명 이상의 순교자를 낸 1866년 대박해까지 한국에서 스무 분 이상의 선교사들이 사목 활동을 하였습니다.

한국 교회는 독특한 탄생으로 전 세계 교회에 잘 알려져 있습니다. 한국 교회는 선교사 없이 몇몇 학자들에 의해 시작되었습니다. 이 유학자들은 중국에서 넘어온 서양 학문을 연구하던 중에 그리스도 신앙을 접하게 되었고, 그들 중 한 사람을 북경으로 보내서 이 종교에 대해 더 자세히 알아보도록 하였습니다. 바로 그가 이승훈으로, 1784년 북경에서 베드로라는 세례명으로 세례를 받고 한국의 첫 신자가 되었습니다. 이 중요한 여행으로 이승훈은 한문으로 기록된 많은 그리스도교 서적을 조선으로 가져올 수 있었으며, 돌아와서 동료들에게 세례를 주었고, 이로써 진정한 의미에서의 그리스도 신앙 집회가 시작되었습니다.

그런데 사제가 없는 상황에서 할 수 있는 일이 무엇입니까? 교회의 전통을 전혀 몰랐던 이 새 신자들은 그들 중 중요한 인물을 '사제들'로 임명하여 성사를 거행하도록 하였습니다. 이를 '가성직제도'라고 부르는데, 이 제도는 큰 성공을 거두었습니다. 1789년에 벌써 천 명의 신자를 셀 수 있을 정도였습니다. 그런데 얼마 후 이 제도는 멈추어야 했습니다. 한 신자가 이 제도의 부당함을 발견했던 것입니다. 따라서 이 새 신자 그룹은 중국으로 대표를 파견하였는데 이번에는 윤유일 바오로였고, 그를 통해 북경의 주교에게 공식 서한을 전달하도록 하였습니다. 구베아 주교는 조선의 신자들에게 답신을 보내어 사제의 부재 시에 따라야 할 지시사항을 전달하였습니다. 이때부터 조선의 신자들은 성사 생활을 할 수 있도록 사제를 보내 달라고 요청하는 편지를 계속해서 보냈습니다. 그런데 이러한 왕래는 또한 조선의 신자들에게 가톨릭 교회가 조상 제사를 엄격히 금하고 있음을 알리는 계기가 되었습니다. 조상 제사 금령은 유교사회인 이 나라에서 박해가 시작되는 첫째 원인이 되었습니다.

1791년에 발발한 박해는 이제 막 탄생한 교회의 첫 전개에 큰 타격을 주었습니다. 조상 제사 금령으로 인해 야기된 이 박해는 특별한 중요성을 지닙니다. 첫 그룹을 구성했던 유학자들 다수가 교회를 떠나고 중인이나 천민 계급 사람들이 교회에 들어오는 계기가 되었습니다. 박해에도 불구하고 이 교회의 책임 그룹은 계속해서 선교사를 파견해 달라는 편지를 보냈고, 중국인 사제인 주문모 신부가 1794년 말 비밀리에 조선에 들어왔습니다. 주 신부는 조선의 신자들에게 성사를 베풀었으며 지방에 있는 몇몇 공동체를 방문하기도 하였습니다. 주 신부는 몇몇 중요한 인물을 '카테시스트(catéchiste)', 한국말로는 어떤 모임의 장을 가리키는 말인 '회장'으로 임명하였으며 공동체 생활, 특히 교리교육과 선교의 책임을 맡도록 하였습니다. 그는 선교를 조직화하기 위해 '명도회'라는 단체를 설립하기도 하였습니다.

1801년 주 신부의 순교 이후 한국 교회는 선교사제 없는 긴 시간을 지내야 했습니다. 중국인 사제 유 파치피코(유방제) 신부가 1834년 조선에 들어오기 전까지 말이죠. 조선 신자들에게 이 시기는 매우 척박한 시기였습니다. 그러나 동시에 이 시기는 신자들이 나라 전체로 퍼져 나가 살도록 하였고, 신자들끼리 촌을 이루어 살도록 하기도 하였습니다. 이 마을들을 선교사들은 '크레티엔테(chrétienté)'(한국말로 '교우촌')라고 불렀습니다.

1831년 그레고리오 16세 교황은 한국 신자들의 요청을 받고 조선대목구를 설정하였습니다. 그리고 파리외방전교회가 이 신자들의 책임을 맡기로 결정하였습니다. 조선에 가장 먼저 들어온 선교사는 베드로 모방 신부입니다. 때는 1836년 1월이었습니다. 샤스탕 신부와 앵베르 주교 두 분이 차례로 1837년에 입국하였고, 이 세 명의 선교사는 당시 박해로 인해 무너진 한국 교회를 다시 세우기 시작하셨습니다. 이들은 성사를 거행하고 교우촌의 책임을 맡는 회장들을 임명하였으며, 신앙생활의 규범을 정하고 교회 조직을 다졌습니다. 이들의 사목 활동 덕분으로 1839년에 1만 명의 신자를 셀 수 있었습니다. 그런데 같은 해에 큰 박해가 일어나 교회 전체를 뒤흔들었으며 많은 순교자를 낳게 하였습니다. 세 명의 선교사제를 포함해서 말입니다.

신자들은 다시금 선교사제를 기다려야 했습니다. 모방 신부에 의해 1836년에 다른 두 신학생과 함께 선택되어 마카오 페낭 신학교로 파견되었던 김대건 안드레아가 신부가 되어 1845년 한국에 들어올 때까지 말입니다. 김 신부는 당시 대목구장인 페레올 주교와 장차 주교가 될 다블뤼 신부와 함께 입국하였습니다. 김 신부가 1846년 순교한 다음 그와 함께 마카오에서 사제 양성을 받은 한국의 두 번째 사제인 최양업 토마스 신부가 1849년 조선에 돌아왔습니다. 그 사이 다른 몇몇 선교사제들도 차례로 조선에 입국하였습니다. 사목방문과 별도로 이 사제들은 여름 휴가 기간을 이용하여 교리서와 기도서 및 사전을 편찬하는 작업에 매진하였습니다. 이 기간에 이 사제들의 사목 활동은 매우 많은 결실을 거두었습니다. 1865년에는 2만 3천 명의 신자 수를 셀 수 있었습니다.

마지막으로 가장 큰 박해가 1866년에 발발하여 많은 수의 순교자를 냈습니다. 그 후 1876년 블랑 신부와 드게트 신부가 입국할 때까지 10년을 기다려야 했습니다. 1886년 맺어진 한불수호조약으로 사제들의 사목 활동은 수월하게 되었습니다. 이로써 길었던 박해시대는 끝이 나게 됩니다.

3. 박해 아래 공동체 생활의 핵심 요소들

한국 교회사학자들의 최근 연구 성과는 박해시대에 신자들의 삶을 규정짓는 몇몇 핵심 요소를 우리에게 제공해 줍니다.

3.1. 교우촌

대부분의 신자는 당시 선교사들이 '크레티엔테'라고 부르던 교우촌에서 살았습니다. 박해는 이 살아남은 신자들이 산이나 인적이 드문 곳으로 당국의 감시를 피해 흩어져 살도록 하였습니다. 바로 그러한 장소에서 신자들은 함께 모여 신앙생활을 이어 나갈 수 있었습니다.

1791년 박해로 인해 벌써 여러 신자가 재산과 가정을 포기하고 자기 고향을 떠나 신앙을 더 자유롭게 살고자 하였습니다. 그것이 바로 교우촌의 기원입니다. 무엇보다 1801년 박해가 신자들에게 나라 전체에 흩어져 교우촌을 형성하도록 하였습니다. 교우촌에 들어와 살던 신자들 중에는 박해에서 살아남은 사람뿐 아니라 통회하는 마음으로 신앙을 다시 살려는 열망을 가진 배교자들 그리고 감옥에서 풀려난 이들도 있었습니다. 교우촌은 신자들의 삶과 신앙의 구체적인 장소였습니다. 여기서 신자들은 상대적으로 자유롭게 신앙생활을 영위할 수 있었습니다.

당시 선교사제들의 서한은 교우촌 신자들의 삶이 어떠한지 알도록 도움을 줍니다. 그들의 삶은 매우 가난했고 불안정했습니다. 그들은 의심의 눈초리로 바라보는 사람들의 눈을 피해 자주 이사해야 했으며 위험한 노출과 잦은 이동은 신자들이 일정한 곳에 정착하지 못하도록 하였습니다. 게다가 그들은 피 흘리는 박해뿐 아니라 부패한 탐관오리들의 횡포도 겪어야 했습니다. 그들은 이동하면서 흔적도 이름도 남기지 말아야 했습니다.

교우촌 신자들이 생계를 유지하는 수단 중 하나는 옹기를 구워 파는 것이었는데, 이 직업은 그들이 이 마을에서 저 마을로 자유롭게 이동할 수 있게 하는 장점이 있었습니다. 또한 신자들이나 잃었던 가족 구성원의 소식을 들을 수 있게도 해 주었습니다. 매우 가난했지만 교우촌 신자들은 재산을 나누고 과부를 맞이하고 고아를 돌보는 등 애덕 활동을 실천하였습니다. 또한 그들은 공동체 의식을 갖고 있었습니다. 새로운 가족이 들어오면 생계를 이어 나갈 거처를 제공하기도 하였습니다.

교우촌 삶은 회장 중심으로 이루어졌습니다. 회장은 교우촌의 모든 삶을 관장하였습니다. 사제 방문 시 교우촌은 '공소'가 되었습니다. 교우촌 신자들은 주일과 축일에 '공소예절'을 거행하기 위해 공소에 모였는데 대개 회장의 집이 공소로 이용되었습니다.

3.2. 회장

당시 교우촌에서 회장이라는 직책과 그들이 수행한 결정적인 역할에 주목할 필요가 있습니다. 박해시대에 한국 교회를 돌보고 발전시킨 이들이 바로 회장들이라고 말할 수 있을 것입니다. 박해시대에 작성된

'회장규조'를 보면 착한 표양과 좋은 명성과 교리에 대한 명백한 인식을 가진 이로, 모든 교우가 원하는 이를 상의하여 결정하도록 하였습니다. 성무 집행 시기가 되면 장들은 교우들 집 중 하나를 선정하였고(종종 자신의 집) 그곳은 미사, 기도, 고해 그리고 사제와 만남의 장소가 되었습니다. 사제가 오랫동안 방문하지 못할 경우 회장은 사제를 대신하여 일을 처리하였습니다. 회장규조는 회장이 교우들 영혼을 구하는 일과 전교에 힘쓰며, 병자를 돌보고 위험에 빠진 사람을 돕고, 유아들에게 세례를 주고 사제의 사목방문을 준비하는 일을 하도록 규정하고 있습니다. 간단히 말해서 사제의 부재 시 교우들의 신앙생활을 맡아보는 일이었습니다. 회장은 교우촌을 돌보고 공동체를 조직하며, 축일 때 특별히 사제의 방문 시에 전례를 준비하는 일을 하였습니다. 선교사들이 교우촌을 방문하면서 가장 먼저 한 일은 새로운 회장을 임명하거나 기존의 회장을 승인하는 것이었습니다.

3.3. 서적과 성물

구전을 통한 신앙 전수 말고도 천주교 서적은 신자들의 신앙생활에서 중요한 역할을 하였습니다. 교리서, 기도서, 복음서 발췌본, 그에 대한 해제와 묵상 및 실천 제안이 그것입니다. 신자들은 이 서적들의 상당 부분을 몰래 간직하고 있었으며, 다른 신자들에게 전하기 위해 이를 필사하기도 하였습니다.

또한 신자들은 성물과 순교자들의 흔적도 간직하고 있었습니다. 1839년 박해에 대한 보고서인 '기해일기'는 신자들의 신앙을 북돋아 주었습니다. 다블뤼 주교는 1859년경 일상 기도문 모음집(천주성교공과)을 출간하였으며, 최양업 신부의 도움을 받아 '성교요리문답'을 한국어로 번역, 출간하여 신자들의 신앙생활을 돕고자 하였습니다. 최양업 신부는 '천주가사'를 지어 신자들을 양성하고 신앙 실천, 묵상과 신앙 전수를 북돋아 주고자 하였습니다. 한국말로 지어진 이 천주가사는 신자들이 용이하게 신앙 내용과 구원의 신비를 익히고, 가정에서 효과적으로 신앙을 전수하도록 하였습니다. 이 가사 중 일부는 순교자들의 용감한 신앙과 자기 삶을 내어놓게까지 하는 그들의 용기에 관한 이야기를 담고 있습니다.

3.4. 첨례표

이 시기의 신자들은 주일과 축일을 담고 있는 1865년과 1866년의 두 개의 첨례표를 우리에게 남겨 놓았습니다. 첨례표란 표 모양의 전례력으로, 준수해야 할 주일과 축일을 표시하고 있습니다. 이 첨례표가 중요한 것은, 박해시대 신자들이 어떻게 전례력을 중심으로 신앙생활을 했는지 보여 주기 때문입니다. 첨례표에는 주일, 대재(단식)와 소재(금육)를 지켜야 하는 날, 주님 축일과 마리아 축일, 몇몇 단체와 관련된 내용, 파공첨례일(일을 하지 않고 지내야 하는 주일과 축일)과 파공에 관한 규정 등이 표시되어 있습니다. 이처럼 박해시대 신자들은 교회 규정을 엄격히 준수하는 것을 게을리하지 않았습니다. 첨례표는 그리스도 신자들이 준수해야 할 모든 것을 정확한 날짜와 함께 전해 주고 있습니다. 이는 전례가 얼마나 그리스도 신자들의 신앙만이 아니라 일상의 삶을 구조 짓는 역할을 했는지 보여 줍니다.

3.5. 모임 장소

한국 교회의 창립 초기에 신자들은 개인의 집에서 모임을 가졌습니다. 박해가 일어나기 시작한 이후 신자들은 고향을 떠나 사람들을 피해 인적이 드문 곳에서 모여 살아야 했습니다. 조선에 처음 들어온 선교사제들의 주요 활동은 흩어진 이 신자들을 방문하는 것이었습니다. 사제를 맞이하기 위해 이 신자들은 경당으로 소박한 집을 마련하여 전례 거행에 사용하였습니다. '공소'는 교회의 행정 단위로, 신자들에게 이 말은 전례 활동을 가리키기도 하였고 '판공', 곧 선교사제가 교우촌 신자들의 교리지식과 신앙실천을 점검하는 구두시험을 가리키기도 하였습니다. 그곳은 사제가 미사를 집전하고 고해를 듣는 장소였습니다. 신자들은 공소를 하느님의 집으로 간주하였습니다.

4. 박해시대 공동체에서 전례가 차지한 위치

박해시대의 공동체는 어떻게 그 시대를 살았을까? 우리의 관심은 특별히 그분들의 공동체 생활과 '가정 전례'가 차지한 자리에 집중되어 있습니다. 박해를 받던 신자들은 당국의 눈을 피해 인적이 드문 곳에서 교우촌을 이루어 공동체 안에서 살았습니다. 그분들의 공동체적 삶은 개인적 삶에서 가정의 삶에 이르기까지 언제나 전례를 중심으로 구조 지어졌습니다. 기도서, 교리서, 천주가사, 성물, 회장의 역할, 첨례표, 이들 모두가 공동체와 가정의 전례를 구성하는 요소들이었습니다. 이 전례는 개인 가정이나 경당으로 꾸며진 집에서 거행되었습니다. 선교

사제들이 해야 할 주된 일은 이들 공동체를 방문하여 전례와 성사를 중심으로 하는 신자들의 신앙생활을 확고히 하는 것이었습니다. 사제의 부재 시에도 이 신자들은 정기적으로 전례력을 따라 회장을 중심으로 집이나 경당에 모여 함께 공소예절을 거행하거나 공동체 기도를 하였습니다. 신자들은 선교사들이 부여한 규칙에 따라 가정에서 일상기도를 봉헌하였습니다.

박해시대 그리스도 공동체의 삶을 살펴본 다음, 그 삶을 지나치게 이상화하지 않는 한에서 우리는 신자들의 전례와 삶이 어떻게 조화를 이루고 있었는지 물을 수 있겠습니다. 이 물음에 답하기 위해 저는 콩고 킨샤사가톨릭대학교 교수 레오나르 산테디(Léonard Santedi)의 다음 지적을 언급하고자 합니다. "예식이 의미를 부여받는 곳은 삶의 상황이며, 예식은 삶을 거행하는 것이어야 한다." 산테디 교수의 뒤를 이어 우리 역시 말할 수 있습니다. 박해시대 공동체에게 관건이 되었던 것은, 선교사제들의 정기 방문 덕분에 가능했던 전례 거행에 참여함으로써 삶을 거행하는 것이었다고 말입니다. 전례가 관통하고 있던 일상생활은 그 자체로 전례를 준비하는 시간으로 변화하였던 것입니다.

어떻게 전례가 교우촌 신자들에게 그토록 구조 짓는 역할을 할 수 있었을까? 그것은 전례가 사제의 긴 부재에도 불구하고 그들의 일상의 삶에 매우 가까이 있었기 때문이며, 공동체 생활이 그들에게 전례와 삶의 상호접근을 확고히 해 주었기 때문이고, 그로써 그들에게 삶과 신앙의 새로운 실천을 창출하도록 했던 것입니다.

이제 우리는 그분들의 신앙 실천에서 전례 거행과 신앙 고백과 일상 삶 사이의 순환관계가 존재했다고 말할 수 있을 것입니다. 저는 여기에 덧붙여, 그러한 순환관계가 가능했던 것은 제가 앞서 언급한 방향, 곧 위에서 아래로가 아닌 아래에서 위로 향하는 방향을 따르는 사목으로 인해서였다고 말씀드리고 싶습니다. 선교사제들이 교우촌에 와서 했던 것은 먼저 추상적인 교리를 가르치는 것이 아니라, 교우들과 함께 기도하고 미사를 봉헌하고 성체를 영해 주고 예비신자들에게 세례를 주고 고해를 듣는 것이었습니다. 모든 것의 중심에 위치한 것은 전례였습니다. 전례는 한편으로 신앙 내용의 현재화와 삶의 거행으로, 다른 한편으로 신자들의 삶과 인간적이고 신앙적인 정체성 형성의 장으로 자리하고 있었습니다. 여기서 말하는 삶이란 신앙에서 분리된 것이 아니라 신앙에 의해 고무되고 그들 삶에서 활동하시는 성령에 의해 관통된 삶이라는 것을 잊어서는 안 될 것입니다. 사제의 오랜 부재라는 상황에서 회장의 역할은 결정적이었습니다. 프랑스 선교사들이 어떤 이유로 회장의 양성 그리고 양성을 위한 교리서의 출간과 번역에 그토록 큰 중요성을 부과했는지 이해할 수 있게 되었습니다.

5. 결론을 대신하여

시노드적 교회, '함께 걷고 함께 식별하는 교회'란 전례 거행과 신앙 고백과 일상의 삶 사이에 '선순환(cercle vertueux)'이 이루어지는 교회입니다. 그것은 삶과 동떨어진 채 거행되고 인식된 구원의 신비를 삶에 적용하고 실행하는 것이 아닙니다. 삶 자체를 거행하는 것이 관건이기에 신자들은 자신들이 생활한 신앙을 구체적인 삶에서 거행할 수 있습니다. 그 구체적인 삶이란 신앙을 통한 저항과 극복에 대한 증언입니다. 전례와 가르침은 추상적인 내용이 아니라 신자들이 자신들의 신앙생활에서 생활한 모든 것을 포함합니다. 앞서 말한 선순환이란 역동적인 순환관계로, 이 순환관계를 통해 신자들의 구체적인 삶이 단순히 전례에서 선포되고 거행된 계시 진리를 적용할 장소가 아니라 신앙과 성령의 활동으로 관통된 삶으로, 전례 거행과 하느님 말씀 선포 안에 수용되는 것이며, 성령의 인도 아래 그 삶은 양식이 되어 구원의 신비에 참여하는 신자들의 영혼과 육신을 양육합니다. 이러한 전망에서 평신도들은 그리스도의 사제직에 참여하는 능동적 주체가 됩니다. 복음화란 그리스도 신자이든 아니든 사람들의 구체적인 삶 안으로 들어가 거기서 성령의 활동을 식별하는 것이며, 하느님의 활동으로 관통된 이 삶을 전례 거행 안에 그리고 하느님 말씀의 선포 안에 증언으로 통합시키는 것입니다.

이상주의에 빠지지 않기 위해서 그러한 과정이 생활한 신앙과 삶을 전례와 말씀 선포에 통합시키도록 하는 매개를 필요로 한다는 것을 덧붙일 필요가 있습니다. 아프리카 토착화 신학은 그 매개를 작은 공동체에서, 곧 사람들이 서로를 알아보고 체험이 공유되는 공동체에서 발견합니다. 바로 이것이 한국의 박해시대 공동체가 우리에게 전해 주는 교훈입니다.

이제 결론을 내립시다. 감염증 위기 앞에서 우리는 모두 전례, 신앙 고백, 일상의 삶을 연결시키고, 그 연결을 북돋아 주는 새로운 작은 공동체들을 창출하는 새로운 방법을 숙고하도록 요청받고 있습니다.

2장

2025년 희년: "희망의 순례자들"

　프란치스코 교황은 2025년을 희년으로 선포하였다. 2023년 5월 희년 공식 홈페이지가 개설되어 전 세계 하느님 백성이 본격적으로 희년을 준비하도록 하고 있다.[70] 그러나 그러한 분위기와는 달리 희년에 대한 한국 교회의 관심은 전반적으로 저조해 보인다. 희년의 배경과 방향 및 의의를 고찰하고 희년 준비 방향을 모색하는 것은 매우 필요한 작업이라 여겨진다. 이번 희년이 코로나 이후 교회의 복음 선포 방향을 모색하는 데 새로운 촉진제가 될 것으로 기대되기 때문이다.

---

70 참조: https://www.iubilaeum2025.va/en.html.

1. 희년의 개념과 역사[71]

"성년(Annus Sanctus, Holy Year)"

성년은 회개를 통해 하느님께 돌아가겠다는 결심을 내릴 수 있도록 마련된 해다. 일정 조건하에 전대사(indulgentia plenaria)를 받을 수 있다. 성년의 간접적 기원은 구약의 '희년', '사면 또는 해방의 해'에서 찾을 수 있다. 50년마다 희년이 돌아오면 숫양의 뿔 모양을 한 피리(요벨)를 불어 축제를 거행하였으며, 모든 부채를 감면받고 노예는 자유인이 되었다. 희년의 제정 이유는 세상의 모든 것은 하느님으로부터 와서 하느님께로 돌아간다는 확신 때문이었다. 유배 후부터 기원전 70년까지 7년마다 안식년을 지내며 동족의 빚을 탕감해 주었다. 이스라엘 역사에서 희년과 안식년 규정은 잘 지켜지지 않았다.

그리스도인들은 유대교의 희년 전통을 수용하고 봉헌 및 신앙의 행위로 팔레스티나 성지들을 순례하기 시작하였다. 유대인들의 관습과 로마 순례 관행과 참회 열정을 모두 수용하여 신자들의 신앙 증진을 위해 성년을 정하고, 성지 순례와 특별한 예식의 개막 전후에 거행하게 된 것이다. 성년은 그리스도의 탄생을 기념하는 것과 상관한다. 처음에는 100년 주기, 후에는 50년이나 33년 또는 25년을 주기로 성년을 지냈다. 성년의 핵심은 전대사를 부여함으로써 그동안 지은 죄로 인한 잠벌(poena temporalis)을 사해 주고 영적 선물을 충만히 받게 하는 것이다. 전대사는 교황이 정한 대로 대성전을 순례하고 회개하며 기도함으로써

---

71 참조: 『한국가톨릭대사전』 제7권 "성년", 4535-4543.

얻게 된다. 구약에서는 사회 정의를 실현하려는 의도가 강했다.

성년의 구성 요소: 참회, 순례, 대사

바오로 6세 교황은 1975년 성년 때 "인간을 그 내부로부터 새로 태어나게 해야 한다."고 강조하였다. 성년을 준비하기 위해 하느님과 화해하고 아버지의 집으로 돌아가야 한다. 외적인 참회에는 내적인 회개가 동반되어야 한다. 이를 위해 단식, 자선을 실천할 수 있다.

순례는 지금 있는 곳을 벗어나 거룩한 장소를 찾는 것이다. 그리고 변화되고 쇄신된 모습으로 공동체로 돌아오는 것이다. 대사를 받기 위해서는 하느님 말씀을 묵상하고 하느님께 가까이 가기 위해 준비해야 한다. 베드로와 사도들의 무덤을 찾아가던 로마인들은 참회의 길을 걸으며 순례의 중심지를 예루살렘에서 로마로 옮기게 되었다.

성년의 전통에 따라 성지 특히 로마를 순례하는 것은 단순히 영적 쇄신만을 의미하는 것이 아니라, 성년의 대사를 얻기 위해 반드시 거쳐야 하는 과정으로 교회가 제시한 것이다. 대사가 목표로 하는 것은 잠벌의 면죄만이 아닌, 신앙을 돈독히 하고 사회 정의를 실현하게 하는 신앙 실천을 위한 것이다. 바오로 6세 교황은 성년의 대사에 대한 오해와 남용을 막기 위해 교황령 「대사 교리(Indulgentiarum doctrina)」를 반포하여 대사가 참된 회개, 참회와 밀접히 연결되어야 한다고 강조했다.

역사

보니파시오 8세 교황은 라테란 대성전에서 1300년에 역사상 최초로 성년을 선포하였다. 당시 사용한 용어는 '희년(Jubilaeum)'이었으며,

1500년부터는 '성년'이라는 용어를 사용하고 있다. 당시 교황은 앞으로 100년마다 희년을 선포할 것이라 하였으며, 통회를 통해 고해성사를 받고 베드로 대성전과 바오로 대성전을 순례하면 전대사를 받을 수 있다고 선언하였다. 클레멘스 6세 교황은 1343년에 50년마다 희년을 거행한다고 하였고, 라테란 대성전을 순례 성당에 추가하였다. 1350년 2차 희년에는 아비뇽 감금 상태여서 교황은 직접 참여하지 못하였다. 우르바노 6세 교황은 1389년에 예수님의 생애를 근거로 33년마다 희년을 거행하도록 정하였고, 성모 마리아 대성전을 순례 성당으로 추가하였으며, 1389년 12월 24일부터 1390년 12월 24일까지 구원의 희년으로 선포하였다. 마르티노 5세 교황은 두 번째 구원의 희년을 1423년에 거행한 후, 희년을 다시 50년마다 지내도록 규정하였다. 1470년 바오로 2세 교황은 '성년'이란 용어를 사용하도록 제안하였고, 25년마다 성년을 거행하도록 하여 오늘날까지 이어지고 있다. 성년이라는 용어가 실제로 사용된 것은 1500년에 거행된 8차 성년부터였다. 1300년 1차 희년에서 1475년까지 7차 희년, 1500년 8차 성년에서 2000년 26차 성년, 2025년은 27차 성년에 해당한다.

 요한 바오로 2세 교황은 1994년 교서 『제삼천년기』를 발표, 2000년 대희년 준비에 박차를 가하였다. 대희년 대사 조건은 마음의 참된 회개를 동반하는 고해성사와 영성체, 성지나 교황이 지정한 대성전 또는 교구장이 지정한 성당을 순례하며, 교황의 뜻에 따라 사도신경, 주님의 기도, 성모송, 영광송을 기도하고 사랑을 실천하는 것 등이었다.

 특별 성년도 있는데, 교회가 위험한 상황에서 신앙을 보존하기 위해서나 한 국가의 평화를 위해서, 교회의 필요성 때문에 또는 흑사병을 물리치기 위해서 등이었다. 특별 성년은 교회의 급박한 필요성이나 중요한 사건들과 관련된다.

예식과 대사의 조건

정기 성년은 전해 12월 24일 4대 대성전의 성문을 여는 것으로 시작된다. 1년 동안 신자들이 이 성문을 통과하게 되며, 성년이 지나면 다음 성년 때까지 열리지 않는다. 성문을 열고 닫는 예절의 의미는, 하느님의 자비를 원하고 청하는 사람들에게 열려 있는 하느님의 자비를 뜻한다. 성년 대사의 조건은 세례를 받은 신자로 파문을 받지 않은 사람이어야 하며, 고해성사, 영성체, 성문을 지나는 행위, 지정된 성당 방문 등이다. 교황의 성년에 관한 문서에는 성년의 구체적인 조건이 명시되어 있으며, 교구장은 그 조건을 채울 수 없는 신자에게 관면을 줄 권한을 갖고 있다.

2. 2025년 희년: "희망의 순례자들"

희년의 배경과 방향

프란치스코 교황은 2025년을 희년으로 선포하였고, 표어를 "희망의 순례자들"로 선정하였다. 교황은 희년의 전반적인 조직을 교황청 새

복음화촉진평의회[72]에 위임하였다. 교황은 평의회 의장인 리노 피시켈라 대주교에게 보낸 2022년 2월 11일자 서한[73]에서 '고독사의 비극'과 '존재의 불확실성과 허무'를 직접 겪게 한 코로나19 대유행의 전 세계적 피해를 언급하며, 이번 희년이 "우리가 너무도 간절히 바라는 쇄신과 새로 태어남을 미리 맛보게 하는 희망과 신뢰의 분위기를 되살리는 데 크게 이바지"할 수 있도록 당부하였다. 또한 "우리가 받은 희망의 불꽃을 타오르게 하고, 모든 이가 열린 정신과 신뢰하는 마음과 멀리 내다보는 시각으로 미래를 바라볼 새 힘과 확신을 얻도록" 돕기를 바라는 마음을 표명하였다. 교황은 이것이 가능하도록 하기 위해 보편적 형제애를 되찾고, 인간 존엄성에 맞갖은 삶을 살지 못하게 하는 빈곤이 만연한 비극을 외면하지 말 것을 강조하며 특히 난민에 대한 관심을 촉구하였다. 교황은 이처럼 희년의 영적 차원을 사회적 삶의 근본적 측면들과 밀접히 연결하려는 의도를 보여 준다.

"회개를 요청하는 희년의 영적 차원은 또한 사회 안에서 우리 삶의 이러한 근본적 측면들을 단단히 뭉친 전체의 일부분으로 포함해야 합니다."

이러한 맥락에서 공동의 집인 지구를 돌보는 일을 게을리하지 않기를 당부한다.

---

72 교황청 새복음화촉진평의회는 현대 세계에서 선교 열정으로 새 복음화를 촉진하기 위한 적절한 대응책을 마련하기 위해 베네딕토 16세 교황에 의해 2010년 신설되었다. 리노 피시켈라 대주교가 현재까지 줄곧 의장으로 재직 중이며, 2015-2016 자비의 대희년의 조직에 대한 책임을 맡기도 했다.

73 참조: https://cbck.or.kr/Notice/20221165?search=%ED%9D%AC%EB%85%84&tc=title&gb=K1200.

교황은 서한에서 이번 희년이 전 세계 교회에서 논의 중인 시노달리타스의 실현과도 연결되기를 기대한다.

"새 복음화를 촉진하는 일을 담당하는 부서는, 현재 시노달리타스에 대한 노력에 집중하도록 부름받은 라틴 교회와 동방 교회의 개별 교회들이 펼치는 사목 활동에 이 은총의 시기가 큰 자극이 되도록 도움을 줄 수 있습니다."

마지막으로 교황은 적절한 시기에 발표될 칙서를 예고하며, 이 준비의 기간에 특히 2024년이 기도로 이루는 '기도로 함께함'에 온 마음을 다하기를 열망하였다.

희년 전통 안에서

희년 전통은 1300년 보니파시오 8세 교황 때로 거슬러 올라간다.[74] 최근의 성년은 가톨릭 교회의 현대사에서 중요한 순간을 장식했다. 비오 12세에 의해 개최된 1950년 성년은 성모승천 교의 선포로 각인되었다. 1975년은 사제직의 위기 상황에서 바오로 6세 교황은 선교적 전망에서 교황직의 역할을 위한 관심의 회복을 촉구하였고, 권고인 『현대의 복음 선교』 반포로 이어졌다. 2000년 대희년은 성 요한 바오로 2세 교황의 역사적 행보를 통해 각인되었다. 그리스도의 발자취를 따른 예루살렘 성지 순례를 행하였고, 콜로세움에서는 그리스도교 모든 교회의 순교자들에게 헌정하는 예식을 거행하였으며, 성 베드로 대성당에서 가톨릭 교회가 역사에서 저지른 잘못에 대한 참회 예식을 거행하기도

---

74 참조: https://cbck.or.kr/Jubilee2025/What-is-the-Jubilee.

하였다.

2025년 희년은 2000년 대희년(요한 바오로 2세, 1999년 12월 24일-2001년 1월 6일) 이후 처음 맞이하는 일반 성년(25년마다 개최)이다. 가장 최근의 성년은 2016년 '자비의 특별 희년'으로 제2차 바티칸 공의회 폐막 50주년을 기념하기 위한 '특별 성년'이었다.

희년의 의의

2025년 희년의 표어는 "희망의 순례자들(Pilgrims of Hope)"이다. '희망'은 프란치스코 교황이 종종 강조하는 복음의 핵심이다. 프란치스코 교황은 '야전병원'으로서의 교회를 강조하였는데, 이는 인류의 현 상태를 재난 상황으로 간주하며, 그에 따라 교회에 부여된 사명과 역할이 시급하고 막중함을 강조하는 것이다. 이 인류 재난의 상황에서 교회는 희망의 표징이 되어야 한다. 특히 코로나19 대유행과 전쟁 등으로 인해 큰 타격을 받은 세상에 교회가 받은 희망의 불꽃을 새롭게 타오르게 하려는 의도가 담겨 있다.

희년 준비의 공식적 책임을 맡은 교황청 새복음화촉진평의회 의장 리노 피시켈고 대주교는 희년 공식 로고 발표 기자회견장에서, 교회 역사에서 모든 성년은 당시 인류가 처한 역사적 맥락에서 그리고 사람들의 기대와 불안을 읽을 수 있을 때 완전한 의미를 띠었다고 강조하며, 최근 경험한 취약성, 전쟁의 폭력성, 기술의 압도적 힘과 미래에 대한 불확실성, 혼란스러움을 언급하였다. 이러한 상황이 곧 다가올 희년을 희망의 빛으로 살아야 할 절박함을 낳았다고 판단한 것이다. "희망의 순례자들"은 이러한 맥락에서 선택된 표어다.

대주교는 이번 희년이 2016년 폐막한 자비의 특별 희년과 달리 '일반 희년'임을 강조하였다. 교회 역사에서 일반 희년 곧 성년은 당대의 역사적 사건들 안에서 구현되었다. 제2차 세계대전 이후 신뢰의 분위기를 재건하기 위한 1950년 희년, 제2차 바티칸 공의회 이후 긴장 속에서 교회 내 일치의 순간이 되길 바라신 1975년 희년, 제삼천년기에 들어선 교회를 표방한 2000년 대희년을 회고하며, 이번 희년의 구체적인 상황을 교황의 서한을 언급하며 설명하였다. 하느님 백성에게 희년의 의미에 대해, 희년은 회개의 시간이자 휴식의 시간이며 하느님, 자기 자신, 피조물과 더욱 친밀한 관계를 맺는 시간이라고 설명하였다. 특히 희년이 정의와 재건의 때임을 강조한다. 피시켈라 대주교는 특별히 '순례의 차원'을 강조한다. 희년은 순례의 빛 아래, 곧 '발로 걷는 여정'에 비추어 준비되고 경험되어야 한다. 순례의 역사는 순례가 늘 커다란 영적 활력의 때였음을 알려 준다. 인간이 자기 안으로 깊이 들어가도록 하기 때문이다. 순례는 침묵과 기도의 시간이며 다른 순례자의 도움을 청하는 피로의 시간이기도 하다. 거기서 순례자는 자연의 아름다움을 관상한다. 순례 여정을 거쳐 성문에 다다르면 성문을 넘어서는 상징적 행위를 통해 희년이 표현하는 바의 깊은 의미를 내면화하게 될 것이다.

준비단계

교황은 리노 피시켈라 대주교에게 보낸 서한을 통해 2년의 준비 기간을 갖도록 요청하였다.

1) 2023년은 제2차 바티칸 공의회의 개막 60주년을 맞아 공의회가 천명한 심오하고 시의적절한 가르침을 4대 헌장을 중심으로 새롭게 살

펴보는 준비 기간이 될 것이다.

2) 2024년은 희년의 순례자들이 희년을 영적으로 준비할 수 있도록 돕기 위해 '기도에 전념하는 해'가 될 것이다.

3. 신앙에서 '희망'이라는 주제의 중요성과 특징

2025년 희년을 준비하며 신앙에서 '희망'이 갖는 의미를 성찰하는 것은 의미 있는 일일 것이다. 종종 간과하는 것 중 하나는 신앙이 '희망의 성격'을 지니고 있다는 점이다. 그리고 이것은 성경의 증언과 교회의 중요 문헌에 잘 나타나 있다.

3.1. 신약 성경의 서간에서 희망이 등장하는 맥락

신약의 서간에는 희망에 대한 다양한 표현이 담겨 있다. 희망은 신앙의 의미뿐 아니라 그리스도인의 실존의 핵심에 더욱 다가갈 수 있게 한다. 다음의 성경 구절을 읽고 조용히 마음속으로 음미해 보자.

"믿음 덕분에, 우리는 그리스도를 통하여 우리가 서 있는 이 은총 속으로 들어올 수 있게 되었습니다. 그리고 하느님의 영광에 참여하리라는 희망을 자랑으로 여깁니다. 그뿐만 아니라 우리는 환난도 자랑으로 여깁니다. 우리가 알고 있듯이, 환난은 인내를 자아내고 인내는 수양을, 수양은 희망을 자아냅니다. 그리고 희망은 우리를 부끄럽게 하지 않습니다. 우리가 받은 성령을 통하여 하느님의 사랑이 우리 마음에 부어졌기 때문

입니다."(로마 5,2-5)

"희망 속에 기뻐하고 환난 중에 인내하며 기도에 전념하십시오."(로마 12,12)

"성경에 미리 기록된 것은 우리를 가르치려고 기록된 것입니다. 그래서 우리는 성경에서 인내를 배우고 위로를 받아 희망을 간직하게 됩니다."(로마 15,4)

"우리가 여러분에게 거는 희망은 든든합니다. 여러분이 우리와 고난을 함께 받듯이 위로도 함께 받는다는 것을 알기 때문입니다."(2코린 1,7)

"여러분 마음의 눈을 밝혀 주시어, 그분의 부르심으로 여러분이 지니게 된 희망이 어떠한 것인지, 성도들 사이에서 받게 될 그분 상속의 영광이 얼마나 풍성한지 여러분이 알게 되기를 비는 것입니다."(에페 1,18)

"하느님께서 여러분을 부르실 때에 하나의 희망을 주신 것처럼, 그리스도의 몸도 하나이고 성령도 한 분이십니다."(에페 4,4)

"그 믿음과 사랑은 여러분을 위하여 하늘에 마련되어 있는 것에 대한 희망에 근거합니다. 이 희망은 여러분이 진리의 말씀 곧 복음을 통하여 이미 들은 것입니다. 이 복음은 여러분에게 다다라 여러분이 그 진리 안에서 하느님의 은총을 듣고 깨달은 날부터, 온 세상에서 그러하듯이 여

러분에게서도 열매를 맺으며 자라고 있습니다."(콜로 1,5-6)

"이 희망은 우리에게 영혼의 닻과 같아, 안전하고 견고하며 또 저 휘장 안에까지 들어가게 해 줍니다."(히브 6,19)

"다만 여러분의 마음속에 그리스도를 주님으로 거룩히 모시십시오. 여러분이 지닌 희망에 관하여 누가 물어도 대답할 수 있도록 언제나 준비해 두십시오."(1베드 3,15)

"장차 우리에게 계시될 영광에 견주면, 지금 이 시대에 우리가 겪는 고난은 아무것도 아니라고 생각합니다. 사실 피조물은 하느님의 자녀들이 나타나기를 간절히 기다리고 있습니다."(로마 8,18-19)

"예수님께서는 아드님이시지만 고난을 겪으심으로써 순종을 배우셨습니다."(히브 5,8)

정리

한 마디로 희망은 그리스도인이 처한 현실과 역사적 맥락을 반영한다. 그리스도인은 처음부터 박해의 상황에 있었으며, 그것을 그리스도의 수난과 연결하여 이해하였다. 박해 아래 있는 그리스도인에게 신앙은 미래를 약속하신 주님께 대한 신뢰이며 희망에 대한 신뢰다.

"그리스도는 그러한 고난을 겪고서 자기의 영광 속에 들어가야 하는

것이 아니냐?"(루카 24,26)

"나는 죽음을 겪으시는 그분을 닮아, 그분과 그분 부활의 힘을 알고 그분 고난에 동참하는 법을 알고 싶습니다."(필리 3,10)

3.2. 『가톨릭 교회 교리서』 향주덕, '희망'(1817-1821항)에서 인용하는 성경

먼저 교리서는 희망에 대해 다음과 같이 가르치며 여러 성경 구절을 인용한다.

"희망은 그리스도의 약속을 신뢰하며, 우리 자신의 힘을 믿지 않고 성령의 은총의 도움으로, 우리의 행복인 하늘 나라와 영원한 생명을 갈망하게 하는 향주덕이다."(1817항)

"우리가 고백하는 희망을 굳게 간직합시다. 약속해 주신 분은 성실하신 분이십니다."(히브 10,23)

"이 성령을 하느님께서는 우리 구원자이신 예수 그리스도를 통하여 우리에게 풍성히 부어 주셨습니다. 그리하여 우리는 그분의 은총으로 의롭게 되어, 영원한 생명의 희망에 따라 상속자가 되었습니다."(티토 3,6-7)

그리스도의 수난 공로를 통해 우리를 '실망시키지 않는 희망' 안에 지켜 주신다.

"믿음 덕분에, 우리는 그리스도를 통하여 우리가 서 있는 이 은총 속으로 들어올 수 있게 되었습니다. 그리고 하느님의 영광에 참여하리라는 희망을 자랑으로 여깁니다. 그뿐만 아니라 우리는 환난도 자랑으로 여깁니다. 우리가 알고 있듯이, 환난은 인내를 자아내고 인내는 수양을, 수양은 희망을 자아냅니다. 그리고 희망은 우리를 부끄럽게 하지 않습니다. 우리가 받은 성령을 통하여 하느님의 사랑이 우리 마음에 부어졌기 때문입니다."(로마 5,2-5)

희망은 '안전하고 든든한 영혼의 닻'이며 우리를 예수님께서 가신 곳으로 인도한다.

"이 희망은 우리에게 영혼의 닻과 같아, 안전하고 견고하며 또 저 휘장 안에까지 들어가게 해 줍니다. 예수님께서는 멜키체덱과 같은 영원한 대사제가 되시어, 우리를 위하여 선구자로 그곳에 들어가셨습니다."(히브 6,19-20)

희망은 구원을 위한 싸움에서 안전을 보장해 주는 무기다.

"그러나 우리는 낮에 속한 사람이니, 맑은 정신으로 믿음과 사랑의 갑옷을 입고 구원의 희망을 투구로 씁시다."(1테살 5,8)

시련 중에도 기쁨을 주는 것이 희망이다.

"희망 속에 기뻐하고 환난 중에 인내하며 기도에 전념하십시오."(로마 12,12)

교리서가 인용하는 예수의 성녀 데레사의 다음 말씀은 음미할 만하다.
"희망하라, 희망하라. 너는 그 날과 그 시간을 알지 못한다. 조심스럽게 깨어 있어라. 비록 너의 초조함이 확실한 것을 의심스럽게 만들고, 아주 짧은 시간을 길게 여기게 하더라도 모든 것은 빠르게 지나간다. 네가 많이 싸우면 싸울수록 네 하느님께 대한 너의 사랑은 더욱 드러나며, 장차 결코 끝나지 않는 행복과 기쁨 중에 네 사랑하는 분과 더욱 즐거우리라는 사실을 생각하여라."(『하느님을 향한 영혼의 외침』, 15,3)

3.3. 교황 베네딕토 16세, 회칙 『희망으로 구원된 우리』에서 인용된 성경 구절

희망과 신앙

신앙과 희망이 호환되어 사용될 정도로 성경에서 희망은 신앙의 중심 단어다.(2항) 다음 말씀에서는 '확고한 믿음'과 '고백하는 희망을 굳게 간직'하는 것이 긴밀히 연결되어 있다.

"그러니 진실한 마음과 확고한 믿음을 가지고 하느님께 나아갑시다. 우리의 마음은 그리스도의 피가 뿌려져 악에 물든 양심을 벗고 깨끗해졌으며, 우리의 몸은 맑은 물로 말끔히 씻겼습니다. 우리가 고백하는 희망을 굳게 간직합시다. 약속해 주신 분은 성실하신 분이십니다."(히브

10,22-23)

다음 말씀에서도 희망은 믿음과 동의어다.

"다만 여러분의 마음속에 그리스도를 주님으로 거룩히 모시십시오. 여러분이 지닌 희망에 관하여 누가 물어도 대답할 수 있도록 언제나 준비해 두십시오."(1베드 3,15)

그리스도인들이 신앙을 가진 이후의 삶과 이전의 삶을 비교하며 자신들이 받은 희망의 선물이 어떤 것인지 밝히는 장면에서 다음의 말씀을 인용한다.

"그때에는 여러분이 그리스도와 관계가 없었고, 이스라엘 공동체에서 멀리 떨어져 있었으며, 약속의 계약과도 무관하였고, 이 세상에서 아무 희망도 가지지 못한 채 하느님 없이 살았다는 사실을 기억하십시오. 그러나 이제, 한때 멀리 있던 여러분이 그리스도 예수님 안에서 그리스도의 피로 하느님과 가까워졌습니다."(에페 2,12-13)

"형제 여러분, 죽은 이들의 문제를 여러분도 알기를 바랍니다. 그리하여 희망을 가지지 못하는 다른 사람들처럼 슬퍼하지 말라는 것입니다."(1테살 4,13)

미래가 있다는 것이 그리스도인들의 특징으로 드러난다.

희망의 실체

믿음의 덕을 희망과 밀접하게 연결하려는 믿음에 대한 정의가 발견된다.

"믿음은 우리가 바라는 것들의 보증이며 보이지 않는 실체들의 확증입니다."(히브 11,1)

여기서 '보증'으로 번역된 히포스타시스(라틴어 숩스탄시아로 번역)의 의미는, "신앙을 통하여 우리가 바라는 온전하고 참된 생명이 최초의 상태로, 말하자면 '싹으로', 따라서 '실체'에 따라 이미 우리 안에 있다는 것입니다."(7항)

이로써 이미 존재하기에 앞으로 올 것의 현존도 확신을 주는 것이다. 앞으로 올 것이 보이지 않지만 초기의 역동적 실재로 우리 안에 있기에 어느 정도 인식할 수 있다는 의미다.

"여러분은 또한 감옥에 갇힌 이들과 고통을 함께 나누었고, 재산을 빼앗기는 일도 기쁘게 받아들였습니다. 그보다 더 좋고 또 길이 남는 재산을 가지고 있다는 것을 알고 있었기 때문입니다."(히브 10,34)

여기서 '히파르콘타'는 지상 생활을 유지해 주는 수단이 되는 재산, 삶을 유지하는 바탕이며 기초를 의미한다. 박해로 인해 재산(기초)을 빼앗겼음에도 굳건히 설 수 있는 이유는 물질적 기초를 중요하지 않게 여겼기 때문이다. 생존에 더 좋은, 길이 남고 누구도 빼앗을 수 없는 '토대'를 발견하였기에 포기할 수 없었다. 믿음은 우리가 디디고 설 수 있는 새로운 바탕을 마련해 줌, 물질적 소득에 의존하는 일상적 토대는 상대화됨, 새로운 자유는 일상적 토대에 맞서 나타난다.

"그리스도와 만난 이러한 사람들이 희망에서부터 어둠 속에서 희망 없이 사는 다른 이들을 위한 희망이 솟아났습니다."(8항)

"[…] 이분들 행적과 삶은 사실상 우리에게 앞으로 다가올 것, 곧 그리스도의 약속이 우리가 기다리는 실재일 뿐 아니라 실제적 현존의 '확증'이 됩니다. 그분께서는 참으로 생명이 무엇이고 어디에 있는지 우리에게 보여 주시는 '철학자'요 '목자'이십니다."(8항)

히포스타시스, 히파르콘타라는 기초의 두 가지 유형, 삶에 대한 두 가지 표현 방식을 지닌 이 용어를 더 깊이 이해하기 위해 히브리서 10장 36절의 히포모네, 10장 39절의 히포스톨레를 분석한다. 히포모네는 인내, 곧 끈기와 지조로 번역하며 "약속된 것을 얻으려면"(36절) 고난을 끈기 있게 견디며 기다릴 줄 알아야 한다. "체험한 희망, 희망에 대한 확신을 바탕으로 한 삶"(9항)을 가리키는 것이다.

"신약에서는 하느님에 대한 이러한 기다림, 하느님과 함께한다는 것이 새로운 의미를 띠게 됩니다. 하느님께서는 그리스도 안에서 당신을 드러내셨습니다. 하느님께서는 앞으로 올 것의 '실체'(substantia)를 이미 우리에게 전해 주셨습니다. 그래서 하느님에 대한 기대가 새로운 확신을 얻게 될 것입니다. 이는 그리스도의 현존 안에서, 현존하시는 그리스도와 함께하며 그리스도의 몸의 완성과 그리스도께서 반드시 다시 오실 것을 기대하는 것입니다."(9항)

반면 히포스톨레는 위험할 수 있는 진리를 공개적이고 솔직하게 말할 용기가 부족하여 뒤로 물러섬을 의미하며, '멸망'에 이르도록 한다.

"하느님께서는 우리에게 비겁함의 영을 주신 것이 아니라, 힘과 사랑과 절제의 영을 주셨습니다."(2티모 1,7)

"여러분이 하느님의 뜻을 이루어 약속된 것을 얻으려면 인내가 필요합니다. '조금만 더 있으면 올 이가 오리라. 지체하지 않으리라. 나의 의인은 믿음으로 살리라. 그러나 뒤로 물러서는 자는 내 마음이 기꺼워하지 않는다.' 우리는 뒤로 물러나 멸망할 사람이 아니라, 믿어서 생명을 얻을 사람입니다."(히브 10,36-39)

정리

이상의 내용으로 볼 때, 희망은 그리스도인의 정체성에서 매우 중요한 측면을 차지한다.

희망은 신앙의 '약속' 성격을 부각한다. 곧, 믿음은 과거의 구원 사건에 대한 기억만이 아닌 미래의 약속에 대한 신뢰이기도 하다. 그리스도인이 되면서 세상이 줄 수 없는 새로운 희망을 부여받는다. 그 희망으로 그리스도인의 실존은 전혀 새로운 전망 안에 자리한다. 그것은 자신의 삶을 약속의 전망에서 받아들이게 한다.

희망은 그리스도인이 세례를 통해 단 한 번에 완성되는 것이 아니라, 약속을 향한 길 위에서 완성에 이르는 종말론적 특성을 지님을 강조한다. 또한 고난을 겪고 영광에 들어가신 주님의 뒤를 따라 고난과 시련을 통해 정화와 성장의 길을 걸으며, 자신을 버리고 새로 태어나는 파스카의 여정 중에 있음을 강조한다. 세례를 통해 이루어지는 '그리스도와 같이 죽고 그분과 되살아나는 일'은 한 번의 예식으로 완성되는 것이 아닌, 그리스도와 같이 죽고 되살아나 오직 하느님과 타인을 위한 삶으로 변모해 가는 과정으로서의 그리스도인의 실존 자체를 의미하는 것이다. 희망은 세례를 통해 부여받은 그리스도인의 정체성과 종말론적 완성 사이에 자리하고 있는 그리스도인의 정체성을 역동적으로 이해하도록 한다.

신앙이 희망의 성격을 지니는 이유는 그리스도인의 실존 자체가 종말론적 특성을 지니기 때문이다. 그리스도인은 그리스도의 죽음과 부활에 동참함으로써 이미 새로 태어나 새로운 삶을 부여받았지만, 그의 정체성은 한순간에 완성된 것이 아닌 계속해서 실현해 나가야 하는 것이다. 특별히 그리스도인의 실존에는 늘 죄와 악이 도사리고 있으며, 그의 신앙은 고난을 겪음으로써 단련되고 정화되어 더욱 커다란 자유를 향해 늘 성장해 나가게 된다. 그리스도인의 실존은 '영적 투쟁'으로 점철된다.

희망에 대한 성경과 교회 문헌의 진술을 보면, 그리스도인에게 고난과 시련이 존재하는 이유는 인간의 타고난 한계와 나약함, 죄와 악으로 인해서이지만, 또한 교회의 신앙을 자신의 것으로 하기 위한, 그리스도와 더욱 깊이 동화되기 위한 것이기도 하다. 그리스도를 따르는 이로서 그리스도인은 시련과 고난에 굴하지 않고, 주님의 약속에 대한 신뢰를 새롭게 하며, 인내와 끈기를 배우고, 욥처럼 신앙의 '지혜' 차원에 다다른다.

오늘날 신자들이 겪는 신앙의 위기는 그리스도 신앙의 특수성에서 비롯되는 것이라 할 수 있다. 그렇기에 오늘날 요청되는 사목은 '희망의 사목', 곧 즉각적인 답을 찾는 현시대 사람들의 습성을 넘어, 현실의 삶에서 닥치는 시련과 고난을 신앙의 눈으로 읽고, 희망 안에서 자신의 신앙을 키워 가고 인격을 성숙시켜 가도록 동반하는 사목일 것이다. 혹은 '희망의 영성'을 신자들에게 삶 안에서 살 수 있도록 독려하는 것이 아닐까 한다.

4. 실천적 제안

교황은 2025년 "희망의 순례자들"을 준비하기 위해 2023년, 제2차 바티칸 공의회의 4대 문헌에 대해 새롭게 접근할 것을 제안하였다. 제16차 세계주교시노드의 주제인 시노달리타스는 제2차 바티칸 공의회 정신을 현대적으로 계승하기 위한 일환이다. 시노드 폐막 이후 보편 교회는 시노달리타스, 곧 전 세계 교회가 함께 걸은 시노드 여정이 종결된 것이 아니라 새로 시작해야 할 여정임을 강조할 것이다. 희년 준비는 시노드 이후 시노달리타스를 우리 안에 실현하기 위한 준비와 맞물릴 때 더욱 큰 시너지 효과를 낼 수 있을 것이다.

공의회 정신과 시노드 정신을 한 마디로 요약한다면, 현시대의 도전 앞에서 모든 교회 구성원이 자기에게 맡겨진 선교와 복음화 사명을 새롭게 인식하고 회개와 쇄신을 통해 능동적으로 교회 사명에 투신(참여)하는 것이다. 이러한 정신으로 무장하여 이 시대에 교회 공동체(교구, 대리구, 지구, 본당, 소공동체, 단체, 가정 등)에게 맡겨진 선교, 복음화 사명이 어떤 것이며, 이 시대에 교회가 세상 속에서 희망의 증인이 될 수 있는 방법이 어떤 것인지 함께 찾아야 할 것이다. 그러기 위해 먼저 공의회 문헌에 담겨 있는 교회 정신과 시노달리타스의 정신을 우리 것으로 하는 시간이 필요하겠다. 그러나 그 어떤 것보다 중요한 것은 삼위일체 하느님과의 인격적 만남이며, 그 만남 안에서 하느님의 자비와 사랑을 새롭게 발견하고, 희망을 증언하기 위해 파견된 존재로 우리 자신을 새롭게 인식하는 일일 것이다.

3장

그리스도인의 희망

"기억의 지킴이, 희망의 지킴이가 되어 주십시오."[75]

프란치스코 교황께서 2014년 8월 한국 주교님들과 만나 당부한 말씀입니다. 3년 가까이 지속된 코로나 감염증으로 인해 피로감이 극에 달했던 시대를 뒤로 하고 포스트 코로나 시대에 들어선 지금, '희망'이라는 말은 여전히 유효할까요?

"다만 여러분의 마음속에 그리스도를 주님으로 거룩히 모시십시오. 여러분이 지닌 희망에 관하여 누가 물어도 대답할 수 있도록 언제나 준비해 두십시오."(1베드 3,15)

---

75 교황 프란치스코, "한국 주교들과 만남", 『일어나 비추어라』, 프란치스코 교황 방한 메시지, 한국천주교주교회의, 2014, 20-28.

우리 삶에서 가장 중요한 질문은 아마도 희망이 아닐까 합니다. 희망 없이 우리는 단 한 순간도 살아갈 수 없습니다. 그렇기에 베드로 1서의 당부는 우리에게도 해당합니다. 누군가 우리가 지닌 희망에 대해 묻는다면 우리는 어떤 답을 내놓을 것인가요?

이는 궁극적으로 그리스도 신앙의 정체성에 관한 물음입니다. 우리가 간직하는 복음 그리고 그 복음이 주는 희망이 어떤 것인지에 관한 물음입니다. 우리는 무엇으로, 어떤 희망으로 사는 사람입니까? 그 희망은 분명 세상이 줄 수 없는 근본적인 희망일 것입니다. 단순히 세상을 사는 방식이나 처세술이 아닌, 절체절명의 위기에도 심지어 죽음 앞에서도 주저하지 않고 굳건히 앞으로 나아갈 수 있게 하는 무언가가 있느냐는 물음입니다.

세상에서 가장 아름다운 이별

'세상에서 가장 아름다운 이별'이라는 영화가 있습니다. 이 영화는 가족을 위해 평생 희생해 온 중년 주부가 말기암 진단을 받고 가족과 이별을 준비하는 내용을 전하고 있습니다. 이 이야기에는 병고 그리고 결국 맞닥뜨려야 할 죽음이라는 보편적인 문제가 담겨 있습니다. 이 영화는 병고와 싸우는 병자와 그 가족이 준비하는 세상에서 가장 아름다운 이별이 전하는 진한 감동과 함께, 병고와 죽음 앞에서 궁극적인 희망을 발견하지 못하는 인간의 고뇌를 동시에 그려 줍니다.

이 문제 앞에서 그리스도 신앙은 어떤 답을 주는가요? 현대인은 자판기처럼 즉각 주어지는 결과를 기다리지만, 사실 이러한 문제에 딱 부러지는 정답은 존재하지 않습니다. 마치 그 앞에서 모든 말은 사라져야 하며, 몸소 겪어야만 그 답을 아주 조금씩 알 수 있다고 말하는 것 같습니다. 그동안 알지 못한 삶의 다른 차원으로 넘어가는 과정이라고밖에 말할 수 없을 것입니다.

우리가 경험하는 한계상황

우리가 겪는 삶의 여러 측면을 생각해 봅니다. 특히 소중한 가족이 큰 사고를 당했거나 큰 병에 걸렸을 때 혹은 죽음에 임박한 가족을 동반할 때를 말이죠. '사람은 다 죽는다'는 것을 잘 알면서도 그 사실을 받아들이지 못하는 우리들입니다. 납득할 수 없는 상황들, 부조리하고 불의한 상황들이 우리 삶에는 너무나 많습니다. 우리 힘으로는 도저히 해결할 수 없어 보이는 상황들입니다. 이러한 '한계상황'에 처할 때 우리는 어떻게 대응하는가요?

병원에서 의사가 고개를 저을 때, 일말의 희망을 부여잡기 위해 여기저기서 다양한 이야기를 듣고 사방팔방 여러 방법을 찾아보기도 하지만, 결국 찾게 되는 것은 하느님뿐입니다. 인간의 힘으로 도저히 불가능하게 여겨지기에 그분의 개입, 그분께서 행하시는 기적만을 바랄 뿐입니다. 그렇지만 하느님께서는 야속하게도 쉽게 답하거나 응답하지 않으십니다.

이러한 상황 앞에서 우리는 그동안의 삶이, 신앙이 모두 허물어져 내리는 경험을 합니다. 그동안의 삶의 기반이 뿌리부터 뒤흔들리는 것만 같은 경험입니다. 그리고 이전의 모든 '정당화하는' 말은 입을 다뭅니다.

저도 같은 경험을 하였습니다. 수년 전에 작고하신 어머니의 병 앞에서, 엄습해 오는 죽음 앞에서 가던 길을 멈추고, 고개를 숙이고 고통 중에 입을 다물어야 했습니다. 모든 처세술이 입을 다물 때 다른 차원의 신앙이 요청됩니다. 신앙과 삶의 새로운 차원에 들어갈 준비를 하는 것입니다.

여기서는 머리나 마음이 아닌 삶이 우선합니다. 마주하는 것밖에는, 살아 내는 것밖에는, 참아내고 감내하는 것밖에는 다른 길이 없습니다. 거기서 내맡기는 법을 배울 것이며 신앙의 새로운 차원에 들어서게 될 것입니다.

희망이라는 관문

여기에 담겨 있는 궁극적인 물음은 희망입니다. 나에게는 희망이 있는가? 어디에 희망을 두어야 하는가? 삶의 기반이 근본부터 뒤흔들릴 때 나는 과연 어디에 희망을 두고 어떻게 살아야 하는가?

궁극적으로는 하느님께 대한 물음이며 믿음의 문제입니다. 하느님은 계신가? 계신다면 왜 침묵하시는가? 나는 그분께 믿음과 희망을 두어도 좋은가? 모든 인간적 희망이 고갈될 때 죽음으로 모든 것이 끝나는 것인가? 아니면 아직 희망할 것이 남아 있는가?

이런 물음 앞에서는 만병통치약과 같은 것은 존재하지 않습니다. 그 약 하나만 먹으면 혹은 백신 한 대만 맞으면 아무 문제없이 고통스러운 순간들과 죽음을 건너가게 하는 그러한 답을 우리는 바랍니다. 그러나 애석하게도 그러한 답은 존재하지 않습니다. 그것이 사기가 아니라면 말이죠.

그렇다고 답이 없는 것은 아닙니다. 오히려 답은 삶에 있고 현실에 있습니다. 이미 그 길을 걷고 이미 답을 찾은 사람들이 있기에 우리는 확신을 가지고 말할 수 있습니다. 우리는 주변에서 그러한 사람을 종종 만납니다. 죽음의 위협에 굴하지 않고 희망을 간직한 놀라운 신앙인들입니다.

김 마리아 자매님께 대한 필자의 글을 소개드리고자 합니다.

> 어느 날 마리아 자매님이 병자성사를 요청하셨습니다. 어느 큰 병원에 입원하고 계셨는데 암이 재발했다는 것입니다. 당시 임신 중이었는데 아이는 이미 인큐베이터에 놓여 있다고 하였습니다. 병이 많이 진척되어 더 이상 가망이 없다고 저를 동반하시던 자매님이 귀띔을 해 주셨습니다. 마리아 자매는 눈물을 흘리면서 병자성사를 받았고 큰 평화를 체험했습니다. 지금은 병석에 누워 있지만 앞으로 나으면 아이를 잘 기르고 싶다는 그녀의 말을 듣고 마음이 무척 쓰라렸습니다. 자매님을 뒤로 하던 발걸음은 무겁기만 하였습니다.
>
> 얼마 후에 다시 전화가 왔습니다. 마리아 자매의 아버지께서 같은 병원에 대장암으로 입원하셨다는 것입니다. 따님의 권유로 돌아가시기 전에 세례를 받으려 했던 것입니다. 세례성사를 집전하면서 어처구니없는 현실 앞에 선 가족을 보며 다시 마음이 아팠습니다. 12층에는 아버지가 대장암 말기로 입원하였고 8층에는 딸이 재발한 암으로 입원하였고 지하에는 몇 개월도 채 자라지 못한 아기가 인큐베이터에서 생사의 갈림길에 놓여 있었습니다. 병원을 나서는

우리에게 작별인사를 하러 나오신 마리아 자매의 어머니의 허탈해하는 모습을 아직도 잊을 수가 없습니다.

얼마 후 아버지께서 돌아가셨습니다. 성당 입구에서 휠체어를 타고 장례미사에 참례하고 나오던 모자를 쓰신 마리아 자매를 만났습니다. 뭐라고 위로의 말씀을 드려야 하겠는데 오히려 제게 말씀하십니다. "신부님, 저는 지금 정말 행복하고 평화로워요. 아버지께서 세례를 받고 하느님 나라에 가셨잖아요." 할 말을 잃은 저는 그녀의 목소리에서 세상을 초월한 어떠한 희망을 느낄 수 있었습니다.

마리아 자매님도 돌아가시고 그녀의 어머니는 저와 함께 교리를 배우시고 세례를 받으셨습니다. 예비자 교리를 받을 때마다 등에 업혀 찡얼대던, 인큐베이터에서 자란, 지금 어디선가 잘 자라 주고 있을 나현이의 모습이 새록새록합니다. 아직도 문득문득 생각에 잠깁니다. 마리아 자매는 어떻게 그런 상황에서도 평화로울 수 있었을까? 아마도 그녀는 우리들이 아직은 뚜렷하게 알지 못하는 불멸의 희망을 보았던 것 같습니다. 고통과 시련으로 힘겹게 살아가는 사람들의 삶 너머에 존재하는 희망을 말입니다. 그 이후로 저는 그녀처럼 주님께서 주시는 희망을 증거하며 살아가는 수많은 사람을 만날 수 있었습니다. 이미 끝나버렸다고 생각되는 순간, 아무런 희망도 보이지 않는 순간에도 그들은 살아갑니다. 그들은 살고자 희망합니다. 그들이 아는 삶과 희망은 좌절과 절망 그리고 죽음이 어찌할 수 없는 불멸의 것이기 때문입니다.

마리아 자매가 살았던 신앙과 사랑 그리고 희망은 절망과 슬픔을 뚫고 기적처럼 새로운 생명(나현이와 나현이 외할머니, 외할아버지)을

> 낮게 하였습니다. 그녀의 작은 삶이 오늘도 많은 사람에게 영원한 생명에 대한 희망의 불을 지펴 주기를 바라봅니다.

프랑스 유학생 시절 놀라운 경험을 한 적이 있습니다. 루게릭병으로 고통받던 브리지트 뒤랑스 자매님의 장례미사 초대장에는 다음과 같이 쓰여 있었습니다.

> "이날이 오고야 말았습니다, 너무도 빨리. 제겐 아직도 해야 할 수많은 일들이 있었습니다. 여러분 모두에게 여러분들이 제게 가져다주신 작고 큰 여러 행복들에 대해 감사드립니다. 특별히 미셸, 삶의 커다란 계획들을 나눌 수 있는 기회를 가졌던 나의 남편인 당신 그리고 우리의 네 자녀와 가족.
> 제게 작별인사를 하러 올 때 화려한 색의 옷을 입고 오시기 바랍니다. 특히 검은색 옷은 사양합니다. 슬픔에 슬픔을 더할 필요는 없습니다. 제 장례식에 오면서 가져온 온갖 꽃들을 서로에게 나누어 주시기 바랍니다. 그 꽃들로 당신들이 저에 대해 가지고 있는 추억들을 나누며 기뻐하시기를 바랍니다. 삶이여, 영원하라…."

이 두 여인은 그 희망을 발견한 것처럼 보입니다. 우리가 알지 못하는, 어렴풋하게만 알고 있는 그 희망을 말이죠. 그것은 '증언의 진리'이기에 그 희망을 검증할 유일한 방법은 각자 그 길을 걷는 것밖에 없습니다. 우리에게 답이 있다면, 우리보다 먼저 이 길을 걸어간 사람들이 있고, 우리와 함께 걷는 이들, 우리 뒤를 따르는 이들이 있다는 것입니다. 그리고 모두 한 길, 곧 예수 그리스도를 따르는 길을 걷고 있다는 것입니다.

그런데 생각해 보면 누구나 다 이 길로 지나가고 있음을 깨닫게 됩니다. 병고와 죽음 앞에서 번민하고 괴로워하는 모든 사람은 결국 이 문제 앞에 서야 했고, 그들 나름대로 자신의 길을 걸어갔다는 것이 우리를 놀라게 합니다. 인간의 위대함이 바로 거기에 있지 않을까요? 자기 자신의 죽음을 마주하는 것에? 다시 신앙의 핵심으로 돌아옵니다. 우리는 어디에서 세상이 주지 못하는 희망을 발견하는가요?

희망으로 구원된 우리

이 문제를 깊이 숙고하신 베네딕토 16세 교황님의 회칙 『희망으로 구원된 우리』를 읽어 봅니다. 교황님에 따르면 사람들이 크고 작은 희망을 지니고 살아가지만, 결국 인간은 희망을 줄 수 없다는 것, 과학과 정치는 희망이 될 수 없다는 것을 확인하고 맙니다. 살아가기 위해 크고 작은 희망이 필요하지만, 결국은 그 모든 것을 초월하는 희망이 요청됩니다. 하느님만이 오로지 이 위대한 희망이십니다. 교황님께서는 인간이 되어 우리 가운데 오신 하느님, 각자와 인류 전체를 끝까지 사랑하신 하느님, 바로 그 하느님이 희망의 토대라고 하십니다. 우리 삶에 그분 사랑이 다다라 당신 나라를 실현시키시기에, 그 사랑만이 불완전한 이 세상에서 희망의 끈을 놓지 않고 깨어 있도록 하기에 말입니다.

"사실, 하느님을 모르는 사람은 아무리 수많은 희망을 품을 수 있더라도 결국 삶 전체를 지탱하는 위대한 희망을 가지고 있지 않은 것입니다. 어떤 절망에도 흔들리지 않는 위대하고 참된 희망은 오로지 하느

님, 우리를 사랑하시고 '끝까지' '다 이루어질' 때까지 계속 사랑하시는 하느님뿐이십니다."(27항)

"이 위대한 희망은 오로지 하느님뿐이십니다. 하느님께서는 온 우주를 감싸안으시고, 우리가 스스로 도달할 수 없는 것을 우리에게 선사하시고 베푸실 수 있는 분이십니다. 이 선물이 주어진다는 것도 바로 희망에 속하는 것입니다. 다른 어떤 신이 아니라 사람의 모습을 지니시고 우리 한 사람 한 사람과 인류 전체를 '끝까지 사랑하시는' 하느님이 바로 희망의 토대입니다."(31항)

희망의 증인들

그런데 하느님께서 희망의 토대이시라는 것을 어디에서 확인할 수 있을까요? 특히 무죄한 이의 고통과 같은 부조리한 현실 앞에서 하느님을 희망의 근거로 제시하는 것이 여전히 가능한 것일까요?

카스퍼 추기경님은 저서 『자비』에서 무죄한 이의 고통과 같은 문제 앞에서 '변신론(辯神論)', 곧 하느님께 대한 일방적인 변호의 시도는 실패한 것으로 간주해야 한다고 말씀하십니다.[76] 이성적 논증만으로는 이런 문제를 해결할 수 없다는 말씀입니다. 교회는 치밀한 이론보다는 불의와 부조리를 신앙 안에서 실제로 살아 내고 극복한 '희망의 증인들'을 제시합니다. 한국 교회의 긴 박해시대 동안 지속된 시련 속에서 신자들은 박해를 묵묵히 참아 받음으로써 죽음의 위협으로도 어쩔 수 없던 희망의 위대함을 보여 주었습니다. 그분들의 증언을 통해 볼 때, 그럴 수

---

[76] 카스퍼, 앞의 책, 229.

있었던 것은 고통 중에 그리스도와 더욱 깊이 일치할 수 있었기 때문이며, 그 안에서 하느님 아버지의 사랑의 힘과 위력, 그 사랑이 약속하는 희망을 체험했기 때문일 것입니다.

소화 데레사 성녀의 '사랑의 성소'

베네딕토 16세 교황님에 따르면, 오직 사랑만이 희망입니다. 그러나 우리는 아직 이 말씀의 깊은 의미에까지 들어갈 수 없음을 느낍니다. 우리가 갈 길이 멂을 느낍니다. 이쯤에서 소화 데레사 성녀의 '사랑의 성소'에 대해 묵상하고자 합니다. 성녀는 1873년 1월 2일 태어나셔서 1897년 9월 30일 선종하셨습니다. 1889년 4월 가르멜회에 입회 '아기예수의 데레사' 이름을 받으셨고, 폐결핵으로 24세의 나이로 선종하십니다. 다음은 성녀의 자서전의 일부입니다.

> 이 간절한 소원은 묵상할 때 순교만큼의 고통으로 바뀌어서, 무슨 대답이라도 얻고 싶은 마음에 바오로 사도의 서간집을 폈습니다. 코린토 신자들에게 보낸 첫째 서간 12장이 눈에 띄었습니다……. 거기에는 모든 사람이 한꺼번에 '사도와 예언자'와 교사 등 여러 가지가 동시에 될 수 없다는 것, 교회는 여러 지체肢體로 이루어졌다는 것(1코린 12,29 참조), 그리고 "눈이 동시에 손이 될 수는 없다."(1코린 12,21 참조)라는 말이 있었습니다……. 분명한 대답이기는 했지만, 제 소망이 채워진 것도 평화가 온 것도 아니었습니다……. 텅 빈 무덤가에서 줄곧 울던 마리아 막달레나 성녀가 무덤 쪽으로 몸을 굽혀 들여다보다가, 마침내 그녀가 찾던 것을 발견했던 것처

럼(요한 20,11-18 참조), 저도 제 허무의 깊은 속까지 저를 낮춤으로써 오히려 높이 올라가 제 목적까지 다다르게 되었습니다……. 저는 실망하지 않고 계속 읽어 나가다가 이 구절에서 마음이 가벼워졌습니다. "여러분은 더 큰 은사를 열심히 구하십시오. 내가 이제 여러분에게 더욱 뛰어난 길을 보여 주겠습니다."(1코린 12,31) 그리고 사도께서는 어째서 아무리 완전한 특별한 은사라도 '사랑'이 없으면 아무것도 아닌지를 설명하셨고……, '하느님께로 확실히 가기 위해서는 사랑이 가장 훌륭한' 길이라는 것을 설명하셨습니다.

마침내 저는 안정을 찾았습니다……. '가톨릭 교회'의 신비체를 살펴보니, 바오로 사도께서 설명하신 지체의 어떤 곳에서도 저를 찾을 수 없었습니다. 그래서 저는 더욱 모든 지체에서 저를 찾아내려고 했습니다……. '사랑'이 제 '성소'에 대한 답을 주었습니다. 만일 교회가 여러 지체로 이루어진 몸이라면, 모든 기관 중에 가장 필요하고 가장 귀한 것이 교회에 있을 것임을 알게 됐습니다. '교회에는 심장이 있고, 이 심장에는 사랑이 불타고 있다는 것'을 깨달았습니다. 오직 사랑만이 교회의 모든 지체를 움직이게 한다는 것과, 사랑의 불이 꺼진다면 사도들은 더 이상 복음을 전하지 못할 것이며, 순교자들은 피를 흘리려 하지 않으리라는 것을 알았습니다……. 그리고 '사랑은 모든 성소를 포함할 뿐만 아니라 모든 시간과 모든 것도 포함한다는 것……, 즉 사랑은 영원하다는 것'을 깨달았습니다…….

저는 미칠 듯한 기쁨에 이렇게 부르짖었습니다. "오, 제 사랑이신 예수님……. 제 성소를 마침내 찾았습니다. 제 성소는 사랑입니다."

그렇습니다. 저는 교회에서 제 자리를 찾아냈습니다. 그리고 하느님, 이 자리를 제게 주신 분은 바로 당신이십니다……. '어머니이신 교회의 마음'속에서 저는 '사랑'이 되겠습니다. 그리하여 모든 것이 되겠습니다……. 이렇게 저의 꿈은 이루어질 것입니다.[77]

루게릭병으로 생을 마감하셔야 했던 조셉 카이오 신부님 이야기도 나누고자 합니다.

그렇다면 앞으로 남은 시간을 어떻게 채워 나가야 할 것인가? 포기의 또 다른 측면은 이제 당신의 전부를 내어놓는 것, 그래서 자신이 온전히 신뢰하고 있는 상대에게 자신의 모두를 보답을 바라지 않고 내어 주는 것이라고 합니다. 그 상대란 내가 매일의 삶을 살기 위해 의지해야 하고 헤아릴 수 없는 당신의 신비로 나를 감싸안아 주시는 그분, 바로 우리가 하느님이라고 부르는 분이십니다.

하느님의 부드러움에 자신을 포기한다는 것은, 열려진 미래를 맞닥뜨리기를 배우는 것이고, 조금씩 다가오는 번뇌와 어렵게 거쳐야 할 죽음을 향해 가는 것입니다. 비록 우리의 용기가 약하고 부족하지만, 예수님께서 용기를 가지고 예루살렘으로 올라가셨음에도

---

[77] 『성녀 소화 데레사 자서전』, 안응렬 옮김, 가톨릭출판사, 1960, 2021, 331-333.

겟세마니의 번뇌를 거쳐야 했던 것처럼, 결국 그분과 함께 그 모두를 겪으며 하느님 아버지의 두 팔에 자신을 포기하는 것입니다. 바로 여기에 예수님을 따랐던 길의 기쁨이 자리합니다.

다가오는 죽음 앞에 서서 당신은 교회의 사람으로서 그리고 한 인간으로서 살아오면서 당신 안에서 줄곧 끊임없이 울려 퍼지는 것이 무엇인지 헤아려 보게 되었는데, 그것은 바로 사랑이었다고 합니다. 사도 바오로가 코린토 1서 13장에서 말씀하신 그 사랑은 "모든 것을 덮어 주고 모든 것을 믿으며 모든 것을 바라고 모든 것을 견디어" 냅니다. 그 사랑은 "언제까지나 스러지지 않습니다."(7-8절)

그래서 만약 그 사랑이 결코 스러지지 않고 그 사랑이 죽음처럼 아니 죽음보다 더 강한 것이라면, 이제 우리에게 남아 있는 유일한 길은 바로 사랑이라는 것입니다. 당신의 전부를 내어 주시는 하느님 아버지의 두 팔에 그분의 품에 자신의 모든 것을 내어놓는 사랑, 그것이 이제 그분에게 남아 있고 채워 나가야 할 시간의 의미라는 것입니다.

희망의 토대이신 그리스도의 사랑

이분들 모두 예수 그리스도의 사랑에서 희망의 토대를 발견하였습니다. 그리스도 신앙이 주는 답은 예수 그리스도, 그분의 사랑입니다. 다만 그리스도를 바라보라고 합니다. 그분은 누구십니까? 우리의 병고와 질병을 대신 짊어지신 분, 우리와 함께 고통을 겪으시는 분이십니다.

"저녁이 되자 사람들이 마귀 들린 이들을 예수님께 많이 데리고 왔다.

예수님께서는 말씀으로 악령들을 쫓아내시고, 앓는 사람들을 모두 고쳐 주셨다. 이사야 예언자를 통하여 '그는 우리의 병고를 떠맡고 우리의 질병을 짊어졌다.' 하신 말씀이 이루어지려고 그리된 것이다."(마태 8,16-17)

그런데 고통을 겪으시기만 하는 무기력한 사랑이 아니라 그 고통과 죽음을 이기는 사랑이기에 믿을 수 있고 희망을 둘 수 있는 것입니다. 그분께서 지금 우리와 함께 계십니다! 우리의 고통 가운데, 고독 가운데!

"참된 목자께서는 아무도 같이 갈 수 없는 완전한 고독의 길에서도 저를 이끌며 함께하십니다. 목자께서 몸소 이 길을 지나가셨습니다. 목자께서 죽음의 나라로 내려가셔서 죽음을 이기셨으며, 이제 우리와 함께하시려고 그리고 우리에게 당신과 함께라면 나아갈 길을 찾을 것이라는 확신을 주시려고 돌아오셨습니다. 죽음에서도 우리와 함께 계시는 분이 계시고 그분의 '막대와 지팡이가 저에게 위안을 주어 [...] 재앙을 두려워하지 않으리'라는 자각은 신자들의 삶에 나타난 새로운 '희망'입니다."(『희망으로 구원된 우리』 6항)

희망의 '지혜' 차원

그러나 그 희망을 우리 것으로 하기 위해서는 한 걸음 더 나가야 합니다. 베네딕토 16세 교황은 기도, 고통, 심판을 '희망의 학교'로 제시하십니다.(『희망으로 구원된 우리』 32-48항) 신앙의 시선은 삶을 다른 눈으로 바라보게 합니다. 결국 필요한 것은 시련을 겪어 내는 우리 자신의 내적 변화입니다. 그 변화 속에서 우리는 지혜를 갖추고 희망을 새롭게 발견하는 기적을 체험하게 됩니다.

희망은 지혜의 차원을 포함합니다. 말만이 아닌 삶을 통해서만 목격할 수 있는 희망입니다. 삶을 통해서만 가까워질 수 있는 예수 그리스도, 이미 삶 안에 그분의 모든 것이 각인되어 있기 때문입니다. 그것은 욥이 시련 중에 배운 지혜이기도 합니다.

구약 성경의 욥기는 희망에 대한 우리의 물음에 매우 중요한 실마리를 제공합니다. 욥은 의인이었지만 중병에 걸렸고, 그는 신앙으로 버티다 결국 분노를 터뜨리며 자기가 태어난 날을 저주하였고, 하느님께 탄원을 올렸습니다. 그를 찾아온 친구들은 '신학자'로 욥을 설득하고자 하였습니다. 그들은 욥의 고통에 나름의 의미를 부여하고자 했지만 욥을 설득할 수는 없었습니다. 욥이 경험하는 것은 고통의 무의미함을 넘어 부조리였으며, 나아가 삶의 무의미와 부조리였고, 결국 희망의 부재였습니다.

"주님께서 욥에게 계속 말씀하셨다. 불평꾼이 전능하신 분과 논쟁하려는가? 하느님을 비난하는 자는 응답하여라. 그러자 욥이 주님께 대답하였다. 저는 보잘것없는 몸, 당신께 무어라 대답하겠습니까? 손을 제 입에 갖다 댈 뿐입니다. 한 번 말씀드렸으니 대답하지 않겠습니다. 두 번 말씀드렸으니 덧붙이지 않겠습니다. 그러자 주님께서 욥에게 폭풍 속에서 말씀하셨다. 사내답게 허리를 동여매어라. 너에게 물을 터이니 대답하여라. 네가 나의 공의마저 깨뜨리려느냐? 너 자신을 정당화하려고 나를 단죄하려느냐? 네가 하느님 같은 팔을 지녔으며 그와 같은 소리로 천둥 칠 수 있느냐? 존귀와 엄위로 꾸미고 존엄과 영화로 옷을 입어 보아라. 너의 그 격렬한 분노를 쏟아부어라. 교만한 자는 누구든 살펴 그를 낮추어 보아라. 교만한 자는 누구든 살펴 그를 꺾고 악인들은 그 자리에서 짓밟아 보아라. 그들을 모두 흙 속에 숨기고 숨긴 곳에서 그들의 얼굴을 염포로 묶어 보아라. 그러면 나도 너를 인정하리니 너의 오른손이 너를 구원할 수 있기 때문이다. [...] 그러자 욥이 주님께 대답하였다. 저는 알았습니다. 당신께서는 모든 것을 하실 수 있음을, 당신께는 어떠한 계획도 불가능하지 않음을! 당신께서는 '지각없이 내 뜻을 가리는 이자는 누구냐?' 하셨습니다. 그렇습니다, 저에게는 너무나 신비로워 알지 못하는 일들을 저는 이해하지도 못한 채 지껄였습니다. 당신께서는 '이제 들어라. 내가 말하겠다. 너에게 물을 터이니 대답하여라.' 하셨습니다. 당신에 대하여 귀로만 들어 왔던 이 몸, 이제는 제 눈이 당신을 뵈었습니다. 그래서 저 자신을 부끄럽게 여기며 먼지와 잿더미에 앉아 참회합니다."(욥 40,1-14; 42,1-6)

대반전

대반전이 일어났습니다. 분노를 터뜨리고 탄원을 올리던 그가 나중에 하느님께 고개를 숙일 수 있었던 것은 일종의 '회개'가 일어났기 때문이며, 그 회개로 그는 이제 고통을 달리 보게 되었기 때문입니다. 현자, 지혜로운 자, 스승만이 볼 수 있는 눈을 얻게 된 것입니다. 그 회개는 삶의 의미를 새롭게 발견하는 것이며, 희망을 새롭게 발견하는 것이었습니다.

욥의 이야기가 우리에게 시사하는 것은 무엇일까요? 한계상황에서 필요한 것은 '논리'나 '논증' 혹은 '설득'이 아니라는 것, 하느님께 탄원을 올리고, 하느님과 논쟁하고 씨름하고 싸우는 것은 정당하다는 것입니다. 놀라운 것은, 하느님을 외면하지 않고 모든 것을 하느님과 해결하려고 했던 것이며, 실은 그것이 결국 그를 깨뜨리고 새롭게 눈을 뜨게 하였습니다.

'시편 기도'에서 배우는 지혜

같은 맥락에서, 시편에서 하느님께 드리는 하소연과 탄원하는 노래들을 만납니다. 카스퍼 추기경님은 『자비』라는 저서에서 시편 기도가 이 문제에 중요한 답을 제공한다고 보십니다.

> 구약 성경의 탄원 시편들(시편 6; 13; 22; 31; 44; 57편 등 참조)은 모두 하느님에게 버림받은 커다란 곤경에서 나온 것으로, 커다란 실존적 충격에 관해 이야기합니다. 그럼에도 이 시편들은 결코 절망으로 마무리되는 것이 아니라, 곤경을 겪는 자기 곁에 하느님이 계신다는 확신으로 마무리됩니다. 탄원 시편마다 그처럼 하소연에서 찬미로 극적인 반전이 일어납니다. 탄원 시편들은 하소연과 비난, 절망으로 끝나는 것이 아니라, 한결같이 찬미와 감사로 끝납니다.[78]

그 극적인 반전 이면에는 욥을 지혜의 차원에 도달하도록 한 내적 투쟁이 자리하며, 그것은 기도를 하느님과의 거래가 아닌 내적인 정화의 자리이자 희망을 배우는 학교가 되도록 합니다. 고통과 죽음 앞에서의 내적 투쟁이 결국 우리가 믿고 의지해야 할 대상이 오직 하느님

---

78 카스퍼, 앞의 책, 234.

뿐임을 알게 해 준 것입니다.

기도의 의미

프랑스의 저명한 철학자 폴 리쾨르는 시편에서 찬송, 애원, 감사를 통해 인간의 언어가 하느님을 향한 언어가 됨을 아름답게 표현하였습니다. 시편에서 발견되는 인칭 변화('그분'에서 '당신'으로)를 통해 우리의 탄원, 하소연, 정화되지 못한 감정은 어느새 하느님을 향한 말, 기도로 승화됩니다.

기도란 하느님과의 거래가 아닌 하느님께서 주시는 희망을, 교회 공동체의 희망을 자기 것으로 하는 것입니다. 기도의 핵심은 자신의 정화, 하느님께 온전히 의탁하는 것입니다. 그리스도와 함께 고통을 참아 받으며 사랑이 자신의 성소임을 발견하는 것입니다. 고통과 죽음은 우리가 믿고 의지해야 할 대상이 인간이 아니라 오직 하느님뿐임을 알게 해 줍니다.

고난의 의미

로마서 5장 '의롭게 된 이들의 삶과 희망'을 읽어 봅시다.

"믿음 덕분에, 우리는 그리스도를 통하여 우리가 서 있는 이 은총 속으로 들어올 수 있게 되었습니다. 그리고 하느님의 영광에 참여하리라는 희망을 자랑으로 여깁니다. 그뿐만 아니라 우리는 환난도 자랑으로 여깁니다. 우리가 알고 있듯이, 환난은 인내를 자아내고 인내는 수양을, 수양은 희망을 자아냅니다. 그리고 희망은 우리를 부끄럽게 하지 않습니다.

우리가 받은 성령을 통하여 하느님의 사랑이 우리 마음에 부어졌기 때문입니다."(로마 5,2-5)

성경은 "고난을 겪고서야 영광에 들어가는" 길을 전해 줍니다. 고난을 겪고서야 우리의 신앙이 더욱 정화되고 순수해질 것입니다. 우리가 더욱 인간다운 모습으로 그 아름다움이 빛날 것입니다. 십자가 예수님의 아름다움이 빛나는 순간입니다.

약속의 하느님과 신앙의 연대

다시 약속의 하느님께로 돌아옵니다. 우리의 행복했던 시절, 주님과 함께 맺은 약속을 떠올립니다. "민택 씨, 사랑해요!" 셋째 이모께서 장난감 권총을 선물로 주며 건네신 말에 다섯 살 꼬맹이 조카 민택이가 답합니다. "우리 결혼해요!"

우리는 하느님과 맺은 약속에 얼마나 신실했는가요? 고통은 시금석이 됩니다. 우리의 신앙을 궁극적으로 다시 돌아보게 합니다. 우리는 약속의 하느님을 믿는가요? 우리는 하느님과의 약속을 기억하는가요? 우리에게 행하신 놀라운 일들을?

결국 자신에게 맡겨진 길, 홀로 가는 고독한 길이지만, 우리에게는 이 길을 함께 걸어가는 이들이 있기에 아름다운 길입니다. 따라서 희망에 대한 숙고는 공동체에 관한 언급으로 마무리되어야 할 것입니다. 우리는 이 영적 여정을 결코 홀로 걸어갈 수 없습니다. 시련이라는 도전 앞에서 결국 자기 스스로 길을 걸어야 하지만, 이 길을 함께 걸어가는 이들이 있기에 끝까지 걸어갈 수 있습니다. 한계상황에 처하여 우리는 우리보다 먼저 이 길을 걸었고, 지금 함께 걷고 있는 이들과 '연대'하게 됩니다. 모든 이들과 연대! 동시대 사람들, 다른 시대의 사람들과 하나 되는 길이 열립니다. 루르드에서 제가 발견한 기적은 바로 이 '신앙의 연대'의 힘이었습니다. 병자보다 훨씬 많은 자원봉사자가 그들과 함께 희망을 찾아 순례하고 있던 모습은 오늘도 우리에게 큰 귀감이 됩니다.

샤스탕 신부님의 증언

샤스탕 신부님은 1803년 7월 10일 출생하신 분으로, 한국에서 선교사 생활을 하시다 1839년 9월 21일 순교하셨습니다. 신부님은 다음과 같은 편지글을 남기셨습니다.

> 제가 조선대목구에 들어온 바로 그때 서울의 감옥에서 다섯 명의 신자가 고문을 받고 있었습니다. 그 신자들이 받던 고문에 관한 이야기를 들었을 때, 저는 마음이 아주 약해져 무서운 생각이 들어 몸을 떨었습니다. 그 후로는 저에게 은총을 주신 천주님께서는 두려운 마음이 더 이상 들지 않게 해 주셨습니다. 감옥에서 고문을 인내하면서 굳게 견디는 신자들 가운데, 저한테서 성사를 받은 많은 구 신자들과 새 신자들도 있고, 15세나 10세밖에 안 된 아이들도 있습니다. 고문을 꿋꿋하게 견디는 이들은 감옥 밖에 있는 신자들과 비신자들의 감탄을 자아냈고 저희들의 마음을 놀랄 정도로 강하게 하였습니다. (1839년 9월 1일자 편지)

샤스탕 신부님은 박해의 상황과 죽음의 위협이 두려웠지만, 신자들의 기도와 신앙에 힘입어 두려움을 씻어 낼 수 있었고, 용기를 낼 수 있었습니다.

새롭게 발견하는 희망을 전수하는 교회 공동체

성 요한 바오로 2세 교황님께서도 희망에 대한 힘찬 증언을 남기셨습니다.

> 여러분은 젊고, 교황은 늙었습니다. 여든두 살의 삶이 스물두 살의 삶과 같지는 않습니다. 그러나 교황은 아직도 희망과 염원을 여러분과 완전히 같이합니다. 비록 제가 가혹한 전체주의 체제 아래에서 많은 어둠을 헤치며 살아왔지만 여러 가지 증거를 목격하면서 젊은이들의 마음속에 영원히 용솟음치는 희망을 완전히 억누를 만큼 큰 어려움이나 두려움은 없다는 강한 확신을 갖게 되었습니다. 여러분은 우리의 희망입니다. 젊은이는 우리의 희망입니다. 희망을 버리지 마십시오! 여러분의 인생을 희망에 맡기십시오! 우리는 약함과 실패로만 이루어진 존재가 아닙니다. 우리는 우리에 대한 아버지의 사랑과 그분 아드님의 모습이 될 실질적인 능력을 온전히 지니고 있습니다.(요한 바오로 2세 성인 교황님의 토론토 세계청년대회 강론)

다시 삶으로

희망을 찾는 순례의 핵심은, 저마다 그리고 함께 그리스도의 신비 안에서 함께 걷는 것입니다. 우리에겐 동행하는 공동체, 신앙을 돌보고 북돋아 주는 공동체가 있습니다. 공동체와 함께, 공동체 안에서, 예수님의 삶을 자기 삶 안에서 살아 내고, 자기 삶을 예수님의 삶 안에서 다시 읽는 것이 관건입니다.

어떻게 오래 살 것인지가 중요한 것이 아니라 어떻게 살 것인지가 중요합니다. 오래 사는 것이 아니라 어떻게 사느냐가 가장 중요합니다. 이 세상에서 가장 어리석은 사람은 죽음을 남의 것으로만 여기며 사는 사람입니다. 죽음에 대한 묵상, 희망의 토대에 대한 묵상은 우리의 삶을 질적으로 향상해 줄 것입니다. 인간의 가장 위대한 점은 의식적으로 자신의 죽음을 마주하는 것, 진정한 희망을 찾는 것입니다.

솔렘 수도원에서 배운 교훈이 있습니다. 매일 저녁 기도 후 무덤 앞에서 묵상하는 시간을 갖습니다. 죽음이 매일의 삶에 깃들어 있습니다. 죽음을 삶 안으로 끌어들이고 있습니다. 그것이 나의 삶을 새롭게 살도록 이끌어 줄 것입니다.

신앙이라는 아름다운 선물

희망을 찾는 우리의 여정은 '실천'으로 마무리되어야 할 것입니다. 실천 없는 믿음은 죽은 믿음입니다. 실천은 우리의 믿음을 공고히 해 주고 희망을 밝게 밝혀 줍니다.

우리가 고통받는 이들을, 죽음 앞에 번뇌하는 이들을 방문하고 그들을 위해 기도해야 하는 이유는 우리의 신앙을 더욱 순수한 것으로 하기 위해서입니다. 공동체 신앙을 공고히 하기 위해서입니다. 더욱 예수 그리스도의 수난에 동참하는 공동체가 되기 위해서입니다.

하느님 나라는 '내 안에서 서서히 익어 가는 것'입니다. 시련과 고통을 통해 우리 안에 희망이 하느님 나라처럼 무르익어 갈 것입니다. 우리는 지금 그 아름다운 길을 걷고 있는 겁니다.

우리 삶의 가장 아름다운 선물은 교회의 신앙입니다. 또한 하느님께서 고통받는 가족, 이웃, 자기 삶을 통해 우리에게 선사하시는 희망입니다. 그 신앙과 희망은 함께 기도하며 함께 고통을 나눌 때 우리 안에 주어지는 선물들입니다. 그 신앙과 희망을 잘 간직하고 그리고 가장 소중한 가족과 이웃에게 그것을 전할 수 있다면, 우리 삶은 하늘에서 빛나는 별처럼 아름답게 빛날 것이며, 영원 속에 우리 이름을 새길 수 있을 것입니다.

마침기도

베네딕토 16세 교황님과 함께 성모님께 드리는 기도로 마무리합시다.

"거룩한 마리아, 하느님의 어머니이시며 저희 어머니시여, 저희에게 당신과 함께 믿고 바라고 사랑하는 법을 가르쳐 주소서. 그분 나라에 이르는 길을 저희에게 보여 주소서! 바다의 별이시여, 저희에게 빛을 비추시어 저희의 길을 이끌어 주소서! 아멘."

4장

우리의 사랑이 깊어지도록[79]

이야기 하나. 그리움

'코로나 블루'라는 말이 있습니다. 이 말에서 저는 무엇보다 사람에 대한 그리움을 느낍니다. 사람에 대한 그리움, 만남에 대한 그리움, 소중한 사람을 만나고픈 간절한 마음, 이 모든 것은 우리가 함께 어울려 살기 위해 태어났다는 것을 의미하는 것 같습니다.

코로나로 인해 거리두기를 하고 있습니다. 그토록 그리운 것이 사람이지만, 또 그토록 지겨운 것도 사람이었음을 기억합니다. 지금의 거리두기는 보다 나은 만남, 보다 나은 관계를 위한 것이 아닐까 생각해 봅니다.

---

[79] 이 글은 수원가톨릭대학교 정하상바오로후원회원을 대상으로 2020년 10월에 비대면으로 행한 특별 강연이다. 영상은 다음 사이트에서 시청할 수 있다: https://youtu.be/ZsUgX-7k74hA?si=7grsyNJvQv0suvPa.

우리의 관계가 더 인간적이고 서로를 풍요롭게 하는 것이 되기 위해 어쩌면 지금의 거리두기는 꼭 필요한 것 같습니다. 사실 그동안 우리는 얼마나 많이 힘들어했습니까? 얼마나 무분별하게 만나고 다니고 말하고 뒷말하고 내 뜻대로 하려고 얼마나 애를 썼습니까? 그 결과 우리는 만신창이가 되었습니다. 지금 우리는 조용히 거리를 두면서 보다 나은 내일을 준비해야 할 때입니다.

여기서 잠깐 예수님의 거리두기를 묵상해 봅니다. 제자들의 만류에도 떠나야만 하셨던 이유는 무엇이었을까요? 보다 깊은 차원에서의 만남을 위해서가 아니었을까요? 당신의 영을 통해 내면 깊은 곳에서 이루어지는 서로 간의 친교와 일치를 위해서가 아니었을까요?

그래서 예수님이 옳으셨던 것 같습니다. 어떻게 보면 지금의 코로나는 우리에게 큰 선물일 수도 있겠다는 생각이 듭니다. 지금 당장은 아프겠지만. 보십시오, 저 가을 하늘을.

오늘 이 강의는 우리 대학을 물심양면으로 후원해 주시는 정하상바오로후원회원을 위해 준비했습니다. 코로나 시대를 힘겹게 사는 분들에게 위로와 희망의 메시지를 전해 주기 위해서입니다. 후원회원분들을 생각하면 가장 먼저 떠오르는 단어가 '그리움'입니다. 해마다 이맘때가 되면, 건달산과 학교 교정이 아름답게 단풍으로 물들어 가고 은행나무 길이 노랗게 익어 갈 때면, 후원회원님들을 학교로 모시고 피정을 했었습니다. 코로나로 인해 피정을 하지 못하게 되니, 여러분을 향한 그리움이 더 커진 것 같습니다.

학교 식구들의 이런 마음을 대한민국 국민에게 잘 표현한 가수가 있었습니다. 바로 나훈아입니다. 추석 특집 나훈아 콘서트가 화제였습니다. 정치권까지 들썩일 정도로 영향력이 컸습니다. 대한민국은 나훈아앓이를 하고 있습니다. 왜 그럴까요? 그의 노래와 카리스마 때문만은 아닐 것입니다. 코로나로 인해 고통받는 대한민국 국민의 마음을 위로해 주고 용기를 주려는 모습이 마음에 와 닿았기 때문일 것입니다. 그런 마음이 바로 이 노래, '테스 형'에 잘 담겨 있습니다.

조금만 더 기다려 보자고, 내일은 상황이 좋아질 거라고, 조금만 더 버텨 보자고, 그렇게 힘겹게 버텨 온 시간인데, 도대체 그 끝이 보이지도 않는데, 많은 사람이 코로나 블루에 걸리고, 이제는 그 우울이 분노가 되어 곳곳에서 표출되고 있습니다.

그의 노래가 큰 위로가 된 이유는 답답하고 원통한 마음을 우리 대신 이야기해 주었기 때문일 것입니다. 다들 똑같은 사정이기에 그 누구에게도 말할 수 없는 답답한 심정을 말입니다. 오늘은 얼마나 힘들고, 내일은 또 얼마나 힘들 것인가요?

그런데 이 노래가 동시에 용기를 주기도 하였습니다. "코로나19 때문에 가만 있으면 두고두고 후회할 거 같아서."라고 하였습니다. 결국 답답함을 참지 못하고 국민을 위로하기 위해, 다시 시작하자고 격려하기 위해 공연을 하였습니다. 비록 비대면이었지만 말입니다. 그리고 말했습니다. "할 거는 천지삐까리니까 밤새도록 할 수 있습니다." 우리도 답답합니다. 그런데 머리를 싸매고 찾아보면 할 일은 천지삐까리입니다. 이제 움직여야 합니다. 물론 방역수칙을 잘 지키면서 말이죠. 대한민국 어게인? 천주교 어게인!

문득 예수님을 '스도 형'이라 불렀던 한 신부님이 생각납니다. 이미 작고하신 서정동 성당 출신 외방선교회 소속이셨던 이후진 마티아 신부님이십니다. 선교사의 꿈을 갖고 선교 사제가 되어 파푸아뉴기니 등지에서 활동하시고 필리핀에서 사목하시다 결국 그곳에서 향년 55세의 나이로 삶을 마감하셨습니다. 그분께서 저의 출신 성당인 조암 성당 주임으로 계실 때, 제가 신학생 때 아주 친했고 농담도 많이 주고받았습니다. 어느 날 사제관 응접실에 둘이 누워서 이야기를 나누고 있는데, 이러시는 겁니다. "아, 스도 형 대단하셔. 어느 율법 학자가 와서 제일 큰 계명이 무어냐고 물어보니까, 잘 모르겠으니까 먼저 물어본 거 아니여, 너는 무어라고 생각하느냐? 그래서 율법 학자가 답하니까 잘했다고 칭찬하셨지. 그리고 나중에 누가 다시 물어봤을 때 그걸 기억하고 있다가 이야기하신 거 아니여? 대단하시지, 우리 스도 형!"

소크라테스를 테스 형이라고 부르면서 수천 년 전 현자를 소환한 나훈아가 대단하다면, 인류의 구세주를 스도 형이라고 부르시던 이후진 신부님은 더 대단하시다는 생각이 듭니다.

맞습니다. 우리에게는 '스도 형'이 계십니다. 우리가 잊고 있었을 뿐입니다. 그리고 아마도 코로나로 힘든 이 시기에 훈아 형님처럼 사람들을 대신해서 스도 형님을 불러 말을 걸어볼 만할 것 같습니다. "아, 스도 형, 세상이 왜 이래, 왜 이렇게 힘들어. 아, 스도 형, 예수 그리스도 형, 사랑은 또 왜 이래. 아, 스도 형, 아프다 세상이, 눈물 많은 나에게!"

그런데 뭔가 잘 맞아떨어지지 않는 느낌이 듭니다. 예수님은 소크라테스와 같은 현자가 아니셨기 때문입니다. 그분은 지혜로운 가르침을 주셨지만 가르침만 남기고 독배를 들고 떠난 것이 아니라, 몸소 인류의 죄를 짊어지시고 십자가 위에서 죽음을 당하신 것입니다. 그분은 우리보다 더 큰 고통을 겪으셨고, 우리의 외침보다 더 크게 십자가 위에서 외치셨습니다. "아버지, 어찌하여 저를 버리시나이까?" 이미 우리를 대신해서 외치셨던 것입니다. "아버지! 세상이 왜 이래, 왜 이렇게 힘들어!"

우리는 스도 형에게 세상이 왜 이러냐고 묻지 않습니다. 이미 우리보다 먼저 고통을 겪으셨고, 힘든 삶을 사셨으며, 우리 대신 먼저 외치신 분이기 때문입니다. 우리가 겪는 시련을 너무 잘 아시기에, 우리는 세상이 왜 이러냐고 물을 것이 아니라, 다음과 같이 물어야 할 것입니다.

"스도 형, 아시잖아요, 왜 이렇게 힘이 드는지. 나 이제 어떻게 해야 하나요. 스도 형, 말씀을 좀 해 주셔요. 저 대신 외쳐 주셔요. 그리고 어떻게 해야 할지 좀 알려 주셔요. 어떻게 버텨 내야 할지. 그리고 힘을 주셔요. 이 힘든 시기를 이겨 낼 수 있도록 … 스도 형!"

우리는 압니다. 스도 형님은 즉각 우리에게 답을 주시지 않습니다. 십자가 위에 묵묵히 침묵하고 계십니다. 우리가 힘들 때 교회는 다만 예수 그리스도를 바라보라고 합니다. 그분의 외침과 침묵에 귀를 기울이라고 합니다. 그리고 그분을 따른 수많은 사람들을 바라보고 그들의 이야기에 귀를 기울이라고 합니다. 그들은 주님을 따라 끝까지 걸었던 제자이며 '증인'입니다. 우리와 똑같이 살았던, 우리보다 힘든 시련을 겪었던, 우리와 똑같이 나약하고 두려움 많았던, 그렇지만 멈추거나 좌절하지 않고 끝까지 길을 걸었던 그분들의 삶에 귀를 기울이면서, 앞으로 걸어갈 수 있는, 다만 하루를 살 수 있는 힘과 용기를 얻으라고 합니다.

예, 우리는 지금 시련 속에 연대하고 있습니다. 우리 모두 시련 속에 있다는 점에서 같은 배를 타고 같은 운명을 살아가고 있습니다. 코로나는 이 시대에 큰 적이지만, 반면에 우리가 시련 속에 하나로 연대하고 있음을 일깨우고 있습니다. 비록 잊고 살았지만, 우리는 같은 운명 공동체이며, 그 누구도 예외란 있을 수 없습니다.

그리고 시련을 겪어 왔던 인류의 역사를 돌아보게 합니다. 우리가 겪고 있는 이 시련이 가장 크다고 여기지만, 사실 인류는 이보다 더 큰 수많은 시련을 겪고 견디어 내고 이겨왔습니다. 우리는 시련을 통해 이전의 역사 그리고 이후의 역사와 연대하고 있는 것입니다.

신앙은 분명 이 시련을 다르게 보도록 합니다. 인류와 함께하면서 시련을 달리 겪는 법을 알려 줍니다. 우리가 겪는 시련은 이미 누군가 겪은 시련입니다. 생각해 보면 위대한 성인성녀들 모두 그러한 시련을 겪으셨고, 그 가운데를 관통하셨습니다. 소화 데레사 성녀가 그러하셨고, 우리 대학 주보이신 정하상 성인이 그러하셨습니다. 모두 시련과 고난을 관통하는 가운데 그들이 발견한 희망의 길을 우리에게 전해 주고 있습니다. 교회의 역사를 돌아보면, 신앙은 시련이 완전히 사라질 때만 주어지는 평화를 이야기하지 않습니다. 오히려 시련 속에 피는 꽃을 전해 줍니다. 우리는 세상과 함께 시련 중에 있지만, 그 시련을 달리 겪을 수 있습니다. 그리고 그 신앙이 오늘을 살게 합니다.

이야기 둘. 시련 속에서 피는 꽃

예수님을 따랐던, 신앙으로 시련을 견뎌 내신 수많은 분 중에 조셉 카이오 신부님에 관한 기억을 떠올려 볼까 합니다.

1999년 신학생 시절 파리가톨릭대학교로 유학을 갔었고, 당시 그곳 신학교 영성지도 겸 대학교수로 계셨습니다. 신부님은 조용하시고 겸손하시며, 엄청난 열정으로 신학을 강의하셨고, 학생들의 이야기를 잘 들어주시며 영성지도를 해 주신 분으로 기억되고 있습니다.

신부님께서 어느 날 루게릭병에 걸린 것을 아셨습니다. 수년 전부터 조금씩 징후가 있었던 것 같습니다. 신부님의 모친께서 같은 병으로 돌아가셨기에, 발병 사실을 아셨을 때 받으셨을 충격이 얼마나 컸을지 짐작합니다.

루게릭병은 조금씩 근육 세포가 죽어 가는 그래서 결국 움직이지 못해 삶을 마감하게 되는 무서운 병입니다. 자기 눈으로 병이 진행되어 가는 것을 지켜보아야만 하는 병입니다. 아직 이 병에 대한 치료제가 없습니다. 너무 심각한 병이지만, 환자가 대부분 집이나 병원에 있기에, 관심을 받지 못해 연구가 잘 진행되지 않습니다.

신부님께서 신학교에 머물러 계셨을 때, 신학생들은 병이 진행되는 것을 가까이서 지켜볼 수 있었습니다. 지팡이에서 휠체어로 갈아타시고, 마리 도미니크라는 수녀님의 간병을 받게 되었습니다. 특수한 양말과 신발을 신으시는 신부님의 수발을 들기 위해 신학생들은 침대에서 몸을 일으키시고 휠체어에 올라타는 것을 돕기도 하고, 휠체어를 들고 계단을 오르내리고 공원에서 걷는 연습을 하실 수 있도록 부축해 드리기도 하였습니다. 말씀도 어눌해지시고 스스로 하실 수 있는 일들이 점점 사라지면서, 신부님은 결국 학교를 떠날 수밖에 없었습니다.

신부님은 학교를 떠나시기 전 마지막으로 강연을 준비하고 계셨습니다. 그 강연을 끝으로 그토록 소중했던 강단과 신학교를 떠나야 했기에, 그 강연에 온갖 심혈을 기울이셨습니다.

'포기의 용기!' 강연의 제목이었습니다. 독일 개신교 신학자 폴 틸리히의 『존재의 용기』라는 책에서 영감을 받았다고 합니다. 2002년 11월

5일 화요일, 강연 당일 강연장은 학생뿐 아니라 신부님의 가족과 지인 등 수많은 이들로 가득 채워졌습니다. 신학생들이 신부님 휠체어를 강단 위에 올려 드리고 곧 강의가 시작되었습니다. 조용히 진행되는 신부님의 강연을 들으며 많은 사람이 눈시울을 적셨습니다. 그 안에는 병을 어떻게 받아들이며, 앞으로의 힘겨운 나날을 어떻게 살아갈 것인지 고민하는 한 신학자, 한 신앙인, 아니 한 인간의 고뇌가 생생히 담겨 있었기 때문입니다.

강연을 마치고 신부님은 학교를 떠나셨습니다. 신부님을 다시 볼 수 있던 것은, 2003년 1월 18일 저와 동료 신학생의 부제 서품식이었습니다. 우리 둘을 축하해 주기 위해 힘든 몸을 이끌고 먼 길을 오셨습니다. 같은 해 7월 저와 동료 신학생 모두 석사학위를 마치고 한국으로 돌아오게 되었습니다. 떠나기 전 당시 유학 중이시던 곽진상 신부님의 제안으로 저희 셋은 신부님이 머물고 계셨던 휴양 장소인 브르타뉴 지방의 생 뤼네르(Saint-Lunaire)라는 곳으로 신부님을 뵈러 갔습니다. 바닷가 옆 별장에 머물고 계셨는데, 마리 도미니크 수녀님과 또 다른 자매님 한 분이 봉사를 하고 계셨습니다. 저희는 신부님과 반갑게 인사를 나누고 함께 미사를 봉헌하고 저녁 식사를 하였습니다. 프랑스 혁명기념일 전날이었기에 밖에 불꽃놀이가 있었는데, 신부님은 가고 싶으셨으나 마리 도미니크 수녀님의 허락을 받지 못했습니다. 감기에 걸리면 큰일이 나기 때문입니다. 저희는 불꽃놀이를 다녀와서 신부님께 사진을 보여 드렸습니다. 그렇게라도 불꽃놀이를 볼 수 있어 기뻐하셨습니다.

그날 밤 저와 동료 신학생이 간병을 해 드리기로 하고, 마리 도미니크 수녀님께 하룻밤의 휴가를 드렸습니다. 어떻게 간병해야 할지 수녀님은 아주 자세히 설명해 주셨습니다. 신부님이 방에서 입술로 마찰음을 내시고 거실에 스피커로 소리가 나면 가서 도움을 드려야 한다, 발이 힘드니 이리저리 움직이고 주물러 드려야 한다, 목이 타시는데 물을 드시면 기도가 막힐 위험이 있으니 면봉으로 입술만 축여 드려야 한다 등등. 그날 밤 신부님은 우리를 최소한 열다섯 번 이상 부르셨습니다. 거의 잠을 잘 수 없을 정도였습니다. 수녀님이 어떤 삶을 사시는지 그날 밤의 경험만으로 충분히 알 수 있었습니다. 음성을 내실 수 없기에 입에 귀를 바짝 대야 겨우 알아들을 수 있었습니다. 다리가 불편하셨습니다. 목이 마르셨습니다. 물을 달라고 하셨습니다. 숟가락에 조금 떠 드렸습니다. 마시고서는 더 달라고 하셨습니다. 저희도 거의 못 잤지만, 신부님도 거의 못 주무신 것 같습니다.

다음 날 아침 자명종이 잘못 울렸습니다. 기상 시간보다 한 시간이나 더 일찍 울리는 바람에 마리 도미니크 수녀님 없이 저희가 신부님 아침 수발을 들어야 했습니다. 면도해 드리고 몸을 일으켜 드리고 옷을 입히느라 진땀을 빼고 있었는데, 수녀님이 나오셨습니다. 그러고는 아주 능수능란하게 신부님 몸을 닦아 주시고 옷을 입히시고 양치를 시키시고 얼굴을 닦고 머리를 정리해 주셨습니다. 그렇게 단장하시고 휠체어에 오르시니 그야말로 우리와 같은 평범한 한 사람이 되어 계셨습니다. 수녀님이 얼마나 큰 정성으로 신부님을 간병하고 계셨는지, 그것으로 얼마나 인간으로서의 신부님의 품위를 지켜 주려 하셨는지 알 수 있었습니다.

오전에 주변 산책을 하고, 신부님과 점심식사를 하고 이제 작별의 시간이 다가왔습니다. 신부님은 그럴 때를 대비해서 의사에게 배운 대로 준비를 하셨습니다. 배에 힘을 주시고 소리를 내는 것이었습니다. 몇 번 반복하시더니 이제 제법 소리를 내시게 되었습니다. 그리고 우리에게 해 주신 말씀은 "서품, 잘 받아."였습니다. 9월에 있을 사제서품을 미리 축하해 주시는 말씀이었습니다. 그리고 하신 김에 한 마디 덧붙이셨습니다. "마리 도미니크, 귀머거리!" 말씀을 제대로 알아듣지 못해 답답한 심정을 농담으로 표현하신 것입니다. 두 분 사이의 우정이 얼마나 깊은지 그리고 그런 상태에서도 농담할 수 있을 정도로 마음을 다잡고 계셨는지 알 수 있었습니다.

나중에 알게 되었지만, 신부님은 당시 매우 깊은 우울감에 빠져 있었다고 합니다. 우리의 방문이 큰 위로와 활력이 되었다고 하였습니다. 신부님과 작별인사를 하고 우리는 파리로 그리고 고국으로 돌아와 서품을 받았습니다. 그리고 서품이 있은 열흘 정도 후에 같이 계시던 봉사하시던 자매님에게서 메일을 받았습니다. 신부님께서 병원에서 조용히 선종하셨다는 소식이었습니다. 신부님은 이미 우리가 사제서품을 잘 받았다는 소식을 전해 들으셨습니다. 아마도 그분께서 마지막으로 기다렸던 가장 기쁜 소식을 듣고 평화로이 죽음을 맞이하셨을 것입니다.

저는 종종 생각합니다. 그분께서는 어떻게 그 힘든 시간을 사셨을까? 자신의 육신이 조금씩 죽어가는 것을 지켜보는 것을, 스스로 할 수 있는 일은 아무것도 없이 누군가의 도움을 받아서만 살 수 있다는 것을 받아들이기가 얼마나 힘드셨을까?

나라면 과연 살 수 있었을까? 혹시 자살을 생각하지 않았을까요? 몇 년 전, 루게릭병으로 투병하시는 아버지를 오랫동안 간병하시다 아버지가 돌아가시자 스스로 목숨을 끊은 따님의 이야기를 들은 적이 있습니다. 이 병이 얼마나 충격적인 것인지 알 수 있습니다.

한번은 제가 축구하다 발목을 다쳐서 목발을 짚고 다닐 때가 있었습니다. 계단 위를 바라보며 한숨을 쉬고 있는 저에게 신부님은 말씀하셨습니다. "뽈, 그래도 넌 나을 수 있잖니." 신부님은 그러한 절망적인 상황 속에서도 끝까지 살아 내셨습니다. 기적은 바로 그것이 아닐까 합니다. 끝까지 살아 내는 것. 포기의 용기, 두 단어가 그것을 가능케 했으며, 그 두 단어를 그분은 마지막 숨을 내쉴 때까지 껴안고 돌아가신 것입니다.

신부님의 이야기를 꺼낸 것은, 지금 이 힘든 시기를 겪는 여러분 모두에게 용기를 전해 드리고자 해서였습니다. "그래도 넌 나을 수 있잖니." 우리가 어떤 상황이든 그분보다야 낫지 않을까 하는 생각이 들었습니다. 문득 '테스 형'의 한 대목이 떠오릅니다. "그저 와 준 오늘이 고맙기는 하여도 죽어도 오고 마는 또 내일이 두렵다." 물어봅니다. 카이오 신부님에게 내일이란 축복이었을까 저주였을까? 하루하루가 고역이고 내일이 두렵지만, 아침에 잠이 깨어 눈을 뜬다는 것 자체가 두려우셨을 테지만, 그분은 그 힘든 하루하루를 끝까지 살아 내셨습니다. 두려움과 절망에 굴하지 않고. 그리고 잠시 후 말씀드리겠지만, 그럴 수 있던 것은 그리스도를 믿는 믿음 때문이었습니다.

이야기 셋. 사랑

이제 우리는 희망이라는 말을 꺼내고자 합니다. 어디서 그 말을 찾을 수 있을까요?

루카 복음서 24장 엠마오로 가는 두 제자 이야기를 떠올려 봅니다.

그들이 무슨 이야기를 나누고 있었는지는 우리보다 예수님이 더 궁금해하셨습니다. 그보다 우리가 주목해 볼 것은, 그들이 이야기를 나누고 있었다는 사실 자체입니다. 예, 그들은 이야기를 나누고 있었습니다. 그러지 않을 수가 없었습니다. 그것은 그들이 겪었던 좌절과 절망이 결코 그들 존재를 삼켜버리지 못했다는 것을 말해 줍니다. 어떻게 그랬을까요? 그들의 가슴속에 남겨진 것이 무엇이었기에?

예수님과 함께했던 삶, 십자가 죽음까지도 그들 안에 꺼지지 않는 무언가 불씨를 남겨 두고 있었던 것입니다.

"길에서 우리에게 말씀하실 때나 성경을 풀이해 주실 때 속에서 우리 마음이 타오르지 않았던가!"(루카 24,32)

그들은 아직 희망을 안고 있었습니다. 부활하신 분과의 동행이, 대화가 그들 안에 희망의 불씨를 다시 살린 것입니다.

그들의 마음을 뜨겁게 '터치'한 것은 바로 '사랑'이었습니다. 바로 그 사랑이 그들의 절망과 좌절을 태워 버리고 새로운 희망으로 채운 것입니다. 사랑이 희망이라는 말, 사랑만이 살게 하고 사랑만이 희망하게 한다는 것은 신앙의 진리입니다. 사랑만이 시련을 견디어 내게 하고, 사랑만이 희망하게 하며, 사랑만이 오늘을 살게 하고 내일을 설렘으로 기다리게 합니다.

그 진리를 우리는 한국의 순교 성인들의 생생한 삶의 증언에서 만납니다.

몇 달 전 파리가톨릭대학교 전례학부 담당인 질 드루엥이라는 프랑스 친구 신부가 연락을 해 왔습니다. 내년 1월에 학술대회를 하는데 한국 교회에 대해 이야기를 나누어 달라는 것이었습니다. 코로나로 인해 미사가 중지되고 만날 수조차 없게 되었는데, 한국 교회 신자들은 그토록 길었던 박해시대 때, 사제가 없어 미사도 성사도 거행될 수 없었던 시간 동안 어떻게 살았을까? 그것이 오늘 코로나를 어떻게 살지 고민하는 프랑스 교회에 실마리를 줄 것이란 기대 때문이었습니다.

코로나 시대에 프랑스 교회는 한국의 초대교회 신자들의 신앙과 삶에 다시 주목합니다. 한시적으로 미사가 중단되고 종교 모임이 금지된 지금에 비해, 한국의 신앙 선조들은 우리보다 훨씬 더한 시련을 겪었을 것입니다. 그 끝이 보이지 않던 힘든 시기를 그분들은 함께 모여 교우촌을 이루고 살며 신앙을 지켜 냈습니다. 그분들은 무기력증에 빠지지 않고 오히려 서로 의지하고 도우며 신앙을 키워 갔고 전수하였습니다. 그리고 뜻하지 않은 박해가 닥치고 무서운 칼이 목숨을 위협할 때 그분들은 순교로 고귀한 삶을 봉헌하여, 신앙으로 새로 찾은 삶, 하느님과 교우들과 함께하는 그 삶이 얼마나 소중하고 고귀한 것인지 증언하였습니다.

보통 순교를 극단적 위기 상황에서 죽음을 선택하는 것으로 생각하는데, 그보다는 신앙 진리 때문에 목숨까지 내놓을 수 있었던 것에는, 교우촌 신앙에서 발견한 사랑과 삶의 소중함에 대한 깊은 체험이 있었기에 가능했다고 해야 할 것입니다.

코로나 시대에 우리는 박해시대 한국 신자들의 삶을 향한 열정에 주목합니다. 그것은 신앙으로 새로 찾은 삶의 고귀함과 숭고함에 관한 것입니다. 역설적이지만, 순교자들은 삶을 버리고 죽음을 택한 것이 아니라 죽음으로 삶을 택하였습니다. 신앙을 통해 발견했던 그 삶, 하느님과 교우들과 함께 살았던 그 삶이 너무나 소중했기에 그 삶을 포기하지 못하고 목숨을 내놓았던 것입니다.

우리 대학 주보이신 정하상 성인의 『상재상서』의 한 부분이 이를 잘 표현해 줍니다.

"애석하게도 저 사람들이 이런 지경에 이르러도 조금도 불쌍치 않단 말입니까? 옥중에서 죽어가고 성문 바깥에서 처형되는 것이 끊이질 않아 피눈물은 도랑을 이루었고, 통곡 소리 하늘에 울리고 있습니다. 아비는 자식을 부르짖고, 형은 아우를 부르짖으니 마치 궁핍하여 돌아갈 곳 없는 사람처럼 되고 말았습니다. 맑고 좋은 세상에 이 무슨 광경입니까?"

정하상 성인의 이 눈물의 호소는 자신의 목숨이 아닌, 고귀한 삶을 발견하고 함께 신앙을 지켜 나가던 교우들의 생명을 위한 것이었습니다.

"최선의 방법으로 일변하여 금령을 늦추고 체포령을 거두어 옥에 갇힌 이들을 놓아주시어, 온 백성들과 함께 편안하고 즐겁게 태평을 누릴 수 있도록 해 주시기를 천 번 만 번 바라고 또 바랍니다."

교우촌에서, 천주교 신앙에서 발견한 사랑, 그분들의 삶을 변화시키고 새로운 희망을 준 공동체의 그 사랑과 삶에의 열정에 다시금 주목합니다. 우리가 오늘 살아가는 이 삶은 그분들께서 그토록 살고자 갈망했던 삶일 것입니다. 그 사랑과 그 삶의 고귀함은 그분들이 겪은 시련 속에서 더욱 깊어졌고, 서로는 서로에게 더없이 소중한 존재가 되었습니다. 함께 희망한다는 것, 그것이 그들을 살리고 그들을 견디어 내게 하고 사랑의 열매가 맺도록 하였습니다.

코로나는 우리에게 큰 시련으로 다가오지만, 어쩌면 우리에게 더욱 소중한 것을 발견하도록 초대하는지도 모릅니다. 그것은 바로 우리가 신앙을 물려받은 신앙 공동체, 사랑으로 맺어진 공동체, 주님의 사랑으로 열매를 맺은 공동체입니다.

그리움, 우리의 그리움은 이전의 평범한 삶이 아니라, 함께 기도하고 함께 미사 봉헌하고 함께 마음을 열고 이야기를 나누고 서로의 이야기와 바람을 들어주던 공동체일 것입니다. 공동체는 우리의 성소이기 때문입니다. 우리가 새로 탄생한 곳이며, 새로운 삶을 물려받은 장소입니다. 희망의 장소입니다.

신앙 선조들의 기억은 우리가 살고 있는 이 신앙, 우리가 형성하는 공동체가 얼마나 소중한 것인지 일깨워 줍니다. 우리의 사랑이 깊어지도록 … 코로나는 우리를 초대합니다. 그동안 잊고 지냈던 공동체의 사랑에 다시 눈을 돌립니다. 우리를 살게 하는 것, 생명을 주고 계속해서 숨을 쉬게 하는 것은 바로 그 공동체 안에서 받은 사랑입니다. 우리가 살아가는 이유입니다. 코로나는 그 사랑에 다시 눈을 뜨도록, 그 사랑을 더 갈망하고 그리워하도록 이끌어 줍니다.

천주교 어게인! 다시 일어설 수 있도록, 이 시련 속에서 굴하지 않고 다시 시작할 수 있도록 주님께 청합시다. 순교 성인들께서 그토록 살고자 했던 바로 그 삶, 우리에게 맡겨진 그 삶을 숭고하고 아름답게 지켜 냅시다. 그분들이 그토록 아름답게 사셨던 그 아름다운 사랑의 공동체를 갈망하고 꿈꾸고 그리워합시다. 더 강한 열망과 갈망으로 그 공동체를 염원합시다.

코로나는 우리에게 큰 시련을 안겨 주고 있지만, 만약 우리 사랑이 깊어지도록 할 수 있다면 더없는 은총의 시간이 될 것입니다. 우리 사랑은 어떠했나? 지금 시행하는 거리두기가 사랑이 없다면 그것은 멀어짐일 것입니다. 그러나 사랑으로 거리두기를 한다면 그것은 우리가 서로와 관계 맺고 사랑으로 돈독해지는 다른 방식의 사랑 행위일 것입니다.

우리는 신앙으로 코로나를 바라보고 신앙으로 거리두기를 바라봅니다. 우리가 비록 지금은 거리두기로 멀리 떨어져 있지만 이 거리두기가 보다 더 나은 만남과 관계를 위한 것임을 압니다. 예수님께서 떠나기로 마음을 먹으신 것은, 제자들의 사랑에도 그들의 생각과 거리를 두신 것은 우리가 보다 더 깊이 그분과 일치할 수 있도록 하기 위함이었습니다.

성령께서 지금 우리를 더 탄탄한 끈으로 묶어 주시기 위해 지금 우리를 잠시 떼어 놓고 계신 것입니다. 그 새로운 만남이 아름답기 위해 우린 좀 더 본질로 돌아올 필요가 있습니다. 신앙이 일깨우는 것은 우리 각자가 소중한 역사, 신성한 역사라는 것이며, 자유롭게 사랑하도록 창조된 존재라는 것입니다. 그것은 우리 자유가 타인을 침범하지 않도록, 우리가 타인에게 혹은 타인이 우리에게 지옥이 되지 않도록 적절하면서 창조적인 거리를 두어야 하는 존재임을 말해 줍니다.

세상은 '코로나 블루'가 아닌 '코로나 그린'이 되고 있습니다. 온통 청명한 공기와 푸르름이, 울긋불긋 아름답게 물든 단풍이 세상을 덮고 있습니다. 우리 마음도 그린 색으로 단풍 색으로 곱게 물들일 수 있도록 나에게 가장 중요한 것, 나에게 가장 소중한 사람, 가장 소중한 교우 공동체에 대해 생각해 볼 수 있으면 좋겠습니다. 그리고 우리의 사랑이 가장 필요한 이웃에 귀 기울이고 그들을 향해 마음을 열고 손을 내밀며, 사랑으로 삶을 내어 줄 수 있는 계기가 되었으면 좋겠습니다. 그럴 때 우린 분명 우리 각자의 삶을 성령과 함께 아름다운 제사로 봉헌할 수 있을 것입니다. 그렇게 우리는 '보편사제직'을 아름답게 완수할 것입니다.

부록 2
인터뷰

감염증 시대의 종교

원음방송 〈둥근소리 둥근이야기〉
2020년 8월 26일 전화 인터뷰(오경석 PD)

PD: 매주 수요일 코너입니다. '달을 가리키다.' 성현들은 달을 가리키고 있지만, 우리는 그 손가락만 보고 있지 않은지 돌아보는 시간인데요, 종교의 문자나 상징이 아니라 그것이 가리키고 있는 종교의 참된 가치에 대해 생각해 보는 시간입니다. 지난 23일 0시를 기해 전국으로 사회적 거리두기 2단계가 확대 시행되면서 모든 종교 시설의 집합 금지 명령이 내려졌습니다. 그동안 종교인들이 성스럽다고 여기는 행위들이 이제는 이웃에게 위협이 될 수도 있게 된 건데요, 이러한 감염병 시대에는 성스러움에 대한 재해석이 필요하겠죠. 최근 한 신문에 '감염증 시대의 종교'라는 주제로 칼럼을 쓰신 수원가톨릭대 한민택 신부님과 말씀 나눠 보겠습니다. 신부님 안녕하세요?

1. 반갑습니다. 먼저 간단히 소개와 인사를 부탁드립니다.

답: 수원가톨릭대학교 기초신학 교수 한민택 신부입니다. 반갑습니다.

2. 이제 2학기 개강을 앞두고 있는 시기인데요, 대학은 상황이 좀 어떻습니까?

답: 저희 대학은 이미 개학을 했고, 거의 대부분 기숙사생활을 하고 있기에 코로나 재확산이 큰 부담이 되고 있습니다.

3. 지난 23일 0시를 기준으로 전국에 사회적 거리두기 2단계가 시행되면서 모든 종교 시설의 집합 금지 명령이 내려지기도 했는데요, 천주교에서도 그에 따른 조치를 취한 바가 있는지요?

답: 예, 교구마다 차이가 있지만, 수원교구의 경우 국가의 방역지침에 따라 대처하고 있습니다. 모든 종교 시설의 집합 금지 명령은 아니고요, 절과 성당의 종교 행사는 수칙을 준수하는 한에서 가능한 것으로 알고 있습니다.

4. 앞으로의 종교 생활은 어때야 할 것인가, 깊이 성찰해 봐야 할 문제인데요, 최근 신부님께서 '감염증 시대의 종교'라는 주제로 칼럼을 쓰기도 하셨죠. 어떤 내용인지 간단히 전해 주신다면요?

답: 코로나로 인해 '종교'에 관심이 많아진 것이 사실입니다. 부정적인 의미에서요. 먼저 신천지와 같은 신흥-유사 종교가 실체를 드러냈

고요, 다음으로 정치세력화하는 종교의 모습도 눈에 띕니다. 이래저래 종교를 향한 국민의 시선이 좋지 않고, 심지어는 분노 게이지가 높아지고 있습니다.

> 5. 우선, 코로나19 확산의 주된 계기가 된 것이 종교 모임이었다는 사실에 더 안타까운 마음이 드는데요, 어쩌다 이렇게 종교가 사회에 민폐를 끼치게 된 걸까요?

답: 국민들이 비판하는 것은 비이성적이고 비상식적이고 비윤리적인 모습입니다. 종교가 왜 이렇게 되었을까? 물론 일부이긴 하지만 거부할 수 없는 우리 자신의 모습이라고 생각합니다. 그것은 종교가 이성과 상식과는 상관없이 내적인 체험에만 호소하기 때문은 아닌가 생각합니다.

> 6. 그동안 종교인들이 '성스럽다'고 여기던 것들, 예배 미사 법회와 같은 종교의식들이 이웃에게 위협이 된다면 그것이 성스럽다고 말할 수 있을까 묻지 않을 수 없는데요, 앞으로의 성스러움은 어떻게 추구해 나가야 할까요?

답: 그리스도교는 하느님 사랑과 이웃 사랑은 하나라고 가르칩니다. 제단에 예물을 드릴 때 나에게 원한 품은 사람이 생각나거든 먼저 예물을 내려놓고 그 사람과 화해한 다음 예물을 바치라고 합니다. 불교나 다른 종교도 마찬가지라고 생각합니다. 성스러움은 먼저 인간의 마음

에 있는 것이지 건물이나 경전 그 자체에 있는 것은 아니라고 생각합니다. 성경에서도 입술로만 공경하고 마음은 멀리 떠나 있는 사람들을 하느님은 질책하십니다. 특별히 성스러움은 버림받고 고통 중에 있는 이들에게서 찾아야 하지 않을까 합니다. 예수님의 비유 말씀 중에 가장 보잘것없는 사람 하나에게 해 준 것이 바로 나에게 해 준 것이라는 말씀이 있습니다. 코로나 시국에 그런 사람을 돌보는 것이 하느님을 섬기는 것이지, 교회나 성당에 모여 큰 소리로 노래하며 전염병을 확산시키는 것이 아니라는 것은 분명합니다.

> 7. 그렇다면 종교 생활의 모습도 좀 달라져야 할 거 같은데요, 물론 현장 집회도 중요하지만 이제는 생활 종교인의 모습이 더 중요해지겠죠?

답: '보편사제직'이라는 용어가 있습니다. 세례를 받으면서 모든 그리스도인이 예수님의 사제직을 부여받는다는 의미인데요, 제사를 지낸다는 것은 성당에서 미사를 봉헌하는 것도 있지만, 생활 속에서 선행을 하고 불쌍한 사람을 도우며 사는 삶도 넓은 의미에서는 하느님께 올리는 제사입니다. 코로나19는 우리가 그런 삶으로 하느님께 제사를 올려 드릴 수 있다고 일깨워 준다고 봅니다.

> 8. 코로나19가 종교 개혁을 이끌고 있다는 말도 있는데요, 교단적으로, 성직자분들도, 신자 개개인도 변화를 받아들일 준비를 해야겠죠. 끝으로 꼭 전하고 싶은 말씀이 있다면 해 주시죠.

답: 코로나19는 많은 사람에게 고통과 좌절을 안겨 주었지만, 종교인으로 볼 때 종교의 체질 개선을 위해 매우 중요한 계기라고 생각합니다. 세속화의 물결 속에서 그동안 종교가 변두리로, 내면으로 쫓겨왔다면 그래서 사회 안에서 영감을 불어넣고 진리를 향해 인도하는 역할을 잊어 왔다면 이제 코로나19를 계기로 각성하고, 사회 안에서 종교의 진정한 역할, 곧 보다 정의롭고 깨끗한 사회를 건설하고, 사람들에게 인생의 중요한 질문을 던지도록 하고 그 답을 찾아가게 하며, 인간과 사회를 진정한 완성으로 이끌어 주는 역할을 하기 위해 쇄신해야 한다고 생각합니다. 그 첫걸음으로 '가난'한 종교가 되었으면 합니다. 종교가 부유할 때 본질로부터 멀어지기 마련입니다. 코로나19로 인해 재정 형편이 어렵게 되었다면 그걸 신의 축복으로 받아들여야 하겠으며, 그러기 위해 나 자신의 희생을 감수하는 종교인 본연의 모습으로 돌아갈 필요가 있을 것 같습니다. 무소유, 초탈, 가난, 나눔, 이러한 단어는 천주교나 원불교나 상관없이 모든 종교에 해당되는 말이며, 현대인의 정신과 삶을 맑게 해 줄 것들이라고 생각합니다.

'교회의 삶과 사명 안에서 식별'에 대한 이해

가톨릭평화방송 〈열린세상 오늘! 윤재선입니다〉
2020년 10월 30일 인터뷰(윤재선 기자)

1. 한민택 신부님, 안녕하십니까? 이성과신앙연구소가 지난 수요일, 39회 학술발표회를 갖고 유튜브로 생중계했던데요, 먼저 이성과신앙연구소, 어떤 기관인지 소개를 좀 해 주시면요?

답: 수원가톨릭대학교 부설 연구소로, 신학과 사목 전반에 걸쳐 심도 있는 연구 수행으로 신학 발전 도모, 사목 활동 발전에 이바지하고자 설립된 기구입니다. 매년 두 번씩 학술대회를 개최하는데, 이번이 서른아홉 번째 학술대회였습니다.

2. 이번 학술발표회 주제가 "교회의 삶과 사명 안에서 식별"이던데요, 먼저 '식별'의 정의부터 좀 짚어 주실까요?

답: 저희가 사실은 올해 2학기에 이번 10월에 시노달리타스라는 주

제로 국제학술발표회를 하려고 했는데 코로나로 인해서 계획이 무산됐죠. 그런데 저희가 그 전에 이미 지난 5월에 학술대회를 준비하기 위해서 제 개인적인 생각으로는 시노드적 교회, 프란치스코 교황님이 추구하시는 교회인데요, 시노드적 교회를 잘못 이해하면 민주주의적인 의결 이런 식으로 축소해서 이해하시는데, 그런 본래 뜻을 잘 이해하기 위해서는 공동체적인 식별을 담고 있는 의미이기 때문에 식별이라는 것에 더 주목할 필요가 있다, 그런 면에서 식별이라는 주제로 먼저 사전연구 작업을 계획했던 것이고, 취지를 말씀드리면 시노드적 교회를 만들어 나가기 위해서 우리 교회가 식별하는 교회로 체질 개선이 필요하다는 취지에서 학술대회를 했습니다.

식별이란 말은 주로 성직자, 수도자들이 많이 쓰는 용어죠. 특히 사제 성소, 수도 성소를 식별한다고 할 때 사용하고요, 혹은 영성신학에서 '영의 식별'이라는 말로 사용합니다. 다양한 용법이 있겠지만 쉽게 설명드리자면, "교회의 삶과 사명 안에서 식별"이라는 학술대회 주제처럼 교회가 사회와 시대 변화 속에 살아가면서 어떻게 복음 선포 사명을 완수하고 어떻게 살아갈 것인지 하느님의 부르심과 뜻을 식별하는 의미입니다.

3. 특별히 그리스도 신앙인들에게 '식별'이 더 중요한 이유는 뭐라고 보세요?

답: 식별이란 말을 공론화하고자 한 것도 학술대회의 이유였는데요, 식별은 다만 사제, 수도 성소자나 교회 전체에만 해당하는 것이 아니라

개별 신앙인에게 더욱 중요합니다. 하느님께서는 개별 신자들의 가장 구체적인 삶의 현실 안에서 당신의 뜻을 전하고 신자들을 인도하시기 때문입니다. 자신의 삶에서 하느님의 뜻과 부르심을 식별한다는 것은 내 삶이 단순히 흘러가는, 시간이 가면 먼지와 같이 사라지는 그런 것이 아니라 하느님께서 계획하신 바가 있다는 것이고, 하느님께서 그 길을 함께 걸으며 찾으신다는 의미를 담고 있습니다. 신앙과 삶에서 신자들은 수동적이 아닌 능동적인 주체가 되라는 호소로 보시면 좋겠습니다. 하느님은 이미 만들어진 명령을 획일적으로 전달하시지 않습니다. 우리가 찾도록 하십니다.

4. 이번 학술발표회 내용을 보니까 굉장히 다양한 측면에서 식별을 살폈던데요, 다양한 측면에서의 식별 주제들, 어떻게 들으셨어요?

답: 신약 성경, 교의신학, 가정과 혼인 분야에서 식별을 다루었습니다. 식별은 하느님의 뜻과 부르심을 알아듣는 행위지만 실천적인 것으로, 삶으로 이어지는 것입니다. 식별이 인식의 원리만이 아니라 실천 원리이기도 한 것이죠. 마태오 복음서에서 제자들이 예수님과 함께 하느님의 뜻을 식별하도록 초대받았고, 제자들은 교회를 상징합니다. 우리가 오늘 식별한다는 것은 제자들이 예수님과 함께 길을 걸으며 식별한 것을 현재화하는 행위입니다. 생태 위기 앞에서 안식일 신학은 교회와 세상이 어떤 길을 걸어야 할 것인지 식별하도록 합니다. 혼인과 가정에서 프란치스코 교황님의 자비의 사목은 복잡하고 한계 많은 현실 속에서 하느님의 은총의 삶을 살도록 식별하라고 합니다.

5. 식별에 대한 다양한 접근이 이번이 처음이 아니더군요. 지난 5월 학술발표회에서도 다양한 신학적 영역에서 식별에 접근하고 또 살펴보셨던데, 신학적 차원에서 '식별'은 어떻게 생각해 볼 수 있습니까?

답: 지난 학기에 다룬 주제는 기초신학, 프란치스코 교황의 교회론, 구약 성경, 교회법, 영성신학, 이냐시오 영신수련에서 식별을 다루었습니다. 하느님의 계시 자체가 식별의 대상입니다. 신앙이 그 자체로 식별 행위입니다. 교회의 삶과 모든 활동이 식별입니다. 식별은 교회 삶과 사명에 역동성을 부여합니다.

6. 그런데 그리스도 신앙인들이 개인적인 신앙생활 안에서 식별을 한다고 할 때 과연 무엇을 식별해야 하는 겁니까? 식별의 대상은 뭐가 되어야 하는 건가요?

답: 사도들을 예로 들면, 그분들은 예수님의 승천과 성령강림을 통해 새롭게 시작해야 했습니다. 그들이 보고 듣고 경험한 복음을 전하는 것이 관건이었습니다. 인류를 향한 하느님의 업적, 놀라운 사건, 그를 접하며 경험한 인간의 소중함, 사랑으로 다시 태어난 자유, 이 모든 것을 기쁜 소식으로 전해야 했던 것이죠. 공동생활에서 경험한 사랑과 친교 말이죠. 그것을 오늘 어떻게 전해야 할 것인지, 특히 코로나 시대에? 이것이 식별의 대상이며, 우리의 고민이 되어야 하겠어요.

7. 무엇이 하느님 뜻인지 잘 모르겠다, 식별이 필요한 것 같다, 이러면서

> 개인피정 들어가시는 분들 가끔 계시던데요, 식별을 잘할 수 있는 방법이
> 랄까, 그런 게 따로 있을까요?

답: 하느님의 일은 우리가 소중하고 고귀한 당신 자녀로서 품위를 지키며 사는 것입니다. 성화하는 것이죠. 그것은 세상의 생각, 논리, 관계로부터 벗어나는 것을 의미합니다. 작은아들이 경험한 것처럼 말입니다. 다시 돌아오기 위해서는 자신이 얼마나 세상 속에서 때 묻고 속박되고 품위를 잃었는지, 영혼이 얼마나 피폐해 있는지 알아보는 것입니다. 가장 중요한 덕목으로 저는 침묵과 가난을 들고 싶습니다.

> 8. 개인적 차원의 식별이 있다면 교회 공동체 차원의 식별도 있을 것 같습니다. 개인적 차원의 식별과 교회 공동체적 차원의 식별, 어떤 차이가 있을까요?

답: 출발점은 공동체의 식별입니다. 우리는 교회의 전례와 말씀 안에서 함께 하느님의 말씀과 뜻을 식별합니다. 어떻게 살아야 할지 식별하고 실천합니다. 개인의 식별은 공동체의 식별과 떨어질 수 없습니다. 그럼에도 각자는 자기 삶의 길에서 식별의 길로 초대되어 있죠. 고려할 것은, 예를 들어 본당 공동체가 지역사회 안에서 어떠한 모습으로 살며 복음 선포를 할 것인지 고민할 때, 기도 중에 함께 찾다보면 시간이 지나면서 보다 명확히 보이는 것이 있습니다. 신자들은 이미 알고 있어요. 그것을 함께 찾는 것이죠.

9. 식별에서의 공통적인 기준, 잣대 같은 게 있을까요?

답: 예수 그리스도이십니다. 그분께서 하신 말씀, 삶, 그분의 눈길, 모든 것이 식별의 기준입니다. 식별은 결국 우리가 예수님을 증언하기 위한 것이니까요.

10. 간혹 하느님의 계시를 식별했다며 자신만의 해석을 강요하는 사람들도 있습니다. 주로 유사 종교나 이단에서 그런 성향을 보이는데요, 이런 그릇된 식별은 어떻게 조심할 필요가 있을까요?

답: 교회 공동체에서 벗어나는 것 자체가 그릇된 식별로 가는 위험입니다.

11. 가톨릭 교회가 앞으로도 꾸준히 식별하는 교회가 되어야 하는 이유, 뭐라고 보시는지 마무리 말씀으로 주시면요?

답: 시노달리타스와 관련해서, 시노드적 교회, 함께 걷고 함께 식별하는 교회는 교회의 전혀 새로운 존재 방식을 의미합니다. 가르치는 교회, 배우는 교회가 따로 있는 것이 아닙니다. 신앙 감각, 보편사제직을 함께 이야기합니다. 그것은 모든 신자가 교회의 주체, 복음화의 주체라는 것입니다. 신자들의 삶은 배운 것을 적용하는 장소가 아니라, 가르침과 복음을 적용하는 곳이 아니라 바로 거기서 성령께서 활동하시며 복음화를 이루시는 곳입니다. 출발점은 현실이어야 합니다. 성찬례와

성사, 말씀의 선포는 다시금 신자들을 파견하는 것입니다. 결국 교회가 존재해야 할 곳은 삶의 현장입니다. 그럴 때 '삶을 거행'할 수 있을 것입니다.

세계주교시노드, 공동합의를 위한 교회의 의미와 과제는?

가톨릭평화방송 〈열린세상 오늘! 윤재선입니다〉
2021년 6월 11일 인터뷰(윤재선 기자)

1. 우선 '시노드'라는 게 어떤 걸 말하는지 설명부터 해 주시면요?

답: 시노드는 교회법에는 '대의원 회의'로 번역되는데, 교구 대의원 회의의 경우 교구장 주교에게 도움을 주기 위해 선발된 사제, 신자들의 회합입니다. 시노드, 어원으로 따지면 '쉰'은 '함께'를, '호도스'는 '길'을 의미합니다. 곧, 함께 걸어간다는 의미로, 교회 구성원 전체가 함께 걸으며 교회의 살아갈 길, 나아갈 길을 식별하는 모임을 의미합니다. 세계주교시노드, 세계주교대의원회의는 제2차 바티칸 공의회 마지막 회기 때 바오로 6세 교황께서 1965년 9월 15일 설립하신 제도로 '작은 공의회'로 불리는데, 교회의 현안 문제를 논의하기 위해 전 세계 주교님들이 모여 하는 회의를 지칭합니다. 2, 3년 간격을 두고 열리는데, 오는 10월부터 2023년 10월까지 2년 동안 준비하는 이번 주교 시노드는 16차를 맞습니다.

2. 그러면 교회의 당면 문제와 현안들을 함께 논의하는 '공의회'와는 또 어떻게 다른지 궁금합니다.

답: 공의회는 보편 공의회, 관구 공의회, 개별(지역) 공의회 등이 있는데, 사도좌의 승인 아래 개최되며 주교님들이 모여 하는 회의를 의미합니다. 로마 주교인 교황과의 친교를 표현합니다. 보편 공의회는 1962-1965년 제2차 바티칸 공의회 이후로 개최되지 않고 있으며, 지역에서 주교 대의원 회의가 개최되는 추세입니다. 세계주교대의원회의는 개별 교회 곧 교구의 장들이 모이는 모임으로, 주교들의 단체성을 중심으로 한 개별 교회들의 친교가 중심에 자리합니다. 가톨릭 교회의 보편성을 새롭게 표현하는 양식으로 보면 좋을 것 같습니다.

3. 세계주교시노드에서 다룰 주제가 "공동합의를 위한 교회"입니다. 주제가 갖는 의미를 어떻게 생각해 볼 수 있겠습니까?

답: 벨기에 루뱅대학교의 이 분야 전문가 알퐁스 보라스는 시노달리타스를 '교회의 DNA'라고 했습니다. 곧, 교회의 본질에 대한 이야기라고 보는 것인데, 간단히 말하자면 교회의 원래 모습을 되찾자는 취지라고 보면 좋겠습니다. 시노드적 교회를 실현하자는 취지로 수많은 주제를 다루어 왔는데, 이번에는 시노달리타스 자체를 주제로 한 것이라 매우 획기적인 것 같습니다.

4. 교계 외신들은 이번 시노드를 두고 '또 다른 혁명'이라고까지 평가하던

데요, 그럴 만한 배경과 이유가 있다고 보십니까?

답: 특히 프란치스코 교황님께서 강조하시는 부분인데요, 사실 교황님께서 처음부터 이것을 강조하지는 않으셨는데, 교황직을 수행하시면서 교회의 근본적 쇄신을 위해 가장 필요한 것으로 보시는 것 같습니다. 이번 시노드가 혁명이라고 불릴 수 있다면 그것은 보편 교회와 지역 교회의 친교를 '상명하달식'이 아닌 진정한 의미의 '친교'로, 곧 각 지역에서 보편 교회의 보편성을 실현시키는 방향으로 보입니다. 보라스 신부님에 따르면 교황님의 이러한 의도에는 '개별 교회들의 친교 교회론'이 자리하는데요, 이것은 '보편주의'적 교회론이 아니라 각 지역에서 교회를 실현하는 것이 가장 우선이며, 그 교회들이 친교를 이루는 방향을 지향하시는 겁니다. 보편성은 위에서부터 비롯되는 획일화가 아니라 각 지역 교회에서 구체적으로 실현되는 것입니다. 개별 교회, 지역 교회 중심의 분권화 과정으로 보면 혁명적이라고 해도 과언이 아닐 것입니다.

5. 상향식 의견 수렴을 통해 다수결로 결정되는 민주주의적 합의 과정 아닌가, 그런 생각도 드는데요, 한편으론 교도권이라는 개념과는 대립돼 보이기도 하고요. 어떻게 받아들여야 할까요?

답: 교도권에 대해 먼저 말씀을 드려야 하겠는데요, 보통 교도권 하면 권위주의적 느낌이 드는데, 실은 교도권은 하느님 말씀을 잘 간직하고 전달하기 위해 봉사하는 직입니다. 그 직을 잘 수행하기 위해서는

잘 들어야 하며, 말씀을 경청하는 것만이 아니라 하느님 백성의 목소리를 경청하는 것을 포함합니다. 교도권과 하느님 백성의 목소리는 결국 같은 원천에서 흘러나옵니다. 가르치는 교회(성직자)와 배우는 교회(평신도)라는 권위주의적 구분도 넘어야 할 장벽입니다. 성령께서는 선교사보다 먼저 활동하십니다. 위에서 아래로 내려오는 '상명하달'식의 복음화는 성령의 활동과 거리가 멉니다. 오히려 성직자는 하느님 백성의 구체적인 삶의 현실과 체험에 귀를 기울이는 것에서 출발해야 합니다. 교황님께서 세계주교대의원회의를 통해 그 변화를 꾀하고 계신 겁니다. '신앙 감각'에 관한 신학도 고려할 필요가 있습니다. 신자들이 신앙 감각을 통해 성령의 활동을 식별하고 한목소리를 내는 것이기에 민주주의적 합의와는 전혀 다른 차원입니다.

> 6. 2018년 프란치스코 교황은 주교시노드의 구조를 개혁하기 위해 교황령 「주교들의 친교」를 발표했고, 그에 따라 이번 회의 때부터 의결권을 수도자들에게로도 확대했습니다. 또 지난 2월 세계주교대의원회의 사무국장에 처음으로 여성수도자가 임명돼 세계주교대의원회의 결정과정에 여성이 투표권을 갖게 되는데요, 이런 변화는 어떤 시사점이 있다고 보시는지요?

답: 이번 교황령은 세계주교대의원회의를 근본적으로 개혁하자는 의미를 담고 있는데요, 사실 그동안 17차에 걸쳐 회의를 개최했는데, 개인적으로 한국 교회만 봐도 '또 하나의 행사' '또 하나의 문헌' 정도로 그치고 말지, 진정한 의미에서 시노달리타스가 실현되고 있다고 볼 수

없었습니다. 교황님께서도 이런 형식적인 틀에서 벗어나 근본적으로 개혁하시려는 것이고, 이러한 변화야말로 복음이 순환되고 선포되는 데 숨통이 트일 것이라고 확신합니다. 앞으로도 제도적으로 법적으로 더 많은 보완이 이루어질 것이라고 기대합니다.

7. 공동합의를 위한 교회를 이루기 위해 제시된 소주제가 '친교', '참여', '사명'입니다. 신앙생활을 하면서 많이 듣게 되고, 신앙인들에게 줄곧 요청되는 덕목이기도 한데요, 공동합의를 위한 교회와는 어떤 연관성이 있다고 봐야 할까요?

답: 시노달리타스를 실현하기 위해 절대적으로 필요한 가치들이라고 봅니다. 국제신학위원회의 문헌 『교회의 삶과 사명 안에서 시노달리타스』는 이 시노달리타스가 하느님 백성의 '생활 방식과 활동 방식'이라고 하면서, 이를 통해 교회가 '친교'라는 것을 구체적으로 드러낸다고 하였습니다. 곧, 정치 세력이나 집단을 이루는 것이 아니라, 삼위일체 하느님의 사랑 안에 모인 자녀들이 이루는 친교야말로 그리고 그 친교로 모든 사람을 초대하는 것이야말로 교회가 존재하는 목적이고 사명의 본질이라고 할 수 있을 것입니다. 이를 위해 '참여'를 강조해야 하는데, 참여의 반대는 수동성, 피동성일 것입니다. 많은 평신도분들께서 교회의 삶과 사명에서 피동적, 수동적으로 머무는 경우가 많은데, 자신이 교회 삶과 사명에서 주인공이라는 의식이 필요하다고 봅니다.

8. 지역 교회는 오는 10월부터 내년 4월까지 6개월 간 "하느님 백성들의

협의와 참여"를 주제로 주요 안건을 다루는 식별 단계를 거치게 되는데요, 왜 '식별'이 필요하고, '식별'이 갖는 의미는 무엇일까요?

답: 식별의 필요성은 그리스도 진리의 특수성에서 기인한다고 봅니다. 하느님께서 우리에게 말씀하시고 활동하실 때 인간의 역사와 삶 안에서 행하시기 때문에 그리고 상황은 늘 변하기 때문에 하느님의 뜻과 진리는 불분명할 때가 많습니다. 식별은 신앙의 눈으로 시대를 읽고, 교회에 맡겨진 복음을 어떻게 선포해야 할 것인지 헤아려 보는 것입니다. 성찬 안에서 친교를 이루고, 함께 기도하며, 자신의 가슴에 손을 얹고 자기 이야기를 나눌 수 있다면, 분명 그 목소리들과 마음들이 모여 이 시대 안에서 우리를 부르시는 하느님의 손길을 알아볼 수 있고, 필요한 결단을 내릴 수 있다고 봅니다. 프란치스코 교황님께서 수차례 하신 말씀이, 당신이 모든 지역 교회를 대신해서 식별할 수 없다고 하십니다. 각 개별 교회가 식별의 주체가 되어야 한다는 말씀입니다. 우리 스스로 문제의 핵심을 파악하고 해결책을 찾아가는, 복음화의 능동적인 주체가 되어야 한다는 말씀입니다.

9. 교회가 처음으로 아래에서부터 위로 공동합의를 이뤄 주교시노드를 여는데요, 교회의 쇄신, 교회의 체질 개선을 위해 지역 교회 모든 구성원이 공동합의를 위한 여정에 어떻게 참여하고 응답해야 한다고 보십니까?

답: 각 지역에서 교회가 현존하는 것, 이것이 가장 중요한 핵심입니다. 그러기 위해서는 현실을 분석하고 교회의 삶과 사명에 대해 식별하

는 것은 성직자만이 아닌 모든 신자에게 주어진 사명입니다. 그러한 사명을 실현하기 위해 제도적 매개가 중요한데, 지금 있는 제도들이 그 정신을 실현하기 위해 어떻게 보완되어야 하고, 어떤 새로운 제도가 마련되어야 할 것인지 등에 대해 다각적으로 검토하는 기회가 되었으면 합니다. 덧붙이자면, 사회가 우리 교회를 보았을 때 권위주의적이고 획일적인 모습보다는 모든 신자가 살아 있고, 의식적이며, 적극적으로 함께 모여서 교회를 이끌어 가는 모습에서 매력을 느낄 것이라고 생각합니다. 성령께서 하시는 일이 바로 그것입니다. 그러한 아름다운 교회의 모습을 만들어 가시는 성령께 모든 신자가 마음을 열었으면 하는 바람입니다.

팬데믹과 신앙, 믿음의 길을 찾아서

가톨릭평화신문
2022년 10월 30일 인터뷰(박수정 기자)

〈코로나19〉

1. 코로나19는 한국 교회에 공동체 미사 중단이라는 역사를 남겼습니다. 충격적인 사건이었는데요, 지난 2년간 교회는 미사 중단과 재개를 반복해 왔고 이제는 거의 일상이 회복된 수준이 되었습니다. 하지만 교회의 신앙생활은 완전히 회복되진 못했는데요, 이전과는 같지 않을 것이라는 걸 받아들이는 분위기입니다. 신부님께선 어떻게 보시는지요? 코로나19가 한국 교회에 던진 화두는 무엇이라 생각하시는지요?

답: 프란치스코 교황님의 최근 회칙 『모든 형제들』에서 지적하신 것처럼 코로나19와 같은 감염병 확산은 인류가 모두 한 배를 타고 있다는 의식을 일깨워 주었습니다. 한국의 상황에서 볼 때 신천지와 일부 개신 교회의 지탄받는 행태는 교회가 사회 안에 함께 살아가는 존재임을 일

깨웠습니다. 신앙의 공공성이라고 할까요? 다른 한편, 교회의 선교 사명과 관련한 중요한 문제를 던졌다고 봅니다. 구원의 복음을 선포하고 생활하는 교회에 대한 도전으로, 사회를 변화시키고 사람들의 생각과 의식, 행동에까지 영향을 줄 역량이 있느냐? 교회가 선포하는 복음과 그에 따른 실제 생활 방식이 사람들에게 신뢰할 만한 것으로 드러나는가? 코로나19와 같은 전 세계적 재난 앞에서 교회가 할 수 있는 일은 어떤 것인가? 교회 역사 안에서 재난에 대한 신앙적 진단과 그에 따라 교회만이 줄 수 있는 해결책을 늘 모색해 온 것처럼 이번 사태도 그러한 과제를 남깁니다. 코로나19는 바이러스라는 생물학적, 보건적 문제만이 아니라 세계화라는 앞을 모르고 치닫는 인류의 발전이 지닌 취약성, 균형적인 발전을 이루지 못한 인류의 현주소를 일깨우는 사건이었습니다. 과학적이거나 기술적인 문제만이 아닙니다.(하라리는 보기 좋게 헛다리를 짚었습니다!) 연대하고 협력하지 못하는 사회의 문제이며 인류의 문제입니다. 경제 양극화 현상이 적나라하게 드러났습니다. 거기서 교회는 어떤 해결책을 제시할 수 있을까? 말로만이 아닌 삶으로? 남겨진 과제라고 생각합니다.

2. 코로나19 시기에 한국 사회의 약한 고리와 사회복지 분야의 민낯이 드러났듯이 교회도 역시 신앙생활의 민낯을 드러냈습니다. 습관적인 신앙생활을 해 오고 신앙의 진정한 의미를 찾지 못하는 신자들부터 떠났습니다. 코로나19로 미사 의무에 대한 죄책감도 옅어졌고요. 그동안 무엇이 잘못됐던 걸까요?

답: 코로나19는 교회의 선교 사명을 새롭게 일깨우는 종말론적 사건입니다. 코로나19로 인해 드러난 교회 현실에 대한 사회학적 접근이 많았고 그 자체로 유용했지만, 문제의 본질에까지 나아가지 못하는 한계가 있습니다. 교회에서 일어나는 일은 교회의 본질과 관련해서 살펴야 합니다. 교회는 사회 안에 존재하는 제도요 조직체이면서 동시에 독특한 정체성과 사명을 지닌 영적 신비체이기도 하기 때문입니다. 선교 사명과 관련하여 교회는 부름을 받고 파견된 존재, 그 지역 안에 '썩는 밀알'로 현존하며 자비의 복음을 살아가는 존재입니다. 인류 문명, 문화의 흐름을 읽어 내고, 그것에 대한 신앙적 진단과 신앙적 해결책을 찾아 제시하는 교회여야 하는데, 코로나19 상황에서 그렇게 대응하지 못했다는 것은 선교 사명에 대한 교회 공동체의 의식이 많이 약했던 탓이 아닐까 합니다. 이는 정체성에 대한 문제이기도 합니다. 신앙생활의 본질은 파견된 삶을 사는 것이지 해야 할 의무를 지키는 것이 아닙니다. 이는 예비자 교리교육에서 신자 재교육, 말씀과 성사생활, 애덕 실천 등 신앙생활 전반에 걸친 광범위한 문제로, 다각적인 접근이 필요합니다.

> **3. 감염병 시대에 공동체 신앙생활의 의미를 묻는 이들이 많아졌습니다. 굳이 모이지 않아도 혼자서도 열심히 성체조배하고 이웃에게 사랑을 실천하고 착하게 살면 되지 않느냐고요. 이제 다시 모이게 되니 코로나19로 교회 내 행사들이 없어져서 좋았다고 하는 이들도 있습니다.**

답: 그리스도 신앙은 본래 공동체적 신앙입니다. 교회는 하느님 백

성이며 그리스도의 몸입니다. 공동체는 신앙인 모두의 성소입니다. 그리고 신앙의 원천은 삼위일체 하느님의 친교에 있습니다. 신앙은 그 친교에 참여하며, 한 형제자매 공동체의 친교를 통해 살아가는 것입니다. 코로나19로 인해 신자들이 공동체 신앙생활에 회의적인 반응을 보였다면 그것은 기존의 신앙생활이 영적 공동체 중심이 아닌 제도 중심, 예식과 의무 중심이었음을 말해 줍니다. 신앙은 의무가 아닌 하느님의 구원 은총과 사랑에 대한 자발적이고 자유로운 응답입니다. 신앙은 자유롭고 인격적인 만남이며 관계입니다. 제도를 무시해서는 안 되겠지만, 신앙을 제도적 차원에서만 접근하면 신앙의 본질에서 멀어질 위험이 있습니다. 신앙의 본질과 순수성을 회복하는 것, 이것은 젊은이에 대한 신앙 전수에서도 매우 필요합니다.

> 4. 사실 신앙생활과 교회의 문제점들은 이전부터 많이 지적돼 왔습니다. 무엇이 문제인지 사실 신부님들이나 신자들 스스로도 잘 알고 있고요. 알면서도 고치지 못해 온 점도 크다고 봅니다. 신부님들은 신자들 탓을, 신자들은 신부님 탓으로 돌리는 경우도 적지 않고요. 어떻게 보시는지요?

답: 서로 탓을 돌린다는 것은 교회의 선교 사명 수행이라는 공통된 사명을 위해 서로 협력하는 관계가 아니라는 것을 말해 줍니다. 그것은 최근 회자되는 시노달리타스 실현이 겪는 장애와 관련이 있습니다. 곧, 성직자 중심주의가 그것인데, 교회의 대부분의 중요한 결정과 책임이 성직자에게 맡겨진 것이 교회의 현실입니다. 시노달리타스는 한국 교회에 매우 좋은 기회입니다. 이 모멘텀을 잘 살려야 교회가 쇄신할 수

있다고 봅니다.

> 5. 다시 모인 하느님 백성은 이전과는 다른 모습이어야 할텐데, 어떤 지향점을 가지고 다시 모여야 할까요? 지난번 전화인터뷰 때는 자비를 많이 강조하셨는데, 자비의 공동체로 다시 모여야 한다는 생각엔 변함이 없으신지요?

답: 이전과 다른 모습보다는 오히려 처음의 모습을 회복하는 것이어야 하지 않을까 합니다. 박해시대 교우촌의 경우 비록 척박했지만 전례 중심, 공동체 중심의 신앙생활을 통해 신앙을 전수하였고, 고유한 문화와 생활 방식을 창출하였습니다. 황일광 시몬 복자의 고백에서 당시 신자들이 얼마나 서로를 고귀한 존재로 대했는지 알 수 있습니다. 오늘날 교우촌에서 영감을 받자면, 각종 차별과 갈등으로 점철된 사회와는 다른 삶의 방식, 재산이나 지위나 학식 등의 차별을 넘어 인간 존재 자체로 존중받는 곳, 인간 대접 받는 공동체, 무상의 순수한 관계가 맺어지는 곳, 자신이 주인이 되는 삶이 교회여야 하지 않을까 합니다. 환대하는 공동체, 개방된 공동체, 함께 밖으로 나가는 공동체. 이런 삶이 기쁨이 되고 희망이 되며, 사회에 단비처럼 복음적 삶을 전할 수 있지 않을까 합니다.

〈교회의 미래〉

> 6. 최근 미국의 퓨 리서치센터에서 미국의 종교 미래 리모델링이란 연구 논문을 발표하면서 지난 30년간의 교회 이탈 추세가 앞으로 지속되면 미국에서 그리스도교는 다수 종교 지위를 잃게 될 것이라고 전망했습니다. 코로나19 시기 일부 종교는 거리두기 지침을 어기고 예배를 드려 물의를 빚기도 했습니다. 코로나19에 걸린 환자를 구하는 건 과학과 의학이었습니다. 이런 시대에 종교와 신앙의 의미는 무엇일까요?

답: 제2차 바티칸 공의회의 의미는 교회가 다수 종교 지위를 내려놓는 기점이었다는 것입니다. 한국 교회의 경우는 기존의 신앙생활 방식, 선교 관념, 신앙 전수 방식의 한 시대가 끝나는 지점이 지금이 아닐까 합니다. 이는 교회에 큰 도전이자 기회입니다. 부모님이 신자라는 것만으로 태어난 자체로 신자가 되는 시대는 이미 끝났다, 자녀들은 이제 '커밍아웃'을 합니다. 그런데 그것이 사실은 더 큰 기회일 수 있습니다. 그냥 소속된 것으로 신자인 시대에는 신앙의 기쁨과 소중함을 인식하기 어렵고 주체성 있는 신앙생활을 하기 어렵습니다. 코로나19 문제가 단순히 과학, 의학 분야의 것이 아님은 그것이 가져온 사회, 정치, 종교적 파장을 보면 알 수 있습니다. 인간 사회에서 어떤 문제도 물리적일 수만은 없습니다. 종교와 신앙은 그것을 일깨워 주는 의미를 지닙니다. 프란치스코 교황님이 『찬미받으소서』에서 지적하는 문제는 개인주의, 소비주의입니다. 그것은 우리가 공유하는 문화이기에 우리 스스로 비판하기 어렵습니다. 종교와 신앙은 그러한 문제를 지적할 수 있습니다.

우리에게 필요한 것은 정신과 마음과 삶의 방식은 전혀 변하지 않으면서, 있는 문제가 물리적으로 해결되는 것이 아닌 현실 앞에서 우리 자신의 삶을 되돌아보고 삶을 변화시키는 것입니다. 세상을 달리 바라보고 그에 대한 해결책을 새로운 사유와 삶의 방식으로 제시하는 것, 그것이 예언자직이며 예언자적 삶의 방식입니다.

> 7. 위의 질문과 연관되기도 합니다만 하느님께 구원받는다는 것이 사실 종교가 없는, 신앙이 없는 이들에겐 의미가 없는 부분입니다. 영원한 생명, 구원이라는 것이 현재의 어려움이나 고통을 해결해 주지는 않기에 신자들에게조차 설득력(?)이 없다고 봅니다. 이에 관해 어떤 말씀을 해 주시고 싶으신지요?

답: 인간이 겪는 고통의 근본 원인은 물리적, 과학적 측면의 문제만이 아닙니다. 인간의 피조성, 타고난 나약함이라는 형이상학적 문제일 수 있습니다. 인간의 근본 문제에 접근하는 다른 차원의 방법, 그에 대한 해결책을 제시하는 것이 신앙입니다. 구원 문제에서, 사람들이 구원에 대해 별 관심을 갖지 않는 이유는 유아기적, 신화론적 사고방식으로 생각한 구원이기 때문입니다. 그런데 성경은 그렇지 않습니다. 시련이나 고통을 '없애는' 것이 아닌 그것을 '달리 사는' 방법을 제시합니다. 그리고 그를 통한 인간의 근본적인 변화를 약속합니다. 신자는 고통에서 당신을 우리와 동일시한 예수님을 만나며, 우리를 향한 하느님의 지극한 사랑을 만납니다. 그 만남은 희망의 근거가 되며 고통을 달리 살게 합니다. 고통이 더는 우리를 지배하지 못하게 하는 것입니다. 신앙

은 고통을 없애지는 못하지만 그 고통을 새롭게 살도록 할 수 있습니다. 고통을 인간 완성을 위한 계기로 삼을 수도 있고 더 큰 발전을 위한 희망의 동기로 삼을 수도 있습니다. 이 세상에 살면서 고통 중에 있는 이들과 이웃이 되어 함께 고통을 나누고, 자신에게 주어진 고통을 달리 사는 것, 그 안에서 함께 희망을 찾는 것, 그것이 우리에게 맡겨진 사명이 아닐까 합니다.

> 8. 신부님께선 파리에서 유학하셨습니다. 유럽 교회 하면 텅 빈 교회의 모습을 떠올리는데, 유학하시면서 느꼈던 유럽 교회의 모습은 어떠했는지요? 한국 교회도 지금 이대로 가면은 정말 유럽 교회처럼 될 것이라 생각하시는지요?

답: 양적으로 보면 그럴 가능성이 농후합니다. 그러나 이 안에서 하느님의 뜻을 찾아야 하지 않을까요? 적어도 프랑스 교회에서만큼은 이러한 흐름이 교회가 더 순수하게 본질로 돌아가도록 하였습니다. 특히 가난한 교회가 되도록 하였습니다. 우리가 해야 할 준비는 계속 성당 안이 꽉 차게 하는 것이 아니라 교회가 복음의 순수성을 회복하도록 하는 것이어야 할 것입니다.

> 9. 한국 교회는 80-90년대 급성장기 이후로 침체까지는 아니더라도 저성장기를 지내고 있습니다. 민주화라는 시대상황과 함께 성장했던 교회인데, 시대의 등불이었던 교회의 모습은 요즘 찾아보기가 힘듭니다. 그리고 한국 사회는 정말 자본주의의 끝판왕 모습을 보이고 있습니다. 국민 모두

> 가 건물주를 꿈꾸는 나라입니다. 그런 사회에서 가난을 말하는 교회는 어리석어 보입니다. 그렇다고 한국 교회가 가난의 모범을 보이고 있지는 않는 듯합니다. 중산층화되었고, 신자들도 성직자들도 모두 자본이 주는 안락함을 누리고 좇으려는 경향이 강합니다. 한국 가톨릭 교회는 한국 사회에 어떤 모습으로 자리매김해야 한다고 생각하시는지요?

답: 이 시대는 권위를 필요로 합니다. 프란치스코 교황님은 부유한 분도 미국과 같은 강대국의 통치자도 아닌데 전 세계인은 그분의 행보와 말씀에 귀를 기울입니다. 그분의 삶의 방식이 권위를 지니고 있기 때문입니다. 그 권위는 권력이나 재산이 아닌 복음의 힘에, 복음에 따른 삶의 방식, 사고방식에 있지 않을까 합니다. 복음은 여전히 언제나 역사에 새로움을 가져다줍니다. 진정한 권위를 찾아야 합니다. 한국 교회 역시 '영적 세속성'에 노출되어 있습니다. 그것에 대한 약은 시노달리타스에 있지 않을까 합니다. 성직자가 세속적 권위를 내려놓고 평신도와 함께하는 삶의 방식이 요구됩니다. 이러한 방식은 성직자가 성화되도록 합니다. 성령께서 평신도 각자와 함께하시기 때문입니다. 특별히 가난한 이들과 함께하는 사목, 가난한 이들을 위한 가난한 이들의 사목으로의 변화가 요청됩니다. 그것은 단순히 물질적 자선을 베풀라는 말이 아니라, 그들의 고통스런 삶을 교회 것으로 하며, 그들과 함께 불의를 고발하고 희망을 찾아가라는 말입니다. 그럴 때 우리도 모르는 사이에 변화될 것이며 성화될 것입니다.

〈신앙 등 기타〉

10. 『하느님과의 숨바꼭질』에서 이용훈 주교님께서 추천사를 통해 "신부님은 고등학교 졸업 후 명문대에 입학하였으나 사제가 되려는 열망으로 모든 사회적 출세와 명예를 포기하고 신학교에 들어온 분"이라고 신부님을 소개하셨습니다. '모든 사회적 출세와 명예를 포기'한 게 아쉬웠던 적은 없으신지요? 성소를 열망하게 된 계기가 있으신가요?

답: 파리외방전교회 소속 퀴니 신부님은 한국전쟁 후에 한국에 파견되어 활동하신 선교사 신부님이십니다. 신부님께서는 젊어서 의사가 되려고 의대에 진학했는데, 의사였던 집안 어른이 갑자기 돌아가시는 모습을 보며 의사보다는 영혼을 돌보는 삶을 살고 싶다는 생각이 들었고, 사제가 되어 평생을 영혼을 돌보는 선교사제로 사신 분이십니다. 저도 일반대학에 진학해서 중고등부 레지오 단장, 중고등부 교리교사를 하다 다시 성소에 대해 생각하게 되었습니다. 일반대학 다니면서 삶의 의미에 대해 많이 생각했던 기억이 납니다. '일반적인 삶을 살 것인가, 조금은 특별한 삶, 인생의 의미를 찾는 삶을 살 것인가?' 당시 본당 신부님과 신학생들의 자발적이고 자율적인 모습이 매력으로 다가왔습니다. 출세와 명예는 언제나 따라붙는 유혹입니다. 초심을 잃지 않으려 노력하며 삽니다.

11. 요즘 성소자들이 급격히 줄어서 교구마다 어려움을 겪고 있는데, 신부님께서도 사제양성을 하는 신학교에 계시니 더욱 관심이 많으실 듯합

니다. 인구감소 시대 상황과도 맞물린 문제여서 성소 부족이라는 사태에 해법이랄 것이 있을는지요?

답: 저출산 문제는 경제적 문제가 아닌 생활 방식의 문제라고 봅니다. 사랑은 개방적이며 사랑이 결실을 맺는 사랑, 새로운 생명을 낳고 돌보는 사랑이어야 하는데, 둘만의 갇힌 사랑, 소비지향적, 개인주의적 사랑인 것이 문제입니다. 이러한 삶의 방식을 문제 삼을 필요가 있습니다. 자녀를 낳고 돌보는 일이 분명 힘든 일이지만 기쁨이기도 하다는 것은 말만이 아닌 행동으로 보여 줄 수 있어야 합니다. 김남수 주교님께서 견진성사 때마다 자녀 많이 낳아 기르라고 하신 말씀은 오늘 새롭게 영감으로 다가와야 하지 않을까 합니다. 여성 성소 부족은 매우 큰 어려움으로 생각합니다. 그런데 내가 직접 만나 본 바로는, 수녀님들은 그 부분을 아주 심각하게 고민하지 않으시고 하느님께 맡겨 드리고 있습니다. 성소 계발에 힘을 쓰는 것은 매우 중요한 일이지만, 숫자로 인해 낙심하거나 좌절할 필요는 없습니다. 다만 수도 생활이 매력 있는 삶으로 드러나기 위해 변화와 쇄신을 추구하는 것은 중요하다고 봅니다. '부르심의 매력'으로 다가갈 필요가 있습니다. 프랑스에서 한 자매님의 말씀이 기억납니다. "내 아이가 사제가 되면 좋겠지만, 지금의 조건이라면 반대합니다."

12. 기초신학으로 박사학위를 받으셨는데, 원래 공부하고 싶었던 분야였는지요? 신자들의 신앙생활에 도움을 주는 책을 여러 권 쓰셨는데, 지금 준비하거나 앞으로 또 책으로 쓰고 싶은 주제가 있으신지요?

답: 기초신학은 나의 신앙이 지닌 합리성을 연구하는 학문입니다. 나의 열망과 맞아떨어졌습니다. 이 시대에 신앙을 납득할 만하게 신뢰할 만하게 제시하는 것, 현대인들이 고개를 끄덕이도록 하는 것, 그것은 신자들을 위해서도 매우 필요한 작업입니다. 신앙 강좌 등을 모아 책으로 내고 싶고, 개인 피정을 할 수 있도록 피정 안내서와 같은 책을 준비하고 있습니다. 신학 논문들을 모아 논문집으로 단행본을 낼 계획도 있습니다.

13. 신부님께서도 책을 통해서 하느님 안에서 사는 기쁨을 여러 번 말씀해 주셨는데요, 기쁘게 신앙생활하는 비결이 있다면 나눠 주시면 감사하겠습니다.

답: 성경에서 신앙은 하느님께서 베풀어 주신 은혜에 대한 찬양, 찬송, 감사, 기쁨으로 드러납니다. 신앙이 기쁜 이유는 마리아의 노래처럼 나의 비천함을 굽어보시고 나에게 '큰일'을 하신 주님의 위업을 발견할 수 있기 때문입니다. 신앙에서 그것을 찾아야 합니다. 예수님께서 하신 일에서 나를 향한 하느님의 사랑, 자비를 발견하는 것, 나라는 존재의 가치를 드높이는 은총을 발견하는 것, 그로 인해 비추어진 나라는 존재의 소중함을 발견하는 것, 모든 것을 아낌없이 선물로 내어 주신 주님의 마음을 발견하는 것 그리고 내가 사는 그곳이 주님께서 파견하신 곳이라는 인식을 갖는 것, 매일 주어진 나의 삶과 나의 활동에서 주님의 부르심을 느끼고 그 일로 보람을 느끼는 것 그리고 함께 걸어가는 이들과 함께 그 기쁨과 보람을 나누는 것, 그것이 신앙의 기쁨이 아닐

까 합니다. 다시 한번 강조하지만, 신앙은 의무가 아닌 기쁨이요 희망이며 행복입니다. 그것을 찾아 나서야 하지 않을까요?

출처

I 시노달리타스를 위한 마중물
'형식적인 신앙'을 탈피하여(『참 소중한 당신』 7월)
그리스도 중심적 신앙의 회복(『사목정보』 2013년 6월)
신흥종교의 확산과 한국 교회의 '새로운 복음화'(『사목정보』 2014년 9월)
가난한 교회를 꿈꾸다(『갈라진 시대의 기쁜소식』 2014년 10월)
'종교 냉소주의'와 그리스도 신앙(『경향잡지』 2013년 11월, 긴 버전)
인간을 위한 복음 선포(『사목정보』 2021년 11월)
생육성(生育性, generativity), 생명을 전달하는 기쁨(『사목정보』 2021년 7월)

II 포스트 코로나 시대의 복음 선포
포스트 코로나 시대에 다시 생각하는 신앙(『사목정보』 2020년 11월)
박해시대 교우촌이 밝혀 주는 감염증 위기 시대의 교회(『사목정보』 2021년 3월)
'자비의 신학'과 복음 선포 사명(『사목정보』 2021년 5월)
우리가 믿는 이유(『사목정보』 2023년 5월)

III 시노달리타스: 시노드 정신을 실현하는 교회
제2차 바티칸 공의회에서 시노달리타스까지(『사목정보』 2022년 11월)
시노달리타스의 전형, 제2차 바티칸 공의회(『가톨릭신문』, 2023년)
'위드 코로나' 시대의 시노드적 교회(『사목정보』 2022년 1월)

시노드적 교회와 그리스도인의 선교 사명(『경향잡지』 2022년 1월)

신앙 전수를 위한 시노드적 교회(『사목정보』 2022년 3월)

하느님의 자비를 반영하는 시노드적 교회(『사목정보』 2022년 5월)

Ⅳ 시노달리타스를 넘어 시노드적 삶의 방식으로

한국 교회의 '전적인 시노드화'를 위하여(『사목정보』 2022년 7월)

일상에서 시노달리타스 살아가기(『경향잡지』 2022년 12월)

코로나 이후 소공동체와 시노달리타스(『사목정보』 2023년 1월)

시급한 사안인 젊은이 신앙 전수(『사목정보』 2022년 9월)

유아세례를 통해 본 청소년 신앙교육(『사목정보』 2023년 3월)

'재난 상황'과 한국 교회의 선교 사명(『사목정보』 2023년 9월)